문화 정책과 예술경영

정철현 저

서울경제경영

문화정책과 **예술경영**

제1판 1쇄 발행 | 2008월 9월 2일
제1판 2쇄 발행 | 2013년 1월 25일

지 은 이 | 정철현
발 행 인 | 김은중
발 행 처 | 서울경제경영출판사
편집디자인 | 우일미디어

주 소 | 120-808 서울특별시 서대문구 대현동 67-5 대현빌딩 6층
전 화 | (02)313-2682
팩 스 | (02)313-8860
등 록 | 1998년 1월 22일 제5-63호

ISBN 978-89-88106-47-1 93320 **정가** 18,000원

파본은 바꾸어 드립니다.

머리말

문화정책과 예술경영의 역사는 그리 오래되지 않는다. 서구에서는 문화연구에서 시작하여 문화예술 경제학 그리고 최근 문화정책과 예술경영으로 발전하였다. 우리나라 역시 1986년 아시안 게임과 1988년 서울 올림픽 그리고 2002년 월드컵을 치르면서 문화예술의 중요성이 대두하였고 한국영화의 약진과 한류열풍으로 문화산업에 대한 관심이 증대함에 따라 문화정책과 예술경영에 대한 연구가 시작되었다. 특히 문예회관과 공연시장과 같이 문화예술 창조자와 소비자 간의 커뮤니케이션이 이루어지고 문화상품을 사고파는 것이 자연스러운 장소가 제공되면서 문화정책과 예술경영의 중요성이 대두하였던 것이다.

모든 사람들은 알게 모르게 문화예술과 관련된다. 작품을 창작하는 예술가와 감상하는 소비자 그리고 취미로 참여하는 사람들과 방송과 인터넷을 통한 대체경험자들 모두 문화예술과 관련된다. 그러나 우리는 문화예술 관련 정책이나 경영에 관해서는 큰 관심을 가지지 않았다. 그 결과 예술가들은 재정적인 어려움으로 창작활동에 전념하지 못하고, 소비자들은 비싼 티켓값과 정보의 부족으로 쉽게 예술을 접하지 못하고 예술가 양성과 예술경험을 위한 교육까지 받지 못하였던 것이다. 예술가가 생산자라면 감상자는 소비자이고 이를 중개하는 자가 필요한데 이는 곧 문화예술 행정가와 예술경영 관리자라고 할 수 있다.

●

●

●

최초의 문화예술 행정가와 예술경영 관리자는 아마도 디아길레프일 것이다. 1909년 5월 18일 파리에서는 러시아의 최고 무용수들로 구성된 발레 륏스(Ballet Russe)의 첫 공연이 있었고 1906년에는 파리에서 처음 러시아 미술전이 열렸다. 유럽의 예술계에 엄청난 충격을 준 이 사건들은 바로 세르게이 디아길레프(Sergei Pavlovich Diaghilev)에 의해서 이루어졌는데, 그는 음악가도, 무용가도, 미술가도 아니었다. 그는 단지 예술적 안목이 있었고 예술가들과 친했을 뿐이었다. 그러나 그의 노력이 아니었다면 발레 륏스도 없었고 현존하는 세계각국의 발레단－예를 들면 미국의 아메리칸 발레시어터, 뉴욕시티발레, 영국 로열발레, 프랑스의 파리오페라발레 등－도 존재할 수 없었을 것이다.

사실 문화정책과 예술경영은 다학문적(Interdisciplinary) 성격을 가지므로 쉽게 전공하기 어려운 학문이다. 예를 들면 행정학, 정책학, 조직론, 인사관리, 재무관리, 경제학, 마케팅 등의 이론과 실제를 포함하고 세부적으로는 비영리 조직의 예술조직, 공연예술(Performing Arts), 재원조달(Fund-raising), 자원봉사(Volunteering) 등을 포함한다. 결국 이 책에서는 문화정책과 예술경영이 어떻게 발전해 왔으며 그 주요 내용은 무엇인지 소개하고, 문화정책과 예술경영의 다양한 학문의 이론적 바탕 위에 예술조직이 실제로 어떻게 운영되어야 할 것인지를 밝히고자 한다. 문화정책과 예술경영은 함께 다루어져야 한다. 문화예술을 시장원리에 맡길 수도 없지만 그렇다고 경영원리를 무시할 수도 없기 때문이다.

처음 공부를 시작하면서 문화정책(Cultural Policy)과 예술경영(Arts Management) 관련서적이 많이 없어 무척 힘들었고 답답하였다. 누군가가 이 지적 해갈을 풀어주기를 고대하다 내가 한번 해보자고 호기 있게 나섰지만 일반이론이 정립되어 있지 않고 실제 사례 역시 매우 부족한 형편이어서 3년간 악전고투를 하였다. 작년 일본 동경대학에서 그동안 나름대로 정리해 둔 것들을 풀어보았는데, 여전히 부족하고 더 많은 공부가 필요하다는 것을 깨달았다. 더 많은 공부와 더 깊이 있는 지식으로 더 좋은 내용을 담을 것을 약속하며 채찍질도 달게 받을 각오로 책을 내게 되었다. 채산성 없는 전문서를 출판해 주신 김은중 사장님께 감사를 드린다. 지난 한해 모처럼 온 식구가 동경에서 함께 지낼 수 있어 행복하였다. 새로 대학원, 대학 생활을 시작한 재영, 준오 그리고 언제나 함께 해 준 윤희에게 내 마음을 전한다.

차 례

제 1 장

문화정책과 예술경영의 발전

문화정책과 예술경영 01

문화정책의 발전

01.01. 문화정책의 등장 배경

문화정책이 등장한 것은 근대 **시민사회의 발전**과 함께였다. 과거의 예술이란 일부 상위계층의 전유물로 인식되었고 왕과 귀족을 위한 음악과 미술의 창작을 의미하였다. 그들 상류층의 고상한 취미를 유지하기 위해 예술가들을 후원하였으며 따라서 당시의 문화정책과 예술경영은 없었으며, 만약 있다고 한다면 왕과 귀족의 취향에 의해 좌우되었다고 할 수 있다. 그러나 시민사회의 등장으로 절대왕정과 귀족사회가 몰락하면서 문화정책은 일반 국민의 후원을 받아야 했으며 대중예술이 대량으로 보급되면서 예술경영은 상업성을 띨 수밖에 없었다. 상류계급뿐 아니라 중산층과 저소득층 그리고 노동자층도 문화예술을 향수할 수 있게 되었지만, 그 누구도 후원하지 않는 일부 문화예술은 국가가 문화정책을 통해 후원하게 되었던 것이다.

이처럼 문화정책은 제 2 차 세계대전 이후 경제성장과 교육수준의 향상

그리고 정부의 역할 팽창 등에 기인하여 문화욕구가 증대되면서 그 중요성도 크게 대두되었다. 첫째, 1950 년대 이후 신생 독립국들의 경제발전으로 세계경제가 크게 성장하였고, 나라마다 차이는 있지만 소수가 누렸던 특권과 같았던 문화예술의 욕구는 다수의 기본적인 욕구로 등장하였다. **경제성장**에 따라 소득수준이 높아지고 경제적으로 생활이 안정되면서 문화예술에 대한 수요가 증대하였다. 특히 대중예술의 발전은 예술의 감상을 어렵다고만 생각한 중산층과 서민층에까지 누구나 쉽게 즐길 수 있도록 그 범위를 확대시켰다.

둘째, 국민들의 기초교육과 함께 대중교육이 확대되면서 **교육수준**이 향상되고 교육을 통한 문화예술의 이해와 관심이 증가하게 되었다. 교육은 계층간 문화격차를 좁히고 예술의 대중화를 촉진하며 다양한 문화예술에 대한 관심을 증대시켜 문화예술 수요의 내용과 질을 증대시키는 역할을 한다.

셋째, 문화정책은 강력한 **행정국가**의 등장과 관련이 있다. 강력한 행정력의 정부는 정부정책의 입안과 집행을 용이하게 하였고 사회복지 차원의 문화정책을 추진할 수 있도록 하였다. 즉 국가는 문화정책을 통해 일반국민의 문화예술에 대한 향수 기회를 확대시키고, 가난한 예술가들을 보조하고 후원함으로써 문화복지를 달성하고자 하였던 것이다.

01.02. 문화정책의 전환

문화예술은 인간의 정신적 만족과 여유로운 생활을 위한 필수 불가결한 요소이고 현대적 복지국가에서 추구하는 가장 중요한 최고 덕목이라고 하겠다. 시민사회 등장 이후의 문화정책은 1970 년대 이후 큰 전환기를 맞이하는데, 이러한 전환은 곧 예술경영의 탄생과도 관련이 있다. 당시까지 문화정책의 주요 관심사는 선조들의 전통문화를 보존하거나 그러한 예술가들을 후원하는 정도에 머물러 있었으며, 일상생활에서 문화예술이 형성되도록 하는 정책은 거의 없었다. 그러나 진정한 의미의 **문화복지**를 위해서는 정부가 예술가를 후원하고 보조하는 문화정책보다는 더욱 실질적으로 국민들에게 문화예술을 느낄 수 있도록 하는 적극적인 문화정책이 요구되었던 것이다. 예술가를 후원하는 공급자 위주의 정책이 아니라 국민 일반에게 예술을 향수하게 하는 수요자 위주의 정책이 필요하였던 것이다.

예술경영이 등장한 것은 예술가를 발굴하여 창작을 진작시키고 예술가의 창작품을 널리 알려 감상시킴으로써 문화예술의 발전이 있다고 보았기 때문이다. 즉 예술경영은 예술가의 창작품을 감상자에게 소개하는 측면에서 상업적 역할을 담당하지만, 예술가를 보호 · 지원하고 예술의 사회적 지원을 꾀한다는 차원에서 공공적 역할을 수행한다. 결국 예술경영은 문화정책의 환경적 변화와 함께 예술의 사회적 역할에 대한 공감과 지지를 바탕으로 공공성(비영리성)과 상업성(영리성)을 동시에 추구한다. 그러기 때문에 문화정책이 공급자 위주에서 수요자 위주로 바뀔 수밖에 없었다.

문화정책의 전환으로 1980 년대 이후 각국은 문화예술 향수 기회의 확대를 위한 다양한 정책을 마련하였는데, 과거 문화예술인의 창작활동 지원과 같은 소극적 **창조자** 중심의 정책에서 일반 국민의 문화예술 향수 지원을 위한 적극적 **향수자** 중심의 정책으로 그 중심이 이동하였다. 이제 문화는 예술가 또는 소수 감상자의 전유물이 아니라 일반 국민의 삶의 질, 고차원적 복지와 기본권의 문제로 인식되고 있다.

우리나라의 문화정책도 2002 년부터 문화예술 생산자 위주의 지원정책에서 문화예술 향수자 위주의 정책으로 전환을 꾀하여, '예술 창조역량 강화', '문화예술 향유기회 확대', '문화예술 교류 활성화', '예술의 보존과 계승' 등 4 개의 목표를 세웠다 그리고 문화예술기금 지원을 장르별 배분방식에서 지원목표별 방식으로 전환하는 등의 정책을 실시하였다. 이러한 정책은 많은 예술조직들에게 큰 영향을 주었는데, 예술조직들은 이전과 같이 보조금이 배분되기를 기다리는 것이 아니라 적극적으로 경영에 나서지 않으면 더 이상 존속하기 힘들다는 것을 깨닫게 되었다. 그리하여 전략을 세우고 목표달성을 위해 조직, 인사, 재무관리, 마케팅 등의 예술경영을 도입하여 시행하지 않으면 예술조직의 미래를 장담할 수 없게 되었다.

01. 03. 문화정책의 목적

문화정책의 전환은 그 목적을 예술 관련 산출물에 국한한 좁은 범위에서 문화인류학적인 넓은 범위로 바뀌게 하였다. 이전의 문화정책은 소수 엘리트주의 위주라는 비판을 받으며 문화예술 인력양성, 작품 보급, 재정지원과 같은 특정 목적에 한정되었지만, **수요자** 중심으로의 전환은 우리의 일상생활을 문화로 정의하고 우리의 생활방식 모두를 대상으로 하는 다양한 목적을 가지게 되었다. 이는 **생활의 문화화**[01]라는 의미에서 새로운 문화정책의 하나이다.

문화정책의 목적은 막스(Karl Marx)의 도덕적 권력(Moral Power)과 같은 맥락에서 신의와 성실을 갖춘 문화적 시민들을 양성하기 위한 것이다. 그런데 **문화적 시민정신**은 예술뿐 아니라 언어, 관습, 종교, 교육 등에 의해서도 영향을 받는다. 그리고 정부정책은 이러한 언어, 관습, 종교, 교육을 변화시킨다. 예를 들어 조기 영어교육은 우리의 언어와 생각에 영향을 미치고 미국적인 것에 대한 친숙함으로 이어진다. 즉 문화정책이 아닌 많은 정부정책들이 문화적 시민정신의 함양에 영향을 미치는 것이다. 예를 들어 제헌절을 공휴일에서 제외한 것과 같은 정책은 헌법에 대한 우리의 사고에 큰 영향을 미치게 된다. 결국 모든 정부정책은 문화정책적 요소를 가지고 있다고 보아야 한다. 이를 **행정의 문화화**라고 하며, 따라서 정부정책을 형성할 경우에 항상 행정의 문화화를 고려해야 할 것이다.

01. 04. 문화정책의 중요성

문화정책의 중요성은 아무리 강조해도 지나치지 않지만 주요한 것을 들면 다음과 같다. 첫째, 문화예술은 인간 정신의 고양으로 정신적 만족과 생활의 여유를 갖게 한다. 따라서 문화정책은 매슬로우(Maslow)가 말한 사회적

---

01) 생활의 문화화란 일상생활에서 문화의 가치를 찾고자 하는 것이다. 심미성을 추구하는 것은 예술작품에 국한되지 않고 생활 속에서도 가능하다. 우리가 일상적으로 하는 의식주 뿐 아니라 도시 디자인과 같은 분야에서도 심미적 가치를 느끼는 것이 생활의 문화화이다.

욕구와 존경 욕구 그리고 자아실현의 욕구와 같은 고차원의 **욕구를 충족**시키는 역할을 한다.

둘째, 문화정책은 문화적인 삶을 누릴 수 있는 문화향수권을 국민 기본권으로 보장한다. 이를 위해 소외계층에게 문화예술 향수 프로그램을 제공하고 대중에게 문화향수의 기회를 확대하며, 일반인이 더욱 쉽게 문화예술에 접근할 수 있도록 함으로써, **문화의 민주화**를 달성한다.

셋째, 문화정책은 **국가 경쟁력**의 원동력이다. 세계시장에서의 상품은 문화적 가치에 의해 더욱 높게 평가된다. 앞으로 문화발전이 없는 경제발전은 없을 것이다.

넷째, 문화에 대한 투자는 **우수한 인적자원**을 공급한다. 세계화 시대에는 문화적 소양을 갖춘 인적자원의 중요성이 강조된다. 정보화에 따른 포스트 포디즘(Post-Fordism) 사회에서는 하드웨어보다 소프트웨어가 강조되면서 문화산업, 관광산업, 문화상품 개발, 문화콘텐츠, 저작권 등과 관련한 인적자원의 중요성이 배가된다.

다섯째, 시장에서는 문화의 가치가 제대로 평가되지 않기 때문에 **시장실패**가 발생한다. 많은 사람이 원하는 예술작품의 경우 경쟁원리의 적용이 가능하지만, 대중예술이 아닌 소수를 위한 예술은 경쟁에서 도태될 수밖에 없으며 이는 우리에게서 영원히 사라짐을 의미한다. 우리의 전통문화인 판소리가 시장에서 팔릴 것인가? 전통문화를 단절시키지 않으려면 정부가 문화정책을 통해 보호하고 지원해야 한다. 문화예술은 현재 가치로 평가할 수 없는 어마어마한 사회적 가치를 갖고 있기 때문이다.

여섯째, **문화복지**를 증진시키기 위해 문화정책이 요구된다. 문화복지는 문화예술을 감상하고 향수할 수 있는 능력을 배양하는데서 출발한다. 상업적 말초적 저질예술이 아닌 건강하고 유익한 문화예술을 향수하도록 유도하는 문화정책이 요구된다.

일곱째, 문화예술은 우리의 전통과 유산을 통해 국민을 하나로 묶어주는 연대의식과 동류의식을 고취시킨다. 개인과 공동체를 연결시켜 사회통합을 이루며 **민족적 자긍심**을 가지게 하여 심리적 만족을 제공하기 위한 문화정책이 요구된다.

01.05. 문화정책의 이론적 배경

문화정책이란 용어가 사용된 것은 문화의 정치적 측면에 대한 연구가 진행된 이후부터이다. **문화정치학**(Cultural Politics)은 문화의 학제간(Interdisciplinary)성격을 포함하면서 정책과정의 정치적 현상을 연구하였으며 순수비판적 경향을 유지하였다. 푸코(Foucault)는 **문화정책연구**(Cultural Policy Studies)에서 사회이론과 문화이론의 관점에서 문화정책의 실제적 유용성을 다루었는데, 그는 비판이론과 정책이론을 결합하여 새로운 문화연구의 장을 열었던 것이다. 문화연구가 일상문화에 대한 사상적 통찰과 이론 위주의 것이라면 문화정책연구는 실제 정책의 비판적 분석으로서 실천성을 가져야 한다는 것이다.

커닝햄(Cunningham, 2003)은 **문화연구**를 영화, 예술, 미디어, 통신 등을 통한 일상문화에 대한 신막스주의자(Neo-Marxist), 구조주의자(Structuralist), 후기구조주의자(Poststructuralist), 후기근대론자(Postmodernist) 들의 속기록이라 한다면, 문화정책은 문화활동에 대한 정부의 지원과 간섭에 대한 정책과정을 포함하는 넓은 범위의 것이라고 하였다.

1982 년 유네스코(UNESCO)의 문화정책 국제학술대회에서는 정부정책의 관료적, 권위적, 집단적 성격에 대한 비판이 제기되면서 **비판적 문화정책**이라는 용어가 등장하였다. 이는 문화정책을 부정하는 것이 아니라 전통문화의 보존과 예술가 후원이라는 기존 문화정책의 토대 위에 새로운 이론의 개발과 실제적 차원의 다양한 대안의 구축을 주장하였다.

Bennet(1992)는 문화정책을 **문화의 연구와 정책의 결합**이라 하고, 이는 문화와 권력의 관계에 관한 연구라고 하였다. 이러한 연구는 네 가지 실제적 의무를 포함하여야 하는데, 첫째는 문화를 정부의 한 분야로 인식하는 것이다. 즉 정부를 행정 또는 국가관리와 통치라는 개념에 국한시키지 않고 그 이상의 사회적 관리의 주체로 보아야 한다는 것이다. 둘째, 문화 분야별 차이를 인정해야 한다. 방송에 대한 규제와 출판에 대한 규제는 그 성격이 완전히 다르다. 셋째, 문화 분야별 차이가 있는 것과 같이 문화정책 연구 분야 역시 차이가 있다. 문화 분야별로 독특한 정치사회 현상이 존재하기 때문에 문화정책의 연구 분야와 대상에 따라 역시 다른 인식이 필요하다. 예를 들어 방송은 국가보안 유지와 표현의 자유라는 대립적 관계를 고려해서 연구해야 하고, 미술은 문화예술 단체와 화랑의 관계 또는 심미적 표준과 선정성의 관계 등을 고려하여 연구해야 한다. 넷째, 문화예술에 영향을 미치는 다양한 조직들과의 소통을 진작시키는 연구가 필요하다. 예술과 심미의 이름으로 이들을 비난하거나 적대시하는 대신 그들과의 발전적 대화를 꾀하는 연구가 필요한 것이다.

01. 06. 문화정책의 시장주의와 국가주의

문화정책의 이론적 배경은 시장주의와 국가주의로 나누어진다. **시장주의**란 문화예술에 대한 선호가 주로 시장에서 인식되고 배분되도록 하는 시스템을 말한다. 대표적인 국가는 미국으로, 정부는 문화예술과 관련한 문제를 시장에 맡기면서 문화정책을 최소한으로 한다. 1960 년대 대중가요는 라디오의 발전과 함께 시장에서 대성공을 거두었다.[02] 문화예술에 대한 시장논리는 시민이 원하는 문화수요를 시장에서 충족시킬 수 있어야 한다는 믿음에 근거한다. 그러나 실제로 시민들은 시장에서 원하는 문화를 모두 얻을 수가 없다. 우리가 다양한 문화를 원할 때 시장은 동일한 문화를 제공한다. 시장이 커질수록 이익을 내는 문화는 동일해지기 때문이다. 우리가 혁신적인 문화를 원할 때 시장은 이를 제공해 주지 못한다. 소수의 문화를 위한 대규모 생산은 투자가치가 없기 때문이다.

우리는 사회 전체적 차원에서 교육적 가치가 높은 문화를 제공해야 한다고 주장하지만, 개별적으로는 감각적인 문화에 먼저 눈길을 보낸다. 시장이 이러한 개인들을 놓치지 않을 것은 자명하다. 따라서 더 이상 약육강식의 시

---

02) 그러나 시장은 완벽하지 않으며 자본주의의 병폐와 함께 거대 레코드회사들의 횡포로 자연독점화되고 말았다. 시장에서는 이윤을 위해 단기적 생각밖에 할 수 없으며 그 결과 문화예술의 창조보다는 값싼 재생산만 반복되었다 이는 미국의 57 개 케이블 방송채널 중에서 새 프로그램은 거의 없으며 모두 재방송인 것만 봐도 잘 알 수 있다.

장에 문화예술을 맡긴다는 것은 위험한 일일지도 모른다.

반면 **국가주의**는 문화에 대한 선호를 시장에 맡기지 않고 국가가 직접 관리하는 시스템을 말한다. 국가주의는 특히 전통문화의 보존과 관련되어 집중된다. 즉 전통문화를 시장에 맡기면 개인선호에 영합하는 인기 위주의 문화에 의해 도태당하기 때문이다. 대표적인 국가는 프랑스이지만 오늘날 대부분의 국가는 국가주의의 입장에 찬성한다.

국가주의가 전통문화와 함께 고상하고 고귀한 심미적 예술을 보존하려는 성향이 강하다고 한다면, 시장주의는 대중의 선호를 중시하여 대중예술의 발전을 지지하는 성향이 강하다고 할 수 있다. 국가주의의 입장은 문화예술 시장에 정부가 개입하는 것이 당연하며 이는 규제와 지원의 복합적 성격을 띄게 될 것이라고 한다. 물론 정부의 지나친 규제 일변도의 개입은 창의적이고 개방적인 문화예술의 성향을 억압하게 된다는 점을 간과해서는 아니 된다. 따라서 정부지원의 정당성이 확보되더라도 정부의 개입은 권위주의적이지 않고 곁에서 도와주는 정도로서의 촉매자 역할이어야 한다.

그러나 불행히도 지금까지 어느 나라도 이와 같은 문화정책을 펼치지 못하였다. 선진국은 오히려 문화정책을 시장에 맡김으로써 시민들의 문화생활을 윤택하게 하지 못하였고, 후진국은 문화정책을 권력의 정통성 확립과 선전 선동에 이용하여 시민들의 문화 향수를 방해하였던 것이다. **후진국**에서 정부의 검열이 비난 받는 것은 당연하지만 실제로 자유시장의 **검열제도**는 더욱 위험하다. 예를 들어 NBC 방송이 뉴스에서 이라크 전에 사용된 최첨단 무기들을 소개할 때 그러한 무기들을 생산하는 업체의 주식을 NBC가 얼마나 갖고 있는지, 또 미국 고위관리들과 어떤 연관이 있는지를 밝히지 않는 것이 시장의 검열제도이다.[03] 시장의 검열제도는 방송국과 언론사의 이익에 따라 보여줄 것인지 보여주지 않을 것인지가 결정된다. 궁극적으로는 광고주–주로 대기업–에 의해 결정되는 것이다. 이처럼 시장의 검열제도는 시민들을 위해서라든가 시민들에 의해서 결정되지 않는다.

---

03) 다큐멘터리 영화 〈화씨 9/11〉의 내용 참조.

02 예술경영의 발전

02. 01. 예술경영의 대두

1970 년대 이후 문화정책의 전환은 예술경영에 대한 각국의 관심을 유도하였지만 예술경영은 이미 1960 년대 말 미국에서부터 시작되었다고 하겠다. 물론 1930 년대 영국에서 박물관협회가 예술경영(Art Management)을 교육하였다고 하지만 서양의 문화예술 관련자들이 예술경영이라는 말은 사용하기 시작한 것은 **1970 년대**부터이며, 일본과 우리나라의 경우는 1990 년대부터라고 해야 할 만큼 그 역사가 오래되지 않았다.

예술경영이란 무엇인가? 일반적으로 경영이라고 하면 조직의 운영과 사업의 수행을 의미한다. 즉 경영이란 공통의 목적을 가진 조직이 조직환경의 변화에 대응하고 제약된 자원으로 목적 달성을 위해 합리적 수단을 적절히 사용하는 능력인 것이다. 따라서 예술경영이란 예술조직에 있어서의 경영, **예술조직에 의한 경영**, 예술조직을 위한 경영을 의미한다.

예술분야의 경영이라고 해서 단지 공연이나 전시와 같은 사업기능이나 마케팅과 재무관리만을 의미하지는 않는다. 예술경영은 예술조직의 철학과 사명을 정관의 목적에서 밝히고 시대환경의 변화와 조직환경의 변화에 대응하며, 예술조직 관련자의 전체적 욕구를 충족시키는 전방위적 노력인 것이다. 따라서 예술경영을 기업 협찬금과 정부 보조금을 받아내기 위한 수단이나 단순한 문화사업단체 또는 주민봉사 단체를 위한 관리기술로 오해하지 않아야 한다. 예술경영과 일반 기업경영의 다른 점은 기업경영이 수익이라는 경제적 목표를 추구하는데 비해서, 예술경영은 예술의 **심미성**이라는 가치적 목표를 추구하는데 있다. 예술경영은 예술을 상품화하는 것이 목적이 아니라 예술의 상품화를 수단으로 하여 그 본질적 심미성을 추구하는 것이다. 또한 소비자가 원하는 상품을 생산하여 판매하는 기업경영과는 달리 예술경영은 예술가와 예술행위를 관객과 연결해 주는 역할을 한다. 따라서 예술경영은 경영학의 일반이론과는 다르게 다루어져야 하는 것이다.

예술경영이란 심미적 가치를 추구하지만 시장의 경제적 실체로서 경쟁력을 갖추기 위해 필요하다. 예술행위는 다양한 방법으로 상품화하면서 부가가치를 가진다. 예를 들어 음악을 작곡하면 연주, 음반, 방송, 영화, 광고 등의 상품으로 재창출되면서 경제적 가치를 더하게 된다. 이러한 경제적 가치를 창출하는 것은 예술가가 담당할 수 없다. 그러기에는 그 내용이 너무 복잡하고 많기 때문이다. 따라서 이를 담당할 사람이 필요한데 그들이 바로 예술경영인이다. 예술경영은 경영학의 이론을 문화예술 분야에 적합하게 맞춘 것으로 **예술가와 관객을 연결하는 예술단체의 관리를 위한 이론**이라고 할 수 있다. 결국 예술경영의 목표는 예술과 관객을 만나게 하는 효과적 과정의 생산으로서 협동작업을 통해 예술을 관객에게 연결시킴으로써 심미성이라는 예술의 본질적 가치를 추구하는 것이다.

02. 02. 예술경영의 중요성

예술경영의 발전은 1960 년대 미국의 전미예술기금(NEA: National

Endowment for the Arts)의 창설과 깊은 관련이 있다. 미국은 시장주의를 채택한 나라이고 따라서 공적인 문화예술 지원제도는 없었다. 그러나 공적인 지원이 없으면 가까운 미래에 예술이 사라질지도 모른다는 여론이 비등하면서 **공적 지원**의 중요성이 강조되었고, 공적 지원을 받는 예술조직의 **사회적 책임**을 위해 예술경영의 중요성이 대두하였던 것이다.

또한 1970 년대 이후 미국과 유럽에서의 **문화정책의 전환** 역시 예술경영의 발전에 기여하였다. 1960 년대와 1970 년대는 서양문화의 일방적 독주에 대한 비판이 제기되면서 문화의 다양성과 상대주의가 대두하였고, 문화예술의 후원과 지원이라는 공급자 위주의 문화정책에서 문화예술을 여가와 교육 그리고 복지의 수준으로 끌어올려 수요자 위주의 문화정책으로 전환이 이루어졌던 것이다. 물론 1970 년대에 닥친 미국의 재정위기가 문화예술에 대한 지원보다는 공정하고 효율적인 프로그램의 운영을 강조함으로써 문화정책의 전환에 박차를 가하게 되었다.

이처럼 예술경영이란 최근에 생겨난 개념이고 **예술의 공공성**이라는 개념이 전제되어 있다. 예술은 더 이상 왕과 귀족의 전유물만이 아니며 일부 부자들의 노리개도 아니고, 시장에서 유통되는 상품이 아니며 사적 여가활동도 아닌 것이다. 예술은 사회적 환경을 결정짓는 공공 서비스와 같은 것으로서 예술경영은 이러한 사회 서비스를 획득할 수 있도록 도와주는 것이다. 예술경영이란 예술의 사회적 유용성과 사회적 책임을 충분히 인지하고 이러한 목적의 예술조직의 능률과 수단을 확대하여 발전을 꾀하고 문화예술의 진흥에 이바지하는 것이다.

02. 03. 예술경영의 범위와 대상

예술경영은 공공성과 상업성 모두를 추구한다. 따라서 예술경영의 대상은 **비영리부문과 영리부문 모두를 포함**한다. 예술경영이 다루는 비영리부문의 예술활동은 전통성, 교육성, 공익성, 실험성, 재정적 취약성과 같은 특성을 가진다. 그러나 예술경영은 부득이하게 영리적 예술활동도 해야 할 경우가 있는데, 이는 예술조직의 존속과 유지를 위해 불가피한 것이다. 혹자는 비영리적 예술과 영리적 예술의 구분이 모호하다고 하면서 순수라는 낱말이 붙으면 비영리 예술이며 대중(Pop)이 붙으면 영리예술이라는 단순 이분법을 부인한다. 예술경영은 문화예술의 대중화에 따라 탄생하였고 일반시민의 문화예술 향수 기회가 증대하고 문화예술 관련 사업이 증대함에 따라 발전하였다. 물론 문화정책의 전환과 함께 정부 역할이 증대한 것이나 문화예술 관련 공공기관의 증대도 예술경영의 발전에 크게 공헌하였다.

02. 04. 예술경영의 특성

예술경영이 일반 경영과 다른 점은 두 가지이다. 첫째, **비영리 경영**이다. 예술경영은 영리를 목적으로 하지 않는다. 비록 상업성을 가지고 있지만 이는 조직의 최소한의 유지와 효율적 관리를 위한 것이지 영리가 목적인 것은 아니다. 예술의 창작은 내면의 표현이며 가치관의 발휘이지 영리를 위한 것이 아니기 때문이다. 예술경영은 공공성을 토대로 존재하며 비영리 활동의 서비스 공급이며 이를 계속하기 위한 자원획득의 방법이라고 할 수 있다.

둘째, 예술경영은 **서비스 경영**이다. 특히 공연예술의 경우는 상품과 같이 만질 수 있는 형태가 아닌 무형의 서비스이다. 따라서 표준화가 어렵고 복제할 수 없다. 또한 구입과 동시에 소비되며 재고가 없고 소비결과가 구체적 형태로 남아 있지 않는다. 따라서 예술경영의 자원은 일반기업과 같이 시장에 의해 획득될 수 없다.

비영리 조직의 서비스는 수요(Demand)가 아니라 필요(Needs)에 의해 결정된다. 수요가 구매욕구라고 한다면 필요는 사회적으로 부족한 부분을 의미한다. 이러한 경우 소비자는 무임승차하는 경우가 많기 때문에 예술조직은 정부의 보조나 기업의 지원 또는 시민의 기부와 자원봉사에 의해 자원을 획득하게 된다. 문제는 사회적 필요의 내용과 양을 누가 결정하는가이다. 개인의 욕구가 아닌 사회적 필요의 경우는 시장이 아닌 공공의 선택이기 때문이다. 더구나 문화예술과 같은 **주관적 가치의 판단**에 있어 공공의 선호를 알아내기는 쉽지 않은 일이다. 따라서 사회적 필요의 적정 공급 수준을 파악하기 위해서는 일반 대중과의 소통이 필수적이다. 결국 예술경영은 사회적 필요를 알기 위한 노력과 함께 자원 획득을 위한 노력을 경주해야 하고 조직의 목적 달성을 위해 자원을 할당하는 역할을 포함해야 한다.

문화정책과 예술경영의 역사

03.01. 선사 시대

선사 시대는 구석기 시대와 신석기 시대와 나누어지는데 구석기 시대의 예술이 **마술과 주술**의 것이라면 신석기 시대의 예술은 **종교의식과 예배행위**의 것이라고 할 수 있다. 구석기 시대의 예술이 눈에 보이는 것을 그렸다면 신석기 시대의 예술은 알고 있는 것을 그렸다. 구석기 시대의 예술은 주술적 행위의 수단으로 벽화에 그려진 사냥과 동물은 곧 그 동물을 잡고 싶다는 소망의 표현이며 주술행위인 것이다. 즉 예술은 현실이었으며 추상적이지 않고 자연의 모방이었던 것이다. 반면 신석기 시대의 예술은 주술 중심의 일원론적 세계관에서 애니미즘(Animism)[04]적 이원론으로 대체된다. 즉 종교적

04) 위키백과에 의하면 애니미즘(Animism) 또는 정령신앙(精靈信仰)은 자연계의 모든 사물에 생명이 있다고 보고, 그것의 영혼을 인정하여 인간처럼 의식, 욕구, 느낌 등이 존재하다고 믿는 신앙이다.

주제의 형상화를 위한 예술과 세속적 장식의 예술이 구분되는 것이다.

신석기 시대에는 목축과 식량생산이 가능해지면서 노동의 조직화와 자본 소유의 공동체가 구성됨으로써, 집단적 종교의식과 예배행위가 등장하게 되고 마음에 드는 **추상적 장식모양**을 만들 수 있게 되었다. 본능에 따라 자연과 동일시되던 구석기 시대의 생활이 신석기 시대에서는 공동체의 **공동작업**으로 생산적 경제가 탄생하였고, 따라서 기하학적이며 추상적인 양식으로 사람들의 마음에 드는 장식 모양을 만들게 되었다. 정착사회의 공동체에서는 신분의 위상에 따라 모양이 다른 장식품이 필요했던 것이다. 결국 구석기 시대의 예술가가 자연주의적 모방으로 직접 그림을 그린 직업적 사냥꾼 또는 주술가라면, 신석기 시대의 예술가는 공동체의 요구에 의해 가내 수공예로 작품을 생산하는 훈련된 전문가 또는 성직자라고 할 수 있다.

03.02. 고대 오리엔트 시대

고대 오리엔트 문명은 독립적인 상업과 수공업의 시작으로 도시와 시장이 발생한다. 이집트의 경우 예술의 생산자는 생계를 위한 기술자로서 **사원과 왕궁**을 건설하지만 손으로 하는 노동을 천하게 여기던 당시에는 작품에 이름을 남기지 않았고, 사원의 깊숙한 곳이나 무덤의 내부에 배치되었던 것이다. 사원과 궁정의 예술가들은 한 곳에 모여 작업을 함으로써 공동작업을 가능하게 하였고, 생산과 판매에서 상인들의 영향력을 벗어났다. 예술의 생산에서 도구가 더욱 기술적으로 사용되었고 기술교육과 숙련경험의 중요성이 강조되었다.

그러나 이런 전통은 예술적 취향의 독재적 권력으로 작용하였고, 모두가 균일화된 제작방식으로 **규격적 예술 작품**을 생산하였으며, 독창성의 발휘는 금기시되었던 것이다. 예를 들면 이집트 예술에서 인체의 가슴은 항상 정면으로 감상자 쪽을 향하도록 하고, 양 다리는 항상 옆에서 본 모습으로 그려진다. 이처럼 이집트 예술이 획일화된 것은 농업기반의 사회라는 점이 작용하였지만, 상업과 수공업의 메소포타미아 도시국가들도 개인적 작업이나 대중예술보다는 궁정예술과 사원예술이 주를 이루었다. 오히려 바빌로니아의 전제정치하의 예술은 이집트보다 더욱 추상화되고 양식화되었다.

03. 03. 그리스와 로마 시대

원시시대 문학은 종교적 의미를 지니는 집단적 문학이었지만, 고대 그리스에서는 귀족과 전사의 개인적 명예를 위한 **영웅시**로 발전하였다. 즉 대중문학과 합창을 위한 서정시가 아니라 개인의 운명을 노래한 개인의 작품인 것이다. 이는 시인이 사제층에서 분리되고 개인적으로 독립된 시인으로 활동하였기 때문에 가능한 일이었다.

고대 그리스는 기원전 534년 다양한 **축제**가 개최되었는데 그 가운데 가장 유명한 것은 아티카[05]에서 열린 도시 디오니소스 축제(City Dionysia)이다. 주신(酒神) 디오니소스를 기념해 3월에 열린 이 축제에는 모든 아테네 시민과 그리스의 방문객들이 참여하였다고 한다.

이러한 축제는 유명한 시인들을 배출해 내었는데, 장군 출신인 아이스퀼로스(Aischylos)나 성직자인 소포클레스(Sophocles), 정치가이며 사회개혁론자인 에우리피데스(Euripides) 등 3 대 비극 시인은 개인의 자유와 민주의식의 확대가 귀족주의의 붕괴를 초래할 것이라고 예측하였다. 고대 그리스의 문화정책과 예술경영 관리자는 신관 또는 승려라고 할 수 있으며 **축제의 기획과 조직을 담당**하였다. 신관과 승려가 연극축제를 주관하고 부자들이 금전적 지원을 하였으며 아테네 시가 장소와 시설을 지원하였던 것이다. 시인 또는 극작가들은 지금의 감독과 같은 역할을 하여 축제의 연극을 관장하였던 것으로 추정된다.

로마시대에는 예술작품의 수집이나 박물관이 설립되면서 동일한 사회계층에서도 상이한 여러 예술이 나타나게 되었다. 로마의 **박물관**은 전쟁 수확

---

05) 그리스 중동부에 있는 지역으로 그 중심 도시는 아테네이다.

물 전시관으로서 고대 예술품의 보고가 되었다.[06] 로마시대에는 귀족계급에 국한된 예술이 민중과 서민들에게도 보급되었고 그들의 다양한 예술장르가 귀족계급을 능가할 정도로 발전하였다.

로마시대의 예술은 귀족계급보다는 **서민계층의 소박한 예술**의 발전이라 할 수 있다. 로마에서의 예술가는 시인이 예언자로 간주되는 등 아우구스투스 황제 이후 예술보호에 적극적이었다.[07] 로마의 연극축제 역시 정기적으로 개최되었고 일년에 100 일 정도는 연극축제와 관련 있는 날이었다고 한다. 로마제국 붕괴 이후 연극축제에 대한 전통은 존속하였지만 금전적 지원과 시설을 제공하는 조직이 없어져 연극축제는 더 이상 개최되기 어렵게 되었다.

03. 04. 중세 시대

중세 시대는 뛰어난 예술작품이 창조되지 못한 **예술의 암흑시기**였다. 그러나 이 시기에도 교회에 의해 예술작품들은 창조되었다. 초기 그리스도교 예술의 정신주의는 반현세주의로서 예술은 궁정사회의 취미에 좌우되고 **엘리트 성직자**들의 정신적 소유물로서 영적 표현과 내면적 논리를 중요시하였다. 당시 교회는 통속적인 예술의 범람을 막으려고 많은 노력을 했지만 14세기 들어서면서 마을에서 **자생적인 연극**들이 탄생하였고 이들은 마차를 타고 다른 지역으로 이동하며 공연하였다.

도제제도에 입각한 무역 길드(Guild)가 활성화되고 관리자의 역할이 확대되면서 공연을 위한 관리자의 역할 역시 중시되었다. 또한 도시 상업의 발전으로 시민계급이 등장하였고 이는 고딕 대성당과 같은 **시민적 예술**을 창조하는 데 공헌하였다. 궁정에 속하지 못한 문인들은 교회와 귀족에 반항하고 모든 전통과 풍습에 반항하는 자유사상을 지닌 사람들이었다. 그들은 예

---

06) 카톨릭 교회의 박물관 역시 많은 예술품을 소장하고 있다.

07) 물론 문학에 비해 조형예술의 지위는 여전히 낮았다.

술의 대상을 종말론적 신비주의에서 인간세계의 평범한 문제로 되돌려 놓았고, 그 결과 예술이란 규모와 재료, 기술에 관계없이 예쁘고 아름다움 즉 심미성만을 지향할 수 있게 되었다.

03. 05. 르네상스시대

예술의 획기적 발전은 르네상스 시대이다. 세계관의 변화는 사회 전반적 변화를 일으켰고 그리스 문화의 부활을 통해 예술이 꽃피기 시작하였다. 16세기에는 오페라와 무용이 활발히 공연되었고 **예술경영 관리자**가 등장하였다. 또한 극장의 공연을 위한 조명, 특수분장 등의 전문가들이 등장하였고 새로운 무대 기술이 발전하였다.

16 세기 후반에는 이탈리아에서 오페라가 시작되었고 1581 년에는 프랑스에서 최초의 발레 'Ballet Comique de la Reine' 가 공연되었다. 르네상스 시대의 예술에 대한 금전적 후원은 교회, 왕족, 투자자(Shareholder Arrangements)에 의해 이루어졌는데, 여전히 교회의 입김이 작용하고 있어 예술작품에 대한 **검열**(Censorship)과 종교적 집단에 의한 반대가 심하였다. 따라서 예술의 심미성을 추구하는 예술가의 고집과 종교적 신념과 보수적 색채의 사회적 집단 사이에서 예술경영 관리자는 고민할 수밖에 없었다.

03. 06. 근대 시민사회

예술은 예술가, 작품, 감상자로 구성되는데 예술의 존속을 위해서는 감상자들의 후원이 절대적으로 필요하다. 예술가들에 대한 후원은 고대 그리스 이후부터인데 이는 돈과 권력을 지닌 신분적 우위의 계급에 의해서이다. **후원자**(Patron)란 신분적 상징으로서 그들이 예술가를 보호하는 이유는 그들의 고상한 취미생활을 위해서이기도 하지만 다른 천한 계급들과의 차별성을 강조하기 위한 자기과시 욕구 때문이라고 할 수 있다. 이는 서구에서 예술의 후원자로 자처하는 사람들 중 대부분이 국왕, 귀족, 교황, 추기경, 수도원장, 도시상인이었다는 데서 알 수 있다.[08)]

예술이라는 개념이 등장한 것은 18 세기 중엽 프랑스의 샤를 바토(Charles Batteux)에 의해서이고 이후 독일과 영국으로 전해지면서 고착화 되었다. 그러나 19 세기 들어서면서 예술은 천재의 기술로 정의되면서 **'예술을 위한 예술'** 이라는 주장이 전개되고 이는 프랑스 낭만주의에 작용하여 대중예술과는 구분되는 전통예술로 자리매김하게 되었던 것이다. 고상한 전통예술에 비하면 대중예술, 민중예술, 민족예술, 원시예술은 열등하며 예술이라고 할 수 없다는 것이다. 이는 과학의 사회적 필요성만큼이나 예술의 사회적 필요성이 중요하다는 점을 사람들이 인식하지 못하게 하였는데, 일반인이 생각하는 예술은 일상생활에서 벗어난 특수한 사람들의 특별한 취미 정도이며 속세와 인연을 끊은 자유로운 천재에 의한 '예술을 위한 예술' 로 인식되었기 때문이다. 따라서 일반시민들의 입장에서는 왜 예술을 지원해야 하는가에 대한 의문이 드는 것이 당연하다. 예술이 무엇인지 잘 이해되지 않고 소위 천재라는 사람들이 스스로 좋아서 즐기는 것을 우리가 왜 지원해야 하는가? 그렇다면 일반대중이 쉽게 이해하고 즐기는 대중예술은 지원을 해야 하는가?

문화예술의 중요성을 누구나 인식하고 있지만 문화예술의 진흥을 위한 예술경영과 문화정책의 중요성은 상대적으로 관심이 덜한 것 같다. 우리는 문화예술이란 말을 자주 사용하는데, 왜 굳이 예술이라고 하지 않고 문화라는 말을 붙여 문화예술이라고 하는가? 이는 예술이 고상한 전통예술 또는 순수예술뿐만 아니라 **대중예술**까지 포함하게 되면서 문화예술의 복합단어로 불리게 된 것 같다. 예술이 문화인 것은 당연하고 따라서 이전의 전통예술과는 다른 대중예술을 포함한 것을 지칭하기 위해 더 넓은 범위의 문화를 포함시켜 문화예술이라고 한 것이다.

예술의 발전은 전 세계적 추세로 진행되었고 세계 각국은 극장, 오페라,

---

08) 예를 들어 프랑스의 베르사이유 궁전은 루이 14 세, 영국의 셰익스피어는 엘리자베스 1 세, 독일의 바그너는 율리우스 2 세의 후원을 받았고, 이탈리아의 신흥재벌 메디치가(家)는 도나텔로, 보티첼리를 후원하였다.

무용 공연장 등을 건립하였으며 미국은 철도의 부설로 공연단의 이동을 용이하게 하여 **예술의 대중화**에 기여하였다.[09] 18 세기 후반 미술관의 등장으로 귀족과 같은 후원자들만이 감상할 수 있었던 명품을 일반대중도 감상할 수 있게 되었다. 즉 감상자가 확대되면서 새로운 감상자들에 의한 후원이 가능하게 되었던 것이다. 이러한 흐름은 특별히 영국 런던을 중심으로 시작되었다.

18 세기 영국은 상류사회가 존재하였으며 **젠틀맨**(Gentleman)이라 불리는 그들은 사회적 신분을 과시하기 위해 화가들에게 저택에서 부부의 초상화나 가족화를 그리게 하였고, 따라서 당시의 예술은 후원자를 위한 몰개성적인 것이었다. 그런데 영국 런던에 상류계층이 몰리기 시작하면서 사교시설이 필요하였고 그 결과 극장, 음악당, 공원 등이 지어졌다. 지방의 젠틀맨들은 **런던의 사교계**에 참여하기 위해 런던으로 몰려들었고 귀족적 생활의 상징으로서 예술가의 후원자임을 내세웠다. 이처럼 부유한 중류계급이 귀족적 사치생활에 합류하게 되면서 예술이 더 이상 일부계층의 전유물이 아니게 되었는데, 여기에는 런던의 커피하우스의 공로도 있었다. **커피하우스**(Coffee House)는 남성들의 사교클럽의 역할을 하면서 정보공유와 문화예술의 보급처가 되었던 것이다.[10]

이처럼 예술을 즐기고 이해하는 계층이 확산되면서 예술의 대중화가 시작되었고 비록 상류계급이 그들만의 예술을 위한 예술의 차별화된 공간을 추구하였지만 이미 예술의 대중화는 중류계급을 넘어 서민계층에까지 확대되고 있었던 것이다. 이는 커피하우스의 정보 보급에 의해서이기도 하지만 영국 최초의 **정기간행물**인 《Tattler》와 《Spectator》의 발간으로 커피하우스

---

09) 그러나 예약기관(Booking Agents)에 의해 독점화되는 폐단이 발생했다는 비판도 있다.

10) 영국 최초의 커피하우스는 1650 년 유대인 제이콥에 의해 옥스퍼드에 개점되었다고 한다. 1680 년대 경에는 런던의 커피하우스가 2,000 개에 달했으며 중 · 상류층의 사교장으로서 중요한 역할을 담당하였다. 커피하우스는 중류계급도 돈만 있으면 귀족적 생활에 편입될 수 있도록 한 장치로 기능하였지만 오히려 그 이유로 쇠락의 길을 걷게 된다. 즉 상류계급은 신흥부자인 중류계급과는 차별화된 그들만의 장소가 필요하였으며 따라서 그들만의 클럽모임을 결성하게 되었던 것이다.

의 정보가 많은 사람들에게 전파될 수 있었기 때문이다. 왕과 귀족의 후원자가 원하는 작품을 생산하던 시기에는 비평이 존재하지 않았지만, 커피하우스의 여러 정보가 많은 사람들에게 알려지자 작품에 대한 논의가 다양하게 진행되었던 것이다. 이 시기의 비평가 또는 비평지는 예술가와 새로운 감상자 사이의 중개자로 위치하면서 저널리즘(Journalism)을 이용하여 예술가보다는 대중을 대상으로 예술을 제공하여 **새로운 후원자**로 등장하였던 것이다.[11)]

그러나 한편으로 예술가들에게는 고난의 행로가 시작되었다. 귀족의 비호를 받는 시기의 예술가들은 비록 자신의 의지대로 작품을 창작할 수는 없었지만 경제적으로는 어려움이 없었다. 그러나 대중이 후원자가 된 이후 표현의 자유를 누리기는 하지만 **경제적으로는 어려움**을 겪게 되었다. 결국 예술가들은 새로운 후원자인 정부 또는 예술조직에 의존하게 된 것이다.

1842 년 뉴욕시가 심포니 오케스트라를 창단하였고 1881 년에는 보스톤시가 심포니 오케스트라를 설립하였다. 1883 년에는 뉴욕시에 메트로폴리탄 오페라가 창립되었고 미국 전역에 수많은 박물관들이 개인, 가족, 지역에 의해 설립되었다.[12)] 정부가 예술을 위한 공공기관 또는 **예술조직**을 설립하기 시작한 것은 19 세기 후반부터이며 이 때 예술경영의 전문가들이 등장하기 시작하였다.

예술을 위한 공공기관 건립이 본격화된 것은 1900 년대 중반부터로 이는 정부의 박물관, 미술관, 오페라 극장, 음악당 등의 건축으로 시작되었다. 그 이후 **예술을 지원**하기 위한 다양한 단체들이 생겨났으며 그들은 문화예술을 제공하고 널리 보급하는 역할을 담당하였다. 특히 이러한 예술조직들은 미국 정부가 면세정책을 통해 예술조직들에게 문화예술 지원이라는 역할을 떠넘기면서 더욱 활성화되었다.

---

11) 당시 호가스(William Hogarth)는 많은 대중들이 예술을 감상할 수 있도록 판화를 이용하였다. 판화는 몇 장이든지 찍어낼 수 있고 문맹의 서민들도 쉽게 이해할 수 있기 때문이다.

12) 시장주의의 전통을 볼 수 있는 것처럼 공공기관에 의해 설립되지 않았다.

03.07. 20 세기 이후

두 차례에 걸친 세계대전으로 경제가 어려워진 유럽 각국의 후원자들은 예술조직을 지역공동체로 소규모화하였고 정부의 지원을 요구하였다. 또한 오페라, 연극, 무용, 전시회 등의 공연 횟수도 줄어들었는데, 이는 유럽과 미국에서 전후 라디오와 TV의 보급으로 라이브(Live) 위주의 공연이 급격히 쇠퇴한 것과 관련이 있다. 미국의 경우는 시장주의를 채택하고 있는 만큼 비록 뉴욕의 오페라가 다른 도시에까지 확대되었지만, 오케스트라와 박물관 그리고 댄스 컴퍼니 등 모든 예술조직들이 **적자**에 힘겨워 하고 있었다.

더 이상 후원자를 구하지 못한 공연예술은 자구책을 찾기 시작하였는데 뉴욕의 연극가에는 브로드웨이(Broadway)와 오프 브로드웨이(Off-broadway)의 시스템과 지역 극장 시스템이 등장하여 상업적 이윤을 추구하게 되었다. 그러나 대중적이지 못한 오페라와 발레 등 순수예술의 공연은 시장에서 경쟁력을 잃어버리게 되었고, 그 결과 1960 년대 **포드 파운데이션**(Ford Foundation)과 1970 년대 **NEA**가 새로운 지원세력으로 등장하였던 것이다.

20 세기 이후 예술조직의 급격한 확장은 미국의 조세제도와 공공조직 사업화의 경향 때문이다. 예전의 예술조직은 개인에 의해 운영되었지만 이제 더 이상 개인의 능력으로는 운영이 불가능하다. 복잡한 조세제도 하에서 세금면제를 받기 위해서 또 보조금을 타내기 위해서 능력 있는 변호사가 필요하기도 하였다. 이제 예술조직은 더 이상 개인의 주먹구구적인 운영방식에 의해서는 살아남을 수 없게 되었고 법인체의 조직으로 운영되어야 한다. 예술조직이 세금면제를 신청하기 위해서는 재정관계를 명확히 하는 서류를 작성해야 하고, 정부기관에 보조금을 신청하기 위해서는 보고서와 예산서를 작성해야 한다. 예술조직의 운영과 관리를 위한 예술경영이 필요하게 된 것이다.

제2장

문화정책의 이해

문화정책과 예술경영 01

문화정책의 개념

01.01. 정책대상으로서의 문화예술

현대 국가들은 모두 문화정책과 비슷한 형태의 정책을 시행하고 있다. 그러나 많은 예술가들은 예술의 자율성을 위해서 누구의 간섭도 받지 않아야 한다는 믿음을 갖고 있으며, 정부의 간섭도 배제되어야 한다고 주장하는 만큼 문화예술이 **정책의 대상**으로 되는 것은 역사적으로 쉬운 일이 아니었다.

중세시대에는 예술이 교회에 예속되어 종교적 내면의 표현이 주를 이루었고 봉건시대에는 왕과 귀족들의 후원으로 예술은 그들의 고상한 취향에 맞추어야만 하였다. 따라서 근대 이전의 문화예술은 권력에 의해 좌우되었고 이러한 경험은 근대 이후 많은 예술가들이 문화예술에 대한 정부의 간섭을 배제하게 하였다. 근대 시민사회의 등장으로 중산층과 서민층들도 예술을 감상할 기회가 많아지고 예술가들은 종교나 상류층의 권력에서 벗어나 저마다의 개성적 표현이 가능하게 되었다. 프랑스 혁명 이후 1791년 국민회의는 예술이 정치에 구속되지 않고 개인의 자유로운 정신활동이라는 '예술 표현의 자유' 를 선언하였다. 당시의 **자유방임주의**는 개인의 자유를 최대한 존중하였고 국가는 국방과 경찰의 기능만 하는 최소한의 야경국가이었던 것이다. 따라서 국가는 문화예술에 일절 관여하지 않고 **예술활동의 자유**를 충분히 보장해 주었던 것이다.

그러나 19 세기 들어서면서 자유방임적 국가관에 변화가 일기 시작했다. 우선 시민의 교육으로 인적자원을 양성하는 것이 국가에 이익을 준다는 믿음에서 정부가 교육분야에 개입하였다. 그러나 문화예술 영역은 국가의 보조나 지원보다는 규제를 받았는데 이는 정치적 이유로 정권의 체제유지를 위한 출판물과 영화 등의 **검열**로 나타났다. 이러한 국가의 문화영역 개입은 교육의 자유와 예술의 자유를 주장하는 시민들에 의해 격렬한 반대에 부딪혔고 이는 어느 정도 효과가 있었다. 하지만 예술의 자유를 우려하는 시각에도 불구하고 국가가 문화영역에 개입하게 되는 것은 예술가들의 경제사정과 관련이 있다. 왕과 귀족의 후원을 받던 예술가들이 시장에서 경쟁하게 되자 대중의 지지를 획득하지 못하는 예술가들은 도태당할 수밖에 없으며 이들이 국가에 후원자의 역할을 부탁하게 된 것이다.

특히 20세기 매스미디어의 발달은 예술의 대중화를 촉진시켜 소수의 감상자가 아닌 다수의 감상자가 등장하였지만 이를 국가가 이용하면서 문화를 통제하여 권력유지의 수단으로 사용한 측면도 있다. **사회주의 국가**는 문화를 국가의 것으로 예속시키면서 모든 예술은 사회주의 이념을 실천하기 위한 것만 허용하기도 하였다. 또한 독일의 나치즘과 일본의 황국신민 사상 등에서도 문화는 통제되고 국민 개인의 사상개조를 위해 국가가 개입하였던 흔적을 찾을 수 있다.

20 세기에는 국가의 역할이 증대되면서 사회 여러 분야에 **국가가 개입**하게 된다. 미국의 경우 대공황 이후 케인즈(Keynes) 주의에 의한 뉴딜(New Deal) 정책이라든가 1960 년대까지의 다양한 사회복지 프로그램 등으로 국가가 개입하였던 것이다. 그러나 시장주의의 미국은 문화예술에 관해서는 그 개입이 다소 늦었으며 그 방법도 간접적이어서 NEA를 통해서였다. 지난 40 여년 동안 NEA는 공연자, 예술조직, 박물관, 영화, 디자인, 문화예술 관련 사업을 지원하였고, 현재는 문

학과 전통문화 보존을 위한 개인에게도 지원하고 있다. 심지어는 재즈 연주가, 리더십 프로그램과 같은 특별 사업도 지원하며 지역문화 사업기관들도 지원한다.

이처럼 제 2 차 세계대전 이후 선진국들은 **복지국가**를 지향하면서 문화 역시 복지의 일부분으로 인식하고 정부가 예술가를 후원하고 예술조직에 보조금을 지급할 뿐 아니라 일반대중들에게도 문화 향수의 기회를 증대시키기 위한 문화정책의 전환을 꾀하였던 것이다. 결국 문화예술이 정책대상이 될 수 있는 것은 **예술의 자율성**을 확보할 수 있다는 전제하에 성립된다. 또는 문화예술의 자율성 확보를 위해 문화정책이 필요하다고 할 수 있을 것이다.

01. 02. 문화정책의 영역

문화정책이란 문화예술 진흥의 목적을 위해 다양한 정책수단을 분석하여 결정하고 이를 효과적으로 집행하는 정부활동이라고 할 수 있다. **문화정책의 영역**은 예술분야의 문학, 미술(응용미술 포함), 음악, 무용, 연극, 영화, 연예, 국악, 사진, 건축, 어문, 출판 등, 문화산업 분야의 문예창작물의 제작, 공연, 전시, 판매(영상, 만화, 음반, 비디오, 신종매체, CD-ROM 등의 형태), 관광산업 등, 문화재 분야의 유형문화재(국보, 보물, 사적, 천연기념물, 민속자료, 향토유적 등), 무형문화재(연극, 음악, 무용, 공예기술 등), 기념물(패총, 고분, 성터, 궁터, 요지, 유물층 등) 등을 포함한다. 그 외에도 문화정책은 사회생활과 관련한 여가활동, 대중예술, 문화교육, 도시계획, 기업의 메세나 활동[01] 등

---

01) '메세나' 라는 명칭은 로마시대의 베르길리우스와 호라티우스 등 당대의 문화예술계 문호들의 후원에 헌신했던 가이우스 슬리니우스 마에케나스라는 실존 인물의 이름으로부터 유래한 것으로, 이제는 기업의 문화예술 지원활동을 통칭하는 말로 널리 쓰이고 있다. 메세나의 발전단계는 크게 3 단계로 나눌 수 있다. 제1단계의 필랜스로피(Philanthropy) 관점은 반대급부를 기대하지 않고 문화예술을 후원하는 자선단계이며, 제 2 단계의 스폰서십(Sponsorship) 관점은 광고게재와 같은 직접적 반대급부를 매개로 하는 협찬 단계로 요약될 수 있다. 제 3 단계는 파트너십(Partnership) 관점으로서 문화예술과 동반자가 되어 상호 윈윈(Win-win)하는 문화투자적 관점이다. 각국마다 기업의 문화예술 지원의 전통이 다르기는 하지만, 1990 년대 이후 기업의 메세나 활동은 뚜렷하게 자선에서 문화투자로 전반적인 지원전략이 변화되고 있다.

다양한 분야와 직간접적으로 관련이 있다.

이처럼 문화정책의 범위는 매우 넓지만 그 주된 내용은 예술가와 예술 활동을 지원하는 것이다. **예술가와 후원자의 관계**를 설명하기 위해 종종 5개 모형을 인용하는데, 첫째는 책임 모형으로서 예술가는 후원자에게 책임을 진다. 둘째는 엘리트 모형으로서 엘리트 구조 즉 견문이 넓은 개인 전문가들에게만 책임을 진다. 셋째, 예술 모형으로서 예술에게만 책임진다. 이는 '예술을 위한 예술'의 개념과도 같다. 넷째, 개인주의 모형으로서 예술가는 자기 자신의 심미성에 책임을 진다. 다섯째, 사회 모형으로서 예술가는 사회에 대해 책임진다.

문화정책 담당자는 예술가들이 보통 사람들과는 **다른 특성**이 있음을 알아야 한다. 예술가들은 산출물보다 생산과정을 더 중요시하며 생산과정은 예술가의 생명이 있는 한 영원히 계속된다. 문화정책은 예술가의 생산과정의 변화를 용인해야 하고 생산과정이 변경되더라도 더 이상의 문서작업을 강요해서는 아니 된다. 때로는 예술가가 개인적으로 지속적인 변화가 있거나 명확성이 결핍될 수 있음을 고려해야 한다. 문화정책 담당자가 예술가에게 지시 명령할 것이 아니라 예술가의 활동을 촉진시키는 역할을 해야 한다.

문화정책의 이론적 배경

02. 01. 엘리트주의와 대중주의

예술의 탁월성과 세속적인 민주적 가치가 양립할 수 있는가? 유럽과는 달리 미국은 왕실과 귀족 또는 교회에 의한 예술 후원의 전통이 없다. 있다 하더라도 그러한 전통은 미국의 민주주의 원칙과 권력분립의 연방제 전통에 배치된다. 또한 대중문화의 융성에 따라 예술은 경박하며 건전한 정신을 해치는 청교도적 정신과도 위배된다. 그러나 또 한편으로는 예술이 청소년을 순화하고 지역범죄를 줄이고 지역경제를 활성화한다는 주장으로 정부의 예술지원이 정당화되기도 하는 곳이 미국이다. 결국 미국의 문화정책은 예술의 실용적 필요에 의해 진행되었다고 할 수 있으며 그 실용적 필요는 경제발전과 예술교육을 위한 **문화적 필요**로 귀결된다고 할 것이다.

유럽과 미국은 국가주의와 시장주의로 대립되기도 하지만 정부 지원의 필요성을 설명하는 엘리트주의와 대중주의로 대립되기도 한다. **엘리트주의**란 예술 창조와 예술 향수의 차이와 전문가와 아마추어의 차이가 존재한다는 입장이다. 예술의 질적 측면 즉 심미성이 최우선이다. 엘리트주의는 예술가 위주이며 전통적 예술분야 위주이고 상류층 후원자 위주라고 할 수 있다.

대중주의란 엘리트주의를 속물주의이며 보수적이고 비민주적이라고 비판하는 입장이다. 예술 창조와 향수에 있어서 접근 기회는 균등해야 하며 전문가와 아마추어의 차이는 거의 없다. 누구나 예술창조에 참여할 수 있어야 한다. 전통보다 다원성을 추구하며 사용자와 소비자 위주이고 예술의 광범한 보급과 다양한 문화요구의 충족 위주이며 소수 민족예술 또는 민족예술 위주이다. 문화정책은 최고의 예술을 누구나 접근이 가능하게 한다는 절충주의적 입장을 견지해야 할 것이다.

02. 02. 정부지원의 정당성과 부당성

검열이라는 수단으로 문화예술 영역을 규제하였던 국가도 있었지만 현재는 모든 국가들이 예술가와 예술조직을 지원하고 있다. 그러나 문화예술에 대한 정부지원에 대해서는 그것이 정당하다는 입장과 부당하다는 입장이 대립되고 있다. **정부지원의 정당성**을 주장하는 사람들은 정부지원으로 인해 모든 사람에게 예술 향수의 기회를 확대할 수 있으며 이는 국민의 문화생활을 풍부하게 한다고 한다. 또한 이를 위해서는 문화 민주주의의 실천으로 광범위하고 다양한 프로그램에게 지원의 기회가 돌아가도록 해야 한다고 주장한다.

물론 **시장실패**가 발생하는 전통예술을 보호하는 것도 정부지원의 정당성을 확인하는 것이다. 문화유산을 보존하고 문화단체를 건전하게 유지하며 예술가를 발굴하기 위해서 그리고 소외계층을 비롯한 모든 사람들에게 문화예술에 대한 접근 기회를 확보하기 위해서 정부지원이 필요하다. 정부지원의 문제점은 지원을 결정하는 정책가들이 융통성을 갖추지 못하고 너무 분석적이며 지원의 금액이 너무 작다는 것이다.

반면에 **정부지원의 부당성**을 주장하는 사람들은 정부의 지원이 예술의 편향성을 증대시킨다고 한다. 즉 정부가 원하는 방향으로 예술을 끌고 가게 한다는 것이다. 또한 보조금 지원으로 권력이 집중되면 새로운 차원의 예술의 창조성이 계발되기 어렵고 심지어는 문화독재에 의해 몇 사람의 전문가들의 손에 문화권력이 독점될 수도 있다는 점을 우려한다. 물론 정부가 지원하면 개인이나 기업에 의한 예술지원이 줄어들 염려도 있다.

예술과 문화단체에 관한 지원에는 동의하지만 예술가에 대한 직접적 정부지원을 반대하는 견해도 있다. 시장주의의 입장에서 보면 예술의 상품성을 생각한다면 누구도 찾지 않는 예술은 고사되어야 한다. 결국 누구도 원하지 않는 예술상품을 생산했으니 망해도 당연하다는 입장이다. 정부지원이 이루어지면 예술가들의 **무임승차**가 일어난다. 예술가들은 더 이상 혼신을 다해 심미성을 추구할 필요가 없다. 예술을 적극적으로 열심히 하지 않아도 먹고 살 수 있기 때문이다.

그러나 정부지원의 정당성과 부당성의 논의 이전에 현실적으로 현재의 예술조직들은 정부의 지원 없이는 생존이 불가능하다는 것이 문제이다. 문화예술 활동은 사람들의 정서를 풍부하게 하고 착한 심성을 갖게 한다. 따라서 예술의 발전과 공공의 이익을 위한 정부지원은 필수적이며, 예술조직에 대한 정부지원은 우리의 사회적 · 도덕적 가치를 다음 세대에 전달하고 이해시키는, 그리하여 발전된 가치를 소유하게 하는 중요한 역할을 한다. **정부지원의 목적**은 예술가와 예술조직의 재정적 뒷받침으로 예술조직이 스스로 할 수 없었던 새로운 활동을 지원하기 위한 것이며, 소외계층에 대한 문화활동의 참여로 관객의 민주화를 이루기 위한 것이며, 예술 감상을 끌어올리는 조기 예술교육을 가능하기 위한 것이며, 예술가와 감상자의 도덕성을 회복하기 위한 것이다.

첫째, 경제적 측면에서 예술조직들은 재정적으로 어려울 수밖에 없다. 관객이 아무리 많아도 재정은 적자인 경우가 많기 때문이다. 비영리를 목적으로 하는 조직이므로 공연비용은 빠르게 상승하더라도 티켓 값을 인상하기는 어렵다. 경제적 문제를 해결하기 위해 티켓 값을 올리게 되면 당장 문화향수의 기회 평등을 저해한다는 정치적 어려움이 도사리고 있는 것이다. 예술조직들의 **재정적 어려움**은 시장경쟁의 어려움에 기인한다. 인플레이션과 함께 비용은 매년 상승하고 그 결과 제작비용도 상승한다. 그런데 공연 생산품은 공장의 조립품이 아니라 인간 개인의 작업이다. 생산성의 향상을 기대할 수 없는 것이다. 또한 관객의 수를 늘리는 것은 공연장소를 넓히거나 횟수를 늘리지 않으면 불가능하고, 새 작품에 대한 관객의 선호를 측정할 수 없어 항상 위험부담이 큰 것이다. 공연은 생방송이며 편집을 할 수 없어 위험부담이 크다. 정부의 보조금 지원 없이 예술조직의 생존은 불가능하다. 정부의 보조금이 있어야 예술조직들은 시장경쟁과 관련 없이 예술의 심미적 가치를 최고의 수준으로 유지하고 사회에 봉사하고 문화유산을 계승하고 새로운 실험적 작품과 예술인을 발전시키는 역할을 할 수 있는 것이다.

둘째, 사회적 측면에서 예술은 모든 사람들의 것이며 대중들의 교육에 유용할 뿐만 아니라 그들의 심성을 바르게 한다는 믿음이 존재한다. 오페라의 단골 관객은 극소수에 불과하다. 이러한 오페라를 정부보조금으로 지원하여야 하는 이유는 문화예술이 인간을 이롭게 한다는 근본적 확신 때문이고, 젊은이와 저소득층 등 소외계층의 사람들과 함께 모든 이들이 문화교육을 평등하게 받을 수 있고 이들이 문화관객으로 성장하는 기회를 제공해 주어야 하기 때문이다. 문화소비를 하는 대중들은 부자 엘리트 관객만이 아니며 다양한 계층으로 구성되어 **관객의 민주화**를 이루어야 한다.

그러나 여전히 오페라 관객이 엘리트 소수인 것을 보면 공공기금의 투자가 큰 효과가 없는 것 같다. 문화소비 대중의 특성이 엘리트 소수에 집중된다는 것은 세계적으로 나타나는 현상이다. 공연예술의 주 소비층은 고학력층, 소득 상위계층, 전문직 사람들이라고 한다(DiMaggio & Useem, 1978; Peterson & Simkus, 1992; 이종호, 1999; 최영철 · 김민규, 2000; 시정개발연구원, 2004). 이처럼 공공기금의 보조가 문화 민주주의와 관객의 민주화를 달성할 정도로 문화대중의 비중을 늘리지 못했지만 예술에 대한 접근 기회를 증대시킨 것은 사실이며 이는 장기적으로 효과가 나타날 것이라고 기대한다.

셋째, 교육적 측면에서 정부지원은 필수적이다. 흔히 고급문화는 상류계층의 보수적 귀족계급에 의해 발전되었다고 한다. 이러한 전통은 현대의 전문직 엘리트에 의해 계승되었으며 그 외의 계층은 가정교육보다는 학교교육을 통해 **문화경험**을 할 수밖에 없었고 학교교육도 받지 못한 소외계층은 문화경험이 전무할 수밖에 없었던 것이다. 박물관이나 문화예술 공연관람 기회를 가졌던 사람이 커서 더 많은 공연기회를 갖는다는 연구결과가 있으며

(시정개발연구원, 2004; Owen & Shibli, 1998; Throsby, 1994), 미국 NEA의 '예술참여에 미치는 예술교육의 효과(EAEPA: Effects of Arts Education on Participation in the Arts)' [02]에서는 예술교육이 공연관람 등과 같은 현장참여 경험에 미치는 영향이 다른 요소들 즉, 성 · 인종 · 사회경제적 조건 등에 비하여 최고 4 배나 높은 것으로 나타났다.[03] 특히 **조기 예술교육**이 중요하며 그 조기 예술교육의 필요성에는 누구나 공감하고 있지만 현실적으로 많이 부족하다.[04] 정규 교과목에 예술교육을 포함시켜야 한다는 것은 누구나 찬성하지만 어린 학생들을 예술감상의 수준까지 끌어올리기 위한 프로그램 예산은 전혀 확보되지 않고 있는 것이다. 더구나 우리나라의 경우 입시 위주의 교과과정 편성으로 조기 예술교육 뿐 아니라 예술교육 그 자체가 실종되다시피 하고 있다.

넷째, 도덕적 측면에서 정부지원이 필요하다. 한때 부모님들은 문화예술관람을 종교적인 의식으로까지 생각했던 적이 있다. 아이들을 데리고 박물관에 가고 미술관에 가는 것이 교회나 사찰에 가는 것과 같이 의례적인 것이었던 시절이 있었다. 그러나 이제 그러한 가족을 찾아보기 어렵게 되었다. 문화가 인간정신의 내면까지 포함하는 것이라면 문화정책의 정부지원을 통해 문화예술을 접하는 기회를 증대시키고 인간의 심성을 맑게 하여 윤리와 도덕의 **정신적 가치**를 고양할 수 있을 것이다. 정부지원은 예술가들의 **도덕성**

02) 1992 년 18 세 이상의 표본 수 12,736 명을 대상으로 한 공공예술 참여도조사(SPPA 92: Survey of Public Participation in the Arts)의 데이터를 바탕으로 분석하였다.

03) 그러나 예술교육이 더 강력한 영향력을 가질 때는 고등교육을 함께 받았을 때이며 고등교육이 제공하는 넓은 사회화 과정 없이 예술교육만 받아서는 향후 관람에 미치는 영향력이 크지 않은 것으로 나타났다.

04) 예술은 인간의 근원적 아름다움에 대한 추구이며 이는 새로운 가치의 발견과 창조를 위한 것이다. 우리는 생활 속에서 예술을 느끼고 함께 해야 한다. 그런데 예술의 생활화를 위해서는 감상자가 요구되는데 감상자는 하루 아침에 만들어지지 않는다. 교육이 필요한 것이다. 예술의 향유를 위해서는 대중의 예술교육이 선행되어야 한다. 예술을 위한 학습과 교육에 대한 투자가 이루어질 때 예술의 수요가 증가할 것이고, 예술 수요의 증가는 정부와 예술조직의 지원을 필요하게 하고, 이러한 지원에 힘입어 다양한 예술이 창궐하게 될 것이다. 따라서 어린 학생들 뿐 아니라 일반시민들에게까지 예술교육을 실시하는 것이야 말로 장기적 문화발전을 위해 가장 중요한 정책이다.

을 회복시키고 그들의 자유정신을 자본가에게 팔지 않게 한다. 만약 정부지원이 없다면 예술가들은 예술의 심미성 추구라는 본질적 가치를 소홀히 하고 시대 흐름에 편승하는 예술가가 되기 쉬울 것이다.

02. 03. 예술의 정치화

예술을 지원하기 위해 정부가 관여하게 되면 필연적으로 정치적 영향력이 결부된다. 예술행정을 담당하는 기관의 장이 대통령에 의해 임명되는 것처럼 정치적 영향력이 행사되는 것이다. 문화정책 담당기관이 의회로부터 예산을 타 내기 위해서 정치가 개입하며, 예술조직이 보조금을 지원받기 위해서 정치력이 동원되기도 한다. 결국 **예술의 정치화**라는 것은 예술행정과 관련된 인사문제의 결정과 자금지원 결정에 정치적 영향력이 개입한다는 의미이다.

1970 년대는 미국 정부의 재정압박으로 긴축예산이 시작된 시기이다. 당연히 NEA의 예산삭감에 대한 압력이 거세었다. 1982 년의 NEA 예산은 무려 50% 삭감을 요구 당했고 이후 1986 년까지 **예산삭감 요구**가 계속되었다. 그러나 예술에 대한 시민들(유권자)의 지지는 워싱턴에 전보와 편지를 보내 항의를 하게 하였고, 그 결과 1989 년과 1990 년 NEA는 예산을 배정받을 수 있었다. 그러나 NEA는 곧 외설작품에 보조금을 지원할 수 없다는 보수진영의 반격을 받기도 하였고 다시 검열을 해야 한다는 주장도 대두하였다. 1990 년대 이후에는 하원의원들에 의해 NEA 폐지가 주장되었으나 협상 결과 예산만 9 천 8 백만 불로 대폭 삭감되었다. 결국 NEA의 예산은 NEA 기관장의 정치력에 의해 액수가 결정되었던 것이다.

정부지원은 시민들의 세금에 의한 것이고 그 배분은 **정치적 결과**일 수밖에 없다. 그렇다면 어떤 예술조직이 정부지원을 받는가? 박물관의 경우 사람들의 접근성이 용이하다는 점에서 정부지원에 유리한 정치적 측면이 있다. 반대로 전위예술 또는 행위예술과 같은 실험적인 것이나 예외적인 것에 대한 지원은 어려울 수밖에 없다. 시민들은 자신들에게 친숙한 문화예술 활동에 정부지원이 이루어지길 바라기 때문에 정치력을 행사하려 한다. 그렇지만 문화예술에 대한 정부지원은 다른 예산에 비해 여전히 우선순위가 낮은 것이 사실이다. 따라서 정부지원은 대다수의 시민들이 무리 없이 받아들이는 문화예술 활동에 국한될 수밖에 없는 것이다. 그러므로 예술조직들은 정부지원을 받기 위해 새로운 전위적, 실험적, 모험적 재능을 거부할 것이며 그 지역의 문화교육도 소홀히 하게 된다. 결국 모차르트, 베토벤의 클래식 음악만을 연주하는 콘서트 개최에만 열을 올리게 되는 현상이 나타나게 되는 것이다.

02. 04. 문화권

문화권(Cultural Right)은 문화에 대한 권리(Right to Culture) 또는 **문화적 권리**(Cultural Right)를 모두 포함하는 개념이다. 문화에 대한 권리가 문화권을 인권과 같은 천부의 포괄적 권리로 보는 것이라면, 문화적 권리는 문화영역에 있어서의 개별적 구체적 권리라고 할 수 있다. 문화권은 1990 년대부터 제기되어 2000 년대에는 국민적 명제로 대두하였다. 문화권은 인간의 기본적 권리이며 문화생활을 할 수 있는 권리와 문화생활에 참여할 수 있는 권리를 포함한다(문화사회연구소, 2004).

문화권리는 자유권적 기본권과 사회권적 기본권으로 나누어 설명할 수 있다. 자유권적 기본권으로서의 문화권은 전체주의적 문화가 아닌 개인의 예술 표현의 자유를 충족시킬 수 있는 '국가간섭으로부터의 자유' 를 의미한다. 사회권적 기본권으로서의 문화권은 문화복지의 개념을 충족시킬 수 있는 '국가간섭으로 인한 자유' 를 의미한다. **자유권적 문화권**은 대부분의 국가가 헌법에 명시해 두고 있으나 **사회권적 문화권**은 발전하는 개념으로서 아직 명확하게 규정되어 있지는 않다. 자유권적 문화권이 문화를 인간의 정신활동을 포함하는 것으로 보고 최대한 자유를 보장하는 것이라면 사회권적 문화권은 정부의 적극적 시책을 통해 가능한 것이라고 할 수 있다.

인간의 내면적 정신활동은 정부가 개입해서는 아니 된다. 종교의 자유, 사상과 양심의 자유, 표현의 자유, 학문의 자유 등으로 대변되는 인간의 정신은 국가권력이 간섭하거나 통제해서는 아니 된다. 자유권적 문화권은 곧 **정신활동의 자유**를 보장받는 것이다. 물론 법에서 예술을 별도로 규정하지는 않지만 예술의 창조 역시 인간 내면의 정신을 표현한 것으로 보아 사상과 양심의 자유 또는 표현의 자유로 보장되어야 하는 것이다. 사회권적 문화권은 문화에 관한 권리라고 할 수 있다. 즉 모든 사람이 똑같이 평등하게 **문화예술 향수의 기회**를 누릴 수 있어야 한다. 그러나 실제로 이러한 권리를 보장받지는 못한다. 정부와 지방자치단체는 각기 다양한 문화정책을 실시하고 있지만 그 혜택을 받지 못하는 시민들은 여전히 사회권적 문화권을 누리고 있지 못한 것이다.

문화정책은 문화적 필요를 충족시키기 위한 것이다. **문화적 필요**란 문화향수를 받는 국민의 기본적 권리를 말한다. 1982 년 제 2 회 세계 문화정책회의에서는 문화정책의 추진에 있어 중요하게 다루어야 할 사항 7 가지를 상정하였다. 첫째, 문화적 정체성의 존중, 둘째, 민주주의와 참여의 중요성, 셋째, 새로운 가치관으로서의 문화적 발전을 사회발전의 목적으로 인식, 넷째, 문화교육의 중요성, 다섯째, 과학기술의 중요성, 여섯째, 커뮤니케이션, 일곱째, 문화와 평화의 관계 등이다. 이처럼 선진국에서는 문화를 향수할 수 있는 권리, 문화활동을 할 수 있는 권리, 문화 창조에 참여할 수 있는 권리 등을 **문화적 권리**로서 법제도에 포함시키려는 노력을 계속하고 있다.

문화권은 **문화다양성주의**와도 관련이 있다. 유네스코는 2001 년 세계 문화다양성 선언[05]을 통해 문화의 종(種)을 보전하고 새로 등장하는 문화적

05) 원문은 다음과 같다. "Cultural rights are an integral part of human rights, which are universal, indivisible and inter-dependent. The flourishing of creative diversity requires the full implementation of cultural rights as defined in Article 27 of the Universal Declaration of Human Rights and in Articles 13 and 15 of the International Covenant on Economic, Social and Cultural Rights. All persons have therefore the right to express themselves and to create and disseminate their work in the language of their choice, and particularly in their mother tongue; all persons are entitled to quality education and training that fully respect their cultural identity; and all persons have the right to participate in the cultural life of their choice and conduct their own cultural practices, subject to respect for human rights and fundamental freedoms."

현상의 토양을 마련하여 문화패권과 문화독점을 방지하자고 주장하였다. 천연기념물과 같이 생물의 종만 보존할 것이 아니라 문화의 종(Species)도 보존해야 하는 것이다. 문화다양성주의는 각 민족과 집단의 문화를 소중히 여기고 타문화에 대한 이해를 높인다는 점에서 문화상대주의를 포함한다. **문화상대주의**는 타자의 문화를 차별하지 않고 그 차이를 인정하며 자기 문화의 잣대로 상대 문화를 평가하지 않는다. 문화다양성주의는 개인의 문화적 권리를 인정하여 문화충돌을 예방하고 문화발전과 문화진흥에 기여하자는 것이다. 문화발전은 문화권의 보장을 통해 진작될 수 있다. 따라서 문화권은 정치적 권리, 경제적 권리와 같은 인간의 기본적 권리이며 문화다양성을 인정하는 권리이어야 한다.

문화권은 생존권, 노동권, 교육권, 참정권과 같은 사회적 기본권으로서 인권이라고 할 수 있다. 따라서 문화권은 당연히 보장되어야 하고 국가가 국민에게 책임져야 할 부분이다. 국가가 의무교육을 실시하듯이 적극적인 문화권 보장이 요구되는 것이다. 물론 문화권의 보장이라는 허울을 쓰고 국가가 **지배와 통제의 수단**으로 이용하려는 경우를 철저히 차단해야 할 것이고, 오히려 문화적으로 자각한 시민이 자본과 권력으로부터 자유로울 수 있도록 도와주어야 할 것이다. 또한 문화권이 **국수주의와 민족주의**를 강화할 가능성에 대해서도 유의해야 한다. 예를 들어 전통문화와 한국어 정책 등은 자연히 국수주의와 민족주의 논란에 휩싸이게 된다. 진정한 문화권을 보장하기 위해서는 전 지구적 관점에서, 인류적 관점에서, 보편적 관점에서 판단해야 한다. 문화절대주의와 문화중심주의 그리고 문화제국주의를 배격하고 문화상대주의 관점에서 모든 인간의 문화에 대한 동등한 가치판단 즉 **보편주의**(Universalism)가 필요한 것이다.

문화예술의 창조는 국가에 의해서가 아니라 개인의 주관적 가치와 창의력에 의해서이다. 국가는 개인의 가치판단과 정신활동에 대한 개입을 할 수 없다. 그러나 국가는 개인의 문화예술 영역의 참가와 기회를 누구에게나 균등히 제공해 주어야 한다. 즉 자유권적 문화권과 사회권적 문화권을 동시에 보장해 주어야 한다는 것이다. 모든 권리에는 책임이 따른다. 문화권 역시 권리로서 **책임**이 따르며 개인은 **세계시민**으로서의 보편주의에 입각한 책임정신을 가져야 할 것이다. 따라서 문화정책은 주체가 개인 또는 민간단체이며 국가 또는 지방자치단체가 아니다. 문화정책은 키잡이의 방향만 지시할 뿐 노 젓기를 하지는 않는다. 때로는 문화정책이 시민요구에 모두 대응하기 위해 예산을 나눠 먹기 식으로 모든 예술단체에게 소액 배분하는 경우도 있는데, 이 역시 사회권적 문화권을 잘못 해석한 것으로 필요한 분야에 필요한 만큼 배분하는 것으로 바꾸어야 한다.

문화정책의 방향

03. 01. 문화자본과 문화권력

문화적 불평등은 경제적 불평등에 의해 야기되지만 최근에는 문화자본이 오히려 경제적 불평등의 원인이라는 견해가 대두하고 있다. 프랑스 사회학자 부르디외(Bourdieu)에 의하면 자본주의 사회에서는 경제자본보다는 **문화자본**이 계급을 재생산하는 주요 요소라고 한다. 문화자본이란 지식, 교양, 기능, 취미, 감성 등이며 문화상품의 형태로 존재하기도 한다. 즉 문화자본을 갖춘 개인은 그렇지 못한 개인에 비해 더욱 높은 사회적 지위를 갖게 된다는 것이다. 따라서 미래 문화정책의 방향은 모든 국민들에게 문화자본이 공정하게 배분될 수 있도록 하는 것이다.

문화자본의 공정한 배분은 누구나 쉽게 문화시설을 이용할 수 있게 하는 것과 같은 문화향수의 기회균등으로 가능하다. 문화적 접근권의 확대는 문화자본 획득의 기회를 증대시키기 때문이다. 이를 위해 박물관이나 미술관,

또는 도서관 등 문화적 공공시설을 확충하고 **문화기반**에 대한 정책을 확대해야 할 것이다. 문화자본의 공정한 배분을 위해서는 **지역간의 문화적 불균형**을 시정해야 한다. 도시에 비해 지방은 문화시설이 부족하며 문화교육 경험률도 낮다. 지방의 학교교육은 예술교육을 담당할 여력이 없기 때문에 지방의 예술교육은 오로지 사설학원과 개인레슨에 의존할 수밖에 없다.

따라서 문화자본의 공정한 배분을 위해서 **문화기반의 확충**이 필요하다. 문화기반이란 문화의 창조와 발전을 위한 하부구조이다. 대표적인 것으로는 박물관, 미술관, 도서관, 극장, 공연장, 문화회관 등의 문화기반시설을 들 수 있다. 문화기반은 국민들의 문화수준에 의해 확충되는데 문화예술을 사랑하는 사람들이 늘어나면 문화예술의 공급이 늘어나게 되고 이는 필연적으로 문화기반시설을 확충하게 되기 때문이다. 문화기반의 확충을 위해서는 우선 국민들이 언제 어디서나 사용할 수 있는 문화공간의 확보가 필수적이다.

문화공간의 확보는 기존 공공기관과 우체국 그리고 학교 등의 시설을 이용하거나, 근로자의 문화향유 기회를 확대하기 위해 기업에 근로자 종합복지관 또는 체육문화센터를 건설하는 방법이 있다. 또한 소규모 문화공간 특히 복합문화공간의 확보가 중요하다.

첫째, **공공기관**의 강당이나 강연장에 음향과 조명시설을 설치하여 전시와 공연을 가능케 하고, 종교단체의 건물과 학교 건물은 휴일에 개방하여 문화행사를 개최할 수 있게 해야 한다. 또한 지역 문화시설을 손쉽게 이용할 수 있도록 시 · 도 단위의 종합문화예술회관을 복합문화공간화하여 연주회, 연극, 미술전시 등 특수시설을 구비하여 필요한 경우 효과적으로 사용할 수 있도록 한다. 시 · 군 단위의 문화원은 주민들의 직접 참여를 유도하면서 향토문화의 특성을 살리는 문화행사를 기획해야 할 것이다.

둘째, **대기업**의 강당과 회의실 등도 개방하여 문화예술의 전시 · 공연장으로 활용할 수 있도록 하고, 근로자 종합복지관과 체육문화센터에 공연장, 영화관, 헬스센터 등을 갖추고 근로자들의 문화향수 기회를 확대해야 할 것이다.

셋째, **동네의 자투리땅**을 이용하여 야외 공연장을 설치하거나 조형물과 같은 예술작품의 전시장으로 이용할 수 있을 것이다. 평소에는 열린 문화공연장으로 활용하고 경우에 따라서는 마을 축제와 같은 행사를 개최할 수도 있을 것이다.

넷째, 문화공간을 **녹지공간**과 결합하고 지역에 따라 문화의 거리를 지정하는 방안 등을 지역특성에 맞게 마련한다. 예를 들면 서울의 경우 암사동 선사문화의 거리, 예술의 전당 앞 문화예술의 거리, 대학로 연극의 거리, 인사동 전통문화의 거리 등이 있다.

다섯째, **국공립 도서관**을 문화공간으로 이용한다. 도서관은 학습이나 책을 빌려 보는 곳만이 아니다. 다양한 미디어 자료를 갖추고 있으므로 이를 활용한 각종 문화행사를 개최할 수 있는 장소로 활용할 필요가 있다. 도서관은 지역사회의 종합문화정보공간으로 확충되어야 한다. 독서교실, 독서회, 꽃꽂이 강좌, 문화 강좌, 어학 강좌, 서예, 스포츠, 레저활동 등 다양한 취미와 교양 교실을 운영하여 지역도서관을 평생문화교육의 장으로 활용할 수 있을 것이다. 독서회와 독서교실을 개설하여 초등학생과 중학생들에게 도서관 이용법을 가르치고, 독서 자료의 선택법과 독서법 그리고 독후감 쓰기 등을 지도할 수 있을 것이다.

여섯째, **지방박물관**의 육성이 필요하다. 즉 지역을 상징적으로 나타낼 수 있고 지역의 특산물이나 특성을 살릴 수 있는 전문박물관 또는 특수박물관의 건립이 필요하고 이를 위한 세제지원, 금융지원, 행정지원 등이 이루어져야 한다.

문화자본뿐 아니라 문화권력도 사회에서 공정하게 배분되어야 한다. **문화권력의 불평등**은 문화의 상품화에 따라 문화산업이 중요해지면서 문화의 생산자와 소비자라는 이원적 관계에서 발생한다. 물론 문화는 그 특성상 문화생산자와 문화소비자가 동일인인 경우가 많다. 따라서 문화권력의 불평등을 해소하기 위해서는 소비자들이 문화생산 활동에 적극적으로 참여할 필요가 있다. 예를 들면 주류 대중문화와는 다른 비주류의 음악을 창조하는 언더그라운드 밴드들은 소수문화로서 문화권력의 집중화를 막는다. 따라서 여성문화, 청소년문화, 노인문화, 지역문화와 같은 새로운 소수문화의 공동체가 가능하다.

03. 02. 문화예술교육

문화예술은 오랜 세월 축적되는 것이므로 어렸을 때부터 접하지 않으면 문화예술적 감수성이 배양되지 않는다. 문화예술교육은 문화예술의 생산을 위한 **창조력**을 기르고 문화의 향수를 위한 감상력을 기르는 것이다. 따라서 문화예술교육은 빠를수록 좋다. 문화예술교육이 빠를수록 문화향수의 **감상력**을 더 빨리 습득하고 건전한 정신의 인간으로 성장한다는 것이다. 그러나 공립학교에서 예산이 부족한 경우 가장 먼저 삭감하는 것이 문화예술교육 프로그램인 것처럼 문화예술교육에 대한 관심이 부족한 실정이다. 실제로 문화예술적 감수성을 깨우친 학생들은 다른 학생들보다 학습능력이 뛰어나다고 한다. 조기 문화예술교육을 받은 학생들은 정서가 풍부하고 감각의 훈련으로 풍성한 자아의식을 갖게 되기 때문에 언어 습득과 인지 능력이 뛰어난 것이다. 그러므로 문화예술교육은 평생교육으로 진행되어야 하고 생활의 문화화와 함께 누구나 문화예술을 접하게 되고 이를 수용하고 감상할 수 있어야 할 것이다.

문화예술교육이 중요한 또 다른 이유는 문화의 소외계층을 양산하지 않아야 하기 때문이다. 인간은 누구나 행복하게 살 권리가 있다. 공립학교에서 무상으로 교육을 하는 것도 바로 그러한 이유 때문이다. 먹고 살기에 바빠서 문화예술에 접할 기회를 갖지 못하고 배우지도 못하고 훈련받지도 못한 **문화적 소외계층**을 위해 어릴 때부터 문화예술교육을 실시해야 한다. 모든 국민들이 평등하게 문화향수의 기회를 갖도록 하기 위해서는 먼저 감상력을 갖출 수 있도록 문화예술교육이 전제되어야 하는 것이다. 더구나 문화예술교육은 인간성 회복을 위한 도구로서의 역할을 하여 사회구성원들이 더불어 살아가는 지혜를 갖게 해 주는 부가적 장점도 있는 것이다.

또 하나 우리나라만의 특수한 경우이지만 문화예술교육에는 **통일문화교육**이 포함되어야 한다. 분단 이후 전혀 문화적 교류가 없었던 남북한이 통일이 된다면 서로 간의 문화적 충격은 상당히 클 것이다. 북한은 우리와 같은 언어를 사용하지만 문화에도 김일성 주체사상이 뿌리 깊게 박혀 있어 서구문화에 영향 받은 우리와는 전혀 다르다. 따라서 북한문화의 실상을 제대로 이해하고 우리 문화와 다른 점은 무엇이며 같은 점은 무엇인지 교육을 해야 할 것이다.

03. 03. 지역문화

문화정책은 지역문화가 그 자체로서 역사와 전통의 실체를 가지며 이러한 지역성과 함께 세계적 보편성을 확보하도록 해야 한다.[06] 세계화의 구호인 "생각은 세계적으로, 행동은 지역적으로"라는 말이 곧 지역문화[07]의 발전을 위한 문화정책에 그대로 적용되는 것이다. 다시 말하면 세계적 보편성에 배치되지 않으면서 지역문화의 특수성을 유지해야 한다는 것이다. 지역문화는 **지역의 특성**을 가장 잘 반영하는 문화이다. 지역에는 타 지역과는 구분되는 문화가 존재한다. 지역문화는 지역 고유의 역사와 전통으로 지역사회의 가치관을 형성하고 주민들에게 문화의 정체성을 갖게 해 준다.

지역문화 발전을 위한 다음의 4 가지 제안을 할 수 있다. 첫째, 문화정책은 중앙과 지방과의 문화격차를 해소해야 한다. 둘째, 지역 문화행정을 담당할 전문인력을 양성해야 한다. 셋째, 지역 문화시설의 확충이 필요하고, 문화원, 문화예술회관, 군민(시민)회관, 공공 도서관, 복지회관, 청소년시설 등의

06) 지역문화는 문화의 보편성과 상대성을 가장 잘 표현한다. 지역문화가 공간적 한계를 갖고 있지만 민족문화와 세계문화의 일부분이라고도 할 수 있다. 따라서 지역문화의 고유한 특성은 언젠가 민족문화와 세계문화의 보편성으로 자리 잡을 수도 있다. 세계문화의 보편성이 더욱 추상적 개념이라면 지역문화는 이를 실제적으로 체험하는 문화인 것이다.

07) 종종 지역문화는 지방문화와 같은 의미로 사용되기도 하는데 엄격히 말하면 양자는 구분된다. 지방문화가 중앙과의 관계에서 서울과 수도권을 제외한 지역의 문화를 지칭한다면, 지역문화는 모든 지역을 동일하게 동등한 관점에서 본다는 차이가 있다. 물론 지역문화는 그 공간적 한계를 어디에 두는가에 따라 범위가 작아질 수도 또 커질 수도 있다. 예를 들어 한 국가의 문화를 몇 개의 지역으로 나누어 얘기할 수도 있지만 국가를 하나의 지역으로 묶어 한 지역의 문화로 얘기할 수도 있는 것이다. 이런 맥락에서 지방문화는 한 국가를 여러 지역으로 나누었을 때 각 지역의 문화적 특색을 지칭하며 동시에 중앙과 대비되는 관계에서의 지역문화를 일컫는 것이다.

문화시설 기능을 회복하고 복합문화공간으로 활용하는 방안을 강구한다. 넷째, 지방자치단체의 문화재정을 확충한다. 현실적으로 정부와 민간(기업)부문의 지원을 활용하는 방안을 마련한다. 다섯째, 지역문화를 담당할 전문인력을 확보한다. 이들에 대한 처우개선이 우선이지만 지역주민들 중에서 향토문화에 관심이 있고 지역문화에 일가견이 있는 사람들을 자원봉사자로 또는 지역 전문가로 초빙하여 실비를 지원하는 방법도 고려해 볼 수 있다.

03. 04. 규제와 규제완화

문화정책에 있어서 **규제와 탈규제**는 한마디로 얘기할 수 없는 어려운 문제이다. 다만 규제를 신설하든 폐지하든 충분한 검토와 평가가 전제되어야 한다. 더구나 작은 정부를 위한 민영화의 영향은 규제해야 할 것은 폐지하고 탈규제해야 할 것은 오히려 규제하는 이상한 방향으로 진행되는 것 같아 염려스럽다. 공무원들의 경직된 사고도 문제이다. 규제를 50 % 이상 없애라는 대통령의 말에 140 개의 규제 중 정확히 70 개를 폐지했다고 한다. 그러나 규제란 양적인 문제가 아니라 질적인 문제인 것이다.

03. 05. 정부지원

비영리 예술조직에 대한 **정부의 지원이 확대**되어야 한다. 정부는 세제지원과 보조금 지원 등 다양한 정책수단을 개발하여 예술조직을 육성하고, 이러한 예술조직과 네트워크로 연결되어야 할 것이다. 예술조직의 활성화는 우수한 인적자원을 양성하고 다양한 문화의 발전과 함께 문화산업의 잠재력을 키우고, 문화자본의 공정한 배분과 문화권력의 집중을 방지하는 역할을 담당할 수 있기 때문이다.

03. 06. 예술경영 관리자 양성

전문적인 **예술경영 관리자의 양성**이 필요하다. 지금까지 우리나라는 문화예술 관련 분야에서 경험을 쌓은 다양한 배경의 실무자들이 예술경영을 담당해 왔다. 또한 예술의 심미성을 추구해야 한다는 당면논리 앞에 관리자의 자질은 상대적으로 등한시된 측면도 있었다. 그러나 이제는 예술경영의 교육이 본격적으로 실시되고 그 규모와 내용에 있어 선진국에 못지않게 큰 시장을 형성하고 있어 정규교육의 예술경영 관리자들을 기대할 수 있을 것이다. 특히 문화산업의 중요성이 대두되고 예술활동이 문화산업의 근간을 이룬다는 점에서 예술경영의 중요성은 더욱 증가한다.

또한 문화예술은 **지식의 생산**에 공헌한다. 정보화와 함께 지식기반사회의 등장은 창조력과 혁신을 강조하며 지식의 축적과 학습을 중시한다. 문화예술은 창조력 향상과 지식의 발전에 공헌하므로 전문적 관리자의 경영으로 이를 가속화해야 할 것이며, 예술경영 관리자는 지식과 정보를 이용하여 세계 속에서 문화예술과 감상자의 소통을 담당해야 할 것이다. 미국으로 진출한 〈난타〉 공연에서 보듯이 공연예술 매니저는 국내 극장무대라는 공간을 넘어서고 있고, 만화 〈둘리〉의 캐릭터 수출에서 보듯이 예술경영 관리자는 다양한 미디어의 이용과 함께 온라인과 오프라인을 넘나드는 업무영역을 갖게 될 것이다. 예술경영 관리자를 양성하기 위해서는 정규교육과 함께 실무체험이 병행되어야 하고,[08] 관련 지식과 이론을 최근의 사례와 경험으로 완성해야 한다. 미국의 예술경영교육자협회(Association of Arts Administration Educators)에 의하면 예술경영 교육을 위해 자금조달과 마케팅 교육이 확대되고 실무경험이 뒤따라야 한다고 주장한다.

---

08) 디마지오(DiMaggio)는 예술조직 관리자들이 자신들이 받은 교육은 예술경영에 도움이 되지 못했으며 예술조직에서 일한 경험이 더 중요했다고 주장한다.

03. 07. 미래 문화정책

미래 문화정책의 방향과 관련해서는 다음의 사항들을 검토해야 할 것이다. 첫째, 전통문화와 현대문화의 생산적 결합을 고민해야 한다. 전통의 문화적 주체성과 변화하는 현대문화를 어떻게 연결할 것인가를 생각해야 한다. **민족문화와 세계문화**의 상호관계를 정립하고 민족문화와 세계문화와의 교류를 통해 우리의 문화가 보편적 세계문화 정립에 공헌할 수 있어야 한다. 둘째, **고급문화와 대중문화** 그리고 생활의 문화화의 접목을 시도해야 한다. 고급문화에 대한 수요를 진작시키고 대중예술 창작을 위한 지원 및 생활의 문화화를 진작시키는 문화정책이 요구된다. 셋째, **주도문화와 부분문화**의 균형을 유지해야 한다. 소외계층의 문화에 대한 배려가 있어야 하고 노인문화와 여성문화 그리고 많은 소외계층의 소수문화에 대한 지원이 필요하다. 넷째, **행정의 문화화**가 이루어져야 한다. 모든 공공정책은 문화적 요소가 내포되어 있다. 따라서 문화정책은 문화담당 부서뿐 아니라 모든 행정부서에 의해 이루어진다.

행정의 문화화란 문화정책 영역 뿐 아니라 정부 행정의 전 분야에 걸쳐 **문화적 가치**를 도입하려는 노력을 말한다. 행정의 문화화는 또한 행정의 모든 영역들이 네트워크로 연결되고, 비영리 예술조직들과 민간부문의 기업, 그리고 시민을 연결하는 네트워크의 구축을 요구한다. 이러한 네트워크를 통해 모든 행정업무에서 **문화적 가치**를 우선적으로 고려할 수 있기 때문이다. 예를 들면 도로의 건설이라는 정책이 지역문화에 어떤 영향을 줄 것인지, 지역의 스카이라인을 어떻게 바꿀 것인지, 지역사회에 어떤 경제적 영향과 환경적 영향을 미칠 것인지 등의 문화정책적 고려를 할 수 있는 것이다.

제3장

문화예술의 정부지원

문화정책과 예술경영 **01**

정부지원의 이론적 배경

01. 01. 정부지원의 목적

문화예술에 대한 정부지원의 목적은 시장실패의 보완, 형평성의 달성, 문화복지의 향상, 국가경쟁력의 신장 등이다. 첫째, 문화는 국부로 간주되는 만큼 시장에서 팔리지 않는 전통문화와 순수예술도 소홀히 할 수 없다. 정부는 **시장실패**가 있는 문화예술 부문을 지원해야 한다.

둘째, 문화는 다양한 분야를 포함하는 만큼 분야별 발전의 차이가 있을 수 있으므로 정부지원을 통해 **균형적인 발전**을 이루어야 한다. 예술분야와 장르별 형평성뿐 아니라 계층 및 지역 간의 형평성도 추구하여야 한다. 순수예술의 공연을 직접 체험하지 못하는 대중들을 위해 대체경험을 위한 대중매체 프로그램의 제작에 정부가 지원해야 한다.

셋째, 국민의 삶의 질에 대한 관심이 증대되면서 정부지원을 통해 **문화복지 향상**이라는 욕구를 충족시켜야 한다. 문화예술에 대한 정부지원의 정당성은 모든 시민들이 예술을 폭넓게 접할 수 있도록 하자는 것이다. 저소득층도 공연을 볼 수 있도록 정부가 지원해야 한다.

넷째, 문화예술은 **국민의 창조성**을 개발한다. 창조성은 혁신을 야기하며 국가 사회경제 발전의 원동력이 된다는 점에서 장기적 관점에서의 예술교육이 필요하다. 이처럼 모든 국가가 문화예술의 정부지원에 대한 정당성을 받아들이고 있다. 미국의 경우 1960 년대는 예술에 대한 정부지원의 원칙을 세우고 받아들인 시기이며, 1970 년대는 예술정책에 대한 정부와 시민의 의식을 높이고 지지를 얻은 시기이고, 1980 년대는 재정긴축에 따른 정부지원 프로그램에 대한 존폐를 논의한 시기였다. 결국 정부지원의 주요 목적은 예술가와 예술활동의 지원인데 언제 어떤 예술을 지원할 것이며 누구의 돈으로 할 것인가가 중요한 문제이다.

01.02. 가치재

문화예술은 가치재인가? 가치재(Merit Goods)란 민간부문에서 생산 · 공급되지만 시장에서 생산량이 최적수준에 달하지 못하므로 정부가 개입하는 재화이다. 예를 들면 자동차 안전벨트의 경우 운전자의 선택에 맡기면 대부분 착용하지 않는다. 따라서 정부는 국민의 안전과 생명을 지키기 위해 안전벨트 착용의무와 같은 규제를 하는 것이다. 의료보험의 경우 역시 의무적으로 보장해 주지 않으면 가난한 서민들은 의료혜택을 받지 못하는 것이다. 이처럼 가치재란 꼭 필요한 것임에도 불구하고 개인의 선택 즉 **시장에 맡겨두면 선택되지 않거나 사라져 버리는 것**이다.

문화예술의 가치재는 다음과 같은 **특징**을 갖는다. 첫째, 가치재는 선택의 문제이다. 문화예술이란 인간생활에 정신적 만족과 여유를 주는 꼭 필요한 것임에도 불구하고 개인은 선택하지 않을 수 있다. 입시에 목매는 고 3 학생들에게 예술은 어떤 의미일까? 개인에게 더 중요한 선택이 있는 경우 가치재는 선택되지 않을 것이다. 둘째, 가치재로서의 문화예술은 한 사람이 그것을 사용한다고 해서 다른 사람의 사용을 방해하지 않는다. 한 사람이 피카소 그림을 감상하는 것이 다른 사람을 방해하지 않는다. 셋째, 가치재로의 문화예술은 사용료의 지불여하에 관계없이 누구라도 사용할 수 있다. 아파트 등 건물을 지을 때 일정 금액을 예술작품 설치에 사용하도록 한 것은 벽화 조각품 등이 가치재라는 믿음 때문이다. 넷째, 많은 주민들이 문화예술에 높은 가치를 부여하고 있으며 어떤 형태로든지 문화예술 활동에 참여하고 있으며 참여하고 싶어 한다.

01. 03. 외부효과

시장실패의 원인 중에 외부효과(Externalities)라는 것이 있다. 외부효과는 어떤 개인이나 기업의 경제활동이 다른 사람이나 기업에 손해나 이익을 발생시킬 때 나타난다. 자기 집 앞길을 청소하면 의도하지 않았지만 지나가는 행인들에게 깨끗함에 기분 좋은 긍정적 혜택을 준다. 이를 **긍정적 외부효과**라고 한다. 그러나 지나가는 행인에게 외부효과의 대가를 요구할 수 없기 때문에 사회가 필요한 수준보다는 덜 생산될 수밖에 없다. 따라서 정부는 긍정적 외부효과를 장려하기 위해 다양한 지원을 한다.

한편 폐수를 발생하는 기업의 경우에는 의도하지 않았지만 환경오염의 비용을 초래하였고 이러한 경우는 **부정적 외부효과**라고 한다. 기업은 환경오염에 대한 비용을 지불하려 하지 않을 것이고 따라서 사회적 비용은 실제 생산비용과 환경오염의 비용을 합한 것이 된다. 그러나 기업은 생산비용만 지불하기 때문에 사회 전체적으로 바람직한 수준을 초과하는 생산을 하게 된다. 따라서 정부는 부정적 외부효과를 막기 위해 세금과 벌금 등으로 규제를 한다. 결국 외부효과가 있는 경우는 사회의 관점에서 과소생산 또는 과다생산이 발생하고 효율적 자원배분이 어렵게 되는 것이다.

문화예술에서도 외부효과가 발생한다. 첫째, 현 시점에서는 소비되지 않지만 익숙해지면 선택할 수 있는 가치를 내포한 실험적 · 모험적 예술이 있다. 백남준의 비디오 아트(Video Art)와 같이 시대를 뛰어넘는 **실험적 예술**의 경우 익숙해지기까지 시간이 걸린다. 둘째, 예술 장르는 상호의존적으로 기능하면서 서로의 가치를 더욱 높인다. 예를 들어 오페라의 성공으로 뮤지컬이 만들어지고 음악 때문에 무용공연을 관람하러 가는 일이 발생한다. **상호의존성**은 문학, 오페라, 무용, 음악, 뮤지컬, 영화, 재즈, 대중음악에까지 적용될 수 있다. 셋째, 존재하고 있다는 사실 그 자체만으로도 가치가 있으며 또한 다음 세대에 전하기 위해 보존해야만 하는 **문화유산**이 있다. 유물과 유적을 보관하고 있는 박물관이 이러한 일을 담당하고 있으며 정부지원의 정당성을 제공하는 것이다. 넷째, 문화예술과 문화유산은 **지역경제**에 이바지한다. 시드니의 오페라하우스, 뉴욕의 메트로폴리탄 박물관, 합천 해인사, 경주 불국사, 함평 나비축제, 통영의 국제음악제 등은 수많은 관광객을 유인하여 지역경제와 지역산업 발전에 크게 이바지한다.

정부지원의 정당성

02. 01. 보몰과 보웬의 연구

보몰과 보웬(Baumol and Bowen)은 1966 년 **《공연 예술: 경제적 딜레마》**(Performing Arts: The Economic Dilemma)를 발간하여 최초의 문화예술 경제학자로 불린다. 그들은 미국의 연극, 오페라, 음악, 무용 등 공연예술을 중심으로 한 재정적 위기를 실증적으로 분석하고 정부지원의 필요성을 주장한 것으로 유명하다. 공연예술은 예술가가 직접 참여하는 노동집약적인 작업인데 신기술 개발로 노동력을 절감할 수 없기 때문에 결국 만성적 적자에 빠질 수밖에 없다고 한다. 공연예술 단체에 대한 정부의 지원이 없으면 입장료를 인상해야 하고 그렇게 되면 소수의 부자들 외에는 누구도 공연을 보지 못하게 되는 것이다. 오페라는 과학기술이 아무리 발전하여도 출연 배우의 숫자가 줄거나 규모가 줄지 않으며 과거의 전통적 방식과 똑같이 제작된다.[01]

01) 보몰과 보웬은 공연예술의 만성적 적자 현상을 '비용질환(Cost Disease)' 으로 명명하였다.

보몰과 보웬의 연구의 특색은 관객에 대한 실증분석이었다는 점이다. 그들이 조사한 혼합적 관객은 우수한 고등교육을 받은, 소득이 높은, 좋은 직장의 청·장년과 중년 초반이라는 것이다. 무료공연의 경우에도 평균소득이 높은 대졸자들이 관객의 과반수 이상이었다고 한다. 공연예술 관객의 이러한 특징은 현재까지도 계속되고 있다 하겠다. 정부지원이 필요한 경우 그들이 누구인지 정확히 알아야 하기 때문에 여전히 **수요조사**가 필요하다. 그러나 보몰과 보웬의 연구는 관람을 결정짓는 요소들을 제시하지는 않았다. 따라서 문화정책의 전환으로 향수자의 특성에 따른 정보와 그들의 구매의사를 결정하는 요인이 무엇인지 알기 위한 조사가 선행되어야 하는 것이다.

02. 02. 문화민주주의

보몰과 보웬의 관객조사는 전체적 수요조사가 아니다. 즉 비관객을 누락한 것이다. 그러나 정부지원에 있어서는 관객도 중요하지만 문화민주주의의 입장에서 **비관객**이 더 중요할 수도 있다. 관객의 특성도 유용한 정보이지만 왜 비관객인가에 대한 정보가 더 필요하다. **저소득층과 낮은 교육수준**이 문화향수의 소외계층이라면 그들의 문화예술 향수를 증대시키기 위해 어떤 정책수단이 더 유용한 것인지 연구가 필요한 것이다.

예술 관객의 저변을 확대하기 위해서는 비관객들이 더 많은 공연예술을 감상할 수 있도록 해야 한다.[02] 그런데 이러한 비관객의 문제는 실증적이고 객관적인 연구보다 **주관적이고 심리적인 연구**에 의해 해결되어야 한다. 예를 들어 예술 관객 중 60 세 이상은 아주 적다고 하는데, 이는 노인들이 지리적으로 이동하기 힘들거나, 신체적 무력감, 소득의 감소, 그외 다양한 심리적 포화상태로 인한 것으로 추정된다. 따라서 집단을 세분화하여 집단간 행태적 차이를 연구할 필요가 있다.

---

02) 미국의 국립인문기금(The National Endowment for the Humanities)과 국립의료보건인연맹(The National Union of Hospital and Health Care Employees)이 후원한 실험적 예술 프로그램에 의하면 저소득층의 비관객들을 공연장으로 오게 하는 일이 무척 어렵다고 한다.

02. 03. 잠재 관객의 형평성

문화예술에 있어 공급은 수요를 유인하는 요소이다. 즉 예술에 접근할 수 있는 여건이 된다면 예술소비를 선택하겠다는 잠재적 관객이 있는 것이다. 어느 지역은 과잉공급되고 어느 지역은 공급부족을 초래한다. 결국 국가가 적극적으로 개입하지 않으면 공급과잉과 공급부족은 해결되지 않을 것이다. 공급에 의해 활성화될 수 있는 **잠재수요**가 어느 정도 충족될 수 있는지는 예술 형태에 따라 다르므로 따로 분석이 필요하다. 예를 들어 박물관 증가는 예술품의 공급이 비탄력적이기 때문에 새 박물관을 지으면 비탄력적인 공급에 대한 경쟁이 치열해진다. 그렇다고 복제품을 전시할 수도 없는 것이다. 공연예술의 경우에는 잠재수요를 충족시킬 수 있는 공급이 박물관보다는 탄력적이다. 물론 복제품도 **대체경험**(Surrogate Experience)을 높여 오페라, 발레, 음악, 연극에 대한 접근을 높여줄 수 있다. 잠재수요가 실제수요로 전환되기 위해서는 세분화된 욕구, 관심, 수용 능력, 관객 경험 등과 관련한 연구가 선행되어야 한다.

02. 04. 문화예술교육

일반적으로 문화예술교육은 **문화예술의 수요를 증대**시키므로 문화예술교육을 위한 정부지원이 정당화된다. 특히 미국은 교육개혁을 통해 문화예술교육을 강조하여 그 시장이 급속도로 확대되었다. 미국 대학의 연극 프로그램이 1800 여 개 이상이고 그 외에 많은 음악, 댄스, 오페라 프로그램들이 있으며, 대학원 프로그램과 직업훈련 프로그램도 있다. 그러나 1980 년대 말 1990 년대 초 정부의 예산삭감과 예술교육 인력이 줄어들면서 예술교육 시장은 다소 후퇴하였다.

그러나 아직까지도 예술교육이 예술수요를 증대시킨다는 **인과관계**는 실증적으로 검증되지 못하였다. 따라서 일방적 시혜의 입장에서 문화예술교육 프로그램을 각급 학교에 내려 보내기에 앞서 이러한 프로그램이 과연 얼마나 그 학생의 예술수요에 영향을 미치는지 연구가 선행되어야 할 것이다. 물론 교육수준과 예술참여의 상관관계에 대한 많은 연구들이 있지만 이를 인과적 요인으로 전환시켜 과연 문화예술 수요를 결정하는 요인이 무엇인지를 정확히 밝히지는 못하고 있는 실정이다. 즉 문화예술 수요를 증대시키는 가장 중요한 요인은 교육수준이라고 할 때 교육수준으로 뭉뚱그려진 곳에 숨겨진 어떤 요인을 찾아내야 하는 것이다. 문화예술교육 프로그램은 그 효과 측정을 위해서 학생의 전 생애에서 관찰된 세분화된 예술참여 정도를 조사해야 할 것이다.

02. 05. 정부지원의 효과

문화예술에 대한 정부지원의 **효과측정 방법**에는 정부지원금 총액의 변화와 여러 형태의 예술활동의 변화와의 상관성을 분석하는 방법, 예술조직에게 보조금이 미치는 효과에 대해 물어보는 방법, 사례연구 방법 등이 있다. 첫 번째 방법은 통계적 증거를 통한 방법으로서 포드재단의 조사를 들 수 있다. 포드재단은 상설극장, 오페라, 교향악단, 발레, 현대무용 등 5 분야의 조사에서 정부지원이 효과가 있었으며 예술조직의 입장료를 낮추는데 기여하였다고 한다.[03] 또한 정부가 지원하면 기업이나 시민으로부터의 기부가 줄어들 것을 우려하였는데 정부지원의 증가는 기업과 개인의 기부금에 전혀 영향을 미치지 않았다. 두 번째 방법은 정부지원을 받는 예술조직에게 직접 물어보는 것인데 예술의 특성상 장르만의 독특한 어려움을 파악할 수 있는 장점이 있지만 아전인수 식의 대답을 들을 수도 있다는 단점이 있다. 세 번째 방법은 사례위주로 조사하는 것이다. 미국정부는 학생들의 예술교육을 위해 피상적인 학교 프로그램을 운영하여 예산만 낭비하고, 전문가가 아닌 취미 수준의 아마추어들을 지원함으로써 예술진흥에 전혀 기여하지 못했다는 비판을 받았던 것이다.

03) 그러나 무용 부분은 제외되었다.

문화예술에 대한 정부지원의 효과는 **공익성의 달성**으로 측정되기도 한다. 정부지원이 성공적이었나에 대한 기준은 일반인의 예술 접근성 기회가 확대되었는가로 판단한다. 물론 정부지원은 문화단체를 후원하고 문화유산을 보존하고 예술가를 육성하는 등의 목적으로 사용되기도 하지만 정부지원의 가장 중요한 효과는 모든 국민들에게 문화예술의 접근성을 확대하는 것이다. 정부지원이 없다면 저소득층은 예술로부터 더 멀어지게 되고 비싼 입장료는 예술 접근성을 막는 큰 원인인 것이다.

저소득층의 아이들은 선천적 재능이 있더라도 예술의 길을 택하지 못하도록 강요받는다. 예술가는 먹고 살기 힘든 직업이라며 꾸중을 듣고 당연히 부모의 지원도 받을 수 없는 것이다. 정부지원은 저소득층의 예술감상 기회를 증대시키고 예술적 재능을 가진 젊은이를 육성할 수 있게 한다. 그러나 예술기금의 분산으로 예술소비의 민주화를 이룩하지는 못했으므로 정부지원의 효과가 없다는 비판을 받기도 한다. 미국의 경우 지역정부의 보조금 지원이 예술소비자의 사회적 구성을 넓히지 못하였고, 예술기금의 지원은 정치적 도구로 사용되었으며 예술가와 소비자의 욕구충족을 만족시키지 못하였던 것이다.

정부지원의 효과는 부수적으로 예술의 **경제적 파급효과**로 측정되기도 한다. 가장 일반적 논의는 문화예술은 지역경제를 발전시킨다는 것이다. 뉴욕시의 링컨센터지역은 문화예술에 의해 슬럼가가 훌륭한 경제지역으로 바뀌는 대표적 사례라고 할 수 있다. 정부의 문화예술 지원은 고용기회를 증대시키고 예술조직과 문화예술 소비자의 지출로 도시경제가 활기를 띠게 하고, 문화예술 환경은 도시의 기업과 상업 그리고 금융기관을 유인하는 효과가 있다. 예를 들면 뉴욕시의 경우 공연예술단체들이 모여들면서 지방경제에 공헌하는 응집효과(Agglomeration Effects)가 나타났다.

정부지원의 내용

03.01. 정부지원의 방식

정부지원에는 직접지원 방식과 간접지원 방식이 있다. **직접지원 방식**이란 문화예술 창작활동과 관련 산업에 정부가 직접적인 방법으로 경제적 도움을 주는 것이다. 예를 들면 정부가 예술품을 직접 구매하거나 문화예술 관련 종사자에게 보조금을 지급하는 것이다. 직접지원이란 정부가 문화예술의 **생산자 또는 소비자의 역할**을 하거나 문화예술 활동에 대한 보조금을 지원하는 것을 말한다. 예를 들어 정부는 직접 문화시설을 운영하거나 공연을 개최하여 문화예술의 생산자 역할을 한다. 또한 정부는 음악, 미술 등 예술작품을 직접 구매함으로써 문화예술의 소비자 역할을 할 수 있다.

그러나 정부가 생산자와 소비자가 되기 위해서는 고도의 전문성이 요구되므로 정부가 주로 사용하는 지원수단은 일반적으로 **보조금 지급**이라고 할 것이다. 예를 들어 실험적인 예술 활동인 경우 성공 가능성이 희박하므로 누구도 투자하려 하지 않지만, 실험정신 없이 예술의 발전은 기대할 수 없으므로 정부는 실험적 또는 전위적 예술활동을 독려하기 위하여 보조금으로 지원한다. 정부의 직접지원은 유럽의 경우 문화단체에 대한 경상보조를 위주로 하는 반면 미국은 프로젝트에 대한 보조를 위주로 한다. 특히 문화유산 보존, 젊은 층을 대상으로 하는 문화예술 지식 보급, 지역 문화수요 충족, 지역간 소장품 분포의 균형을 위한 박물관 지원, 문화예술교육을 위한 학교 보조금, 지방의 문화적 지원과 해당 주민에 대한 보조 등이 직접지원으로 이루어진다.

간접지원 방식이란 정부가 간접적인 방법으로 경제적 도움을 주는 것이다. 예를 들면 문화예술 창작활동에 대한 면세조치를 하는 것이다.[04] 간접지원의 정책수단으로는 조세감면제도와 교육훈련제도를 들 수 있다. **조세감면제도**에는 창작활동을 고취시키기 위해 문화예술인의 수입에 대한 감세혜택을 주는 방법과 기업과 개인들이 문화예술단체에 기부하는 경우 감세의 혜택을 주는 방법이 있다. 문화예술인들은 수입이 일정하지 않고 고정된 수입도 없어 창작활동에만 전념할 수 없다. 따라서 조세감면제도를 통해 세금부담을 경감함으로써 소득에 신경 쓰지 않고 자신의 작품활동에만 몰입할 수 있는 것이다.[05]

간접지원 방식에는 **교육훈련제도**가 포함된다. 문화예술이 시장성을 확보하기 위해서는 문화예술을 이해하고 즐길 수 있는 소양을 갖춘 소비자가 필요하기 때문에 어릴 적부터 문화예술에 접할 기회를 제공하고 그러한 경험을 축적할 수 있도록 교육이 필요한 것이다.

03. 02. 정부지원의 대상

정부지원의 장르와 대상을 어떻게 결정하는가는 아직도 해결하지 못하

---

04) 때로는 스크린 쿼터제와 같은 규제로서 국산영화를 간접적으로 지원할 수도 있다.

05) 이러한 조세감면제도는 직접지원의 형식을 띠기도 하는데 일정 금액을 기간별로 지급하는 정액보조(Fixed-sum Subsidy)와 더 적극적으로 적자를 만회할 수 있는 적자보전(Deficit Coverage) 등이 있다.

는 어려운 점이다. 예술조직, 예술가, 예술지망생, 취미 동호회, 아마추어, 학생 누구에게 지원해야 하는가? 예술만 지원할 것인가? 아니면 건축과 도시 디자인에도 지원해야 하는가? 정부의 지원범위를 정하는 것은 쉬운 일이 아니다. 적어도 아마추어 분야의 지원금은 폐지해야 한다는 주장이 제기되는데 이는 아마추어 활동의 지원이 비효율적이라는 주장 때문이다. 또한 모든 예술조직을 지원할 것이 아니라 주요 예술조직을 선별하여 지원해야 한다고 한다. 물론 공정한 기준을 적용하고 재정이 어려운 경우에만 지원한다는 원칙이 마련되어야 할 것이다.

중앙정부에게만 의존할 것이 아니라 지역적 분산을 고려하고 **지방정부**의 협력이 필요하다. 지방정부는 지역문화에 정통하여 지역의 향토색 짙은 예술조직들을 선정할 수 있다. 독창적인 실험적 예술작품의 창작을 진작시키기 위해 예술가와 관련 예술조직에 지원할 필요가 있다. 상업적 예술조직의 **대중문화** 발전을 위해서도 정부지원이 이루어져야 한다. 고전문학 작품을 창작하는 문인들에게 인세를 지급한다든가 상업적 화랑에 신참 작가의 작품을 출품하도록 지원하고 홍보하는 형식으로 지원할 수 있다. 예술분야의 엄격한 기준으로 보아 해당되지 않는 분야는 지원하지 않아야 한다. 그러므로 건축분야의 경우 새로운 예술분야에 지원하는 것이 더 중요하고 효율적이다.

03. 03. 정부지원의 크기

정부지원의 크기는 어느 정도여야 하는가? 미국의 경우 각 주는 예술조직 운영비의 10 %를 지급하고 연방정부는 예술조직 전체 비용의 10 %를 지급해야 한다는 주장이 있으며, 이를 위한 재원은 징벌세(Sin Tax) 즉 경마, 술, 담배, 기타 오락관련 산업에 부가된 세금으로 충당할 수 있다고 한다. 예술조직에 지원하는 보조금의 액수는 어느 정도의 크기가 되지 않으면 전혀 효과가 없는 경우가 많은데, 이는 문화예술의 제작비용이 항상 증가하기 때문이다. 예를 들어 물가는 상승하는데 박물관을 유지하기 위해 입장료를 그

만큼 올린다면 많은 사람이 박물관에 오지 않을 것이고 관람객의 격감으로 박물관은 곧 재정위기에 처하게 된다. 그렇다고 낮은 입장료를 유지하면서 관람객의 편의를 제공하기에는 재정이 허락하지 않는다. 따라서 정부는 박물관 입장료를 최저 또는 무료 수준에서 책정할 수 있을 정도의 크기로 지원해야 한다. 따라서 제작비용이 많이 드는 예술조직은 제작비용이 적게 드는 예술조직보다 지원 받을 확률이 높아지고, 이는 예술가보다 건물이나 시설에 지원되는 경향이 높은 것을 보면 알 수 있다. 건물이나 시설의 경우 정부지원의 결과를 손쉽게 가시적으로 보여줄 수 있기 때문이다.

03. 04. 우리나라의 정부지원

우리나라의 정부지원을 받는 예술조직으로는 국립문화예술기관, 특수법인 형식의 문화예술기관, 민법상 법인형식의 문화예술기관 등으로 나눌 수 있다(<표 3-1> 참조). **국립문화예술기관**은 문화체육관광부 장관의 관장사무를 지원하기 위한 문화체육관광부 소속기관이다. 소속 기관장은 문화체육관광부 장관의 임명을 받아 소관업무를 총괄하며, 소속 공무원을 지휘 · 감독한다. 국립중앙극장의 경우 〈책임운영기관의 설치 · 운영에 관한 법률〉제 4 조 제 1 항의 규정에 의해서 문화체육관광부 장관 소속하에 책임 운영기관으로 운영되고 있다. **특수법인 형식**의 문화예술기관은 개별 법률에 근거하여 설립된 조직으로서 정부의 재정적 지원하에 운영되며, 개별 법에 규정한 것을 제외하고는 민법 중 법인에 관한 규정을 준용하게 된다. **민법상의 법인 형식**의 문화예술기관은 정부의 재정지원으로 운영되는데 민법 제 32 조(비영리법인의 설립과 허가)에 의해 주무부처인 문화체육관광부 장관의 허가에 따라 설치된다.

표 3-1 • 우리나라 정부지원의 예술조직

국립문화예술기관	특수법인 형식 문화예술기관	민법상 법인 형식 문화예술기관
예술원	한국문화예술진흥원	한국문화관광정책연구원
한국예술종합학교	독립기념관	한국언론재단
국립중앙박물관	저작권심의조정위원회	한국영상자료원
국립국어원	영상물등급위원회	한국방송영상산업진흥원
국립중앙도서관	영화진흥위원회	정동극장
국립중앙극장	한국간행물윤리위원회	서울예술단
국립현대미술관	한국방송광고공사	국립발레단
국립국악원	언론중재위원회	국립합창단
국립민속박물관	예술의전당	국립오페라단
	한국관광공사	한국문화재보호재단
	한국문화콘텐츠진흥원	한국게임산업개발원
		국제방송교류재단

출처: 문화관광부(2004), 문화정책백서.

정부지원의 문제점

04.01. 정부의 간섭과 통제

정부지원은 때로는 정부의 간섭과 통제로 작용될 소지가 있다. 예술조직들은 정부보조금에 대한 정부의 지나친 감시와 통제 또는 예술경영에 대한 지나친 책임의 강요 등으로 본래의 예술적 목표를 달성할 수 없다고 불만을 토로한다. 정부지원은 영향력을 행사하지 않는 지원이 되어야 한다. 정부가 재정적으로 지원은 하되 **창작행위에 개입**해서는 안 된다는 것이다.

문화예술에 대한 정부의 간섭과 통제를 우려하는 것은 정부가 경제적 지원을 미끼로 문화예술의 창작행위를 정권이 원하는 국민의식화를 위해 이용할 소지가 있기 때문이다. 예를 들면 유신정권 시절에는 문화예술 지원금을 받기 위한 첫 번째 조건이 **유신이념**의 구현이었다고 한다.[06] 또한 우리나라

---

06) 이러한 경향은 현재까지도 우리의 예술창작 현실에 남아 있어 '이순신 장군', '유관순'과 같은 역사물을 다루어야 쉽게 정부지원금을 받는지도 모른다.

의 정부지원이 전통문화 위주로 진행되면서, 국 · 공립 예술조직들은 물론 비영리 예술조직들도 지원을 받기 위해서는 역사관과 국가관을 강조하는 자칫 국수주의적으로 흐를 수도 있는 문화예술 활동에 중점을 두었던 것이다. 그리고 지원을 받지 못하는 대다수의 예술조직들은 지나친 상업주의로 흐르게 되어 순수예술의 창작이나 실험작의 시도는 할 수 없었던 것이다.

04. 02. 정부지원의 부당성

정부지원을 반대하는 측은 스포츠나 방송이 보조금 없이도 시장에서 경쟁할 수 있다고 주장한다. 하지만 이는 대중교통 수단이 가난한 노동자들의 불필요한 여행을 야기시킨다는 주장과도 같다. 실제로 미국의 노동자들은 그들이 참여하지도 않는 실내악 발전을 위해 문화부 관료들보다 더 많은 기금을 기부한다고 한다. 그들이 실내악 연주에 참여할 기회가 없어도 그 중요성에 관해서는 누구보다 잘 알고 있기 때문이다. 따라서 정부지원은 시장실패를 극복하고 **문화예술의 민주화**를 위해서 당연히 계속되어야 한다.

그러나 한편으로 정부지원은 **예술가들의 무책임과 낭비**를 조장하였다고 비난 받는다. 예술조직들은 정부지원으로 인해 티켓 가격을 낮출 수 있었다. 이제는 정부지원 없이 독자 생존한다는 것은 불가능한 일이 된 것이다. 예술조직은 정부지원에 대한 마약중독 상태이며 이를 끊지 못하고 근근이 생명을 유지하고 있는 것은 아닐까? 뉴욕 필하모니는 망하지 않지만 재정보조금을 받는 소극장들은 망할 수밖에 없다. 즉 보조금이 있으면 문화예술 단체가 스스로 경쟁력을 갖추어 자생력을 가지고 시장에서 살아남기 위한 노력을 하지 않는다는 것이다. 그러나 빈대 잡으려 초가삼간 태울 수는 없는 일이다. 정부지원을 끊기보다는 오히려 정부지원을 통하여 예술조직들의 책임과 통제를 효율적으로 할 수 있는 방법을 개발해야 할 것이다. 물론 정부지원의 선정기준을 활용하는 방법도 있다.

04. 03. 보조금 제도

정부지원에 있어 가장 중요한 것은 보조금 지급의 대상 선정, 적용, 지급, 보고 등의 **제도**를 어떻게 만들고 적용하는가이다. 대상의 선정에 있어서는 여러 단계의 지속적 지원보다는 단기간 중점적 지원이 효율적이며, 특정분야별로 보조금 지급액수를 결정하는 것이 쉽기 때문에 전반적 지원보다는 특정분야 위주로 적용하는 것이 낫다. 전반적으로 나누어주면 기본금 정도로 평등하게 줄 수밖에 없어 단체의 특성이나 재정적 상황을 고려할 수 없는 단점이 있는 것이다.

또한 정부지원은 모든 예술가들에게 도움이 되지 못하고 예술집단 모두를 대표하지도 않는 위원들에 의해 보조금 배분이 결정된다. 정부지원을 결정하는 위원회 위원들의 개인적 이해관계가 중요한 역할을 한다. **위원들의 개인적 성향이나 예술에 대한 편향성**이 작용할 수 있기 때문이다. 마찬가지로 NEA는 보조금을 꼭 필요로 하는 예술가보다는 정치적으로 결정된 곳에 보조금을 지급한다. NEA의 보조금이 대중문화에 지원되느냐 아니면 순수예술에 지원되느냐는 순전히 위원회 위원들의 성향에 달려 있는 것이다. 정부지원의 결정은 위원들 중에서도 특히 예술 전문가들에게 너무 의존하는 경향이 있다. 그들은 대개 정치적 · 재정적 보수주의의 색채를 가지고 있어 대중예술조직에는 지원이 인색한 만큼 이들 위원들을 견제하는 외부 패널(Panel)이 필요하다.

04. 04. 고급문화와 대중문화

순수예술이 상업예술보다 우월하다는 관념은 계급적 편견 때문이다. 고급문화(순수예술)는 상류층의 미적 선호물이며 이를 위한 정부지원은 상류층에게만 혜택을 베푸는 것이라고 비판을 받는다. 따라서 미국은 대중문화주의를 앞세우며 더욱 많은 사람들에게 예술을 접근하도록 노력하지만, 이러한 대중문화주의는 예술의 심미관을 강제로 침투시키는 문화제국주의 또는 문화엘리트주의의 일종이라고 다시 비판을 받는다. 결국 전위적이면 **엘리트주의**로 비난받고 기존방식을 유지하면 대중주의(Populism)로 비난 받는다. 서구 전통을 이어 받으면 **문화제국주의자**로 비난받고 비서구 전통의 예술에 보조금을 지급하면 **마르크스주의자**로 비난받는 것이다. 지금까지 NEA는 고급문화와 대중의 결합을 위해 노력하였지만 정부지원이 없어지거나 삭감되면 지역 중심의 소규모 문화단체들은 고사당할 수밖에 없다. 그렇게 되면 미국이 추구하였던 예술적 다원주의와 문화적 민주주의는 후퇴할 수밖에 없는 것이다.

04. 05. 형평성

비록 지방정부의 예술지원은 미미하지만 만약 정부지원이 지방자치단체에 의해 주로 이루어지는 경우에는 **형평성의 문제**가 발생한다. 그 지역의 세금으로 충당되는 예술지원이 다른 지역에서 몰려드는 관객들에게도 똑같은 혜택을 준다면 그들은 무임승차하는 것이다. 그러나 국가적으로 보면 문화예술은 상호접촉을 통해 시너지 효과를 발휘한다는 명제가 더 옳을지도 모른다. 이는 1970 년대 프랑스의 앙드레 말로(Andre Marlaux)가 파리에 비해 낙후된 지역문화의 발전을 위해 '문화의 집' 을 건립할 것을 주장한 것에서 알 수 있다. 그는 '문화 분권' 을 주장하여 문화민주주의를 실천한 것이다. 문화민주주의란 문화예술의 가치를 많은 사람들에게 보급하는 것이며 주변문화와 소수문화의 발전까지 고려하는 것이다.

정부지원의 성공전략

정부지원의 성공을 위해서는 민간부문의 협력성, 선정기준의 공정성, 재원확보의 다양성, 예술조직의 전문관리성 등의 전략이 요구된다. 첫째, **공공부문과 민간부문은 최대한 협력**해야 한다. 정부지원과 함께 민간부문의 기부금을 활성화하고 자원봉사를 독려하며 예술적 소양을 갖춘 인재를 조기에 발굴하는 등 민간부문의 역할을 증대시켜야 할 것이다.

둘째, 정부지원의 **분야별 형평성과 선정기준의 공정성**이 확보되어야 한다. 모든 분야에 골고루 지원하기보다는 국가 비전에 따라 특화된 분야에 집중적인 지원이 효율적이므로 선정기준과 지원금액의 결정에 있어 공정성과 객관성이 요구된다.

셋째, **다양한 재원확보 방안**을 마련해야 한다. 정부예산, 문예진흥기금, 방송진흥기금, 카지노, 복권, 경마, 경륜, 경선 등을 고려할 수 있다.

넷째, 예술조직의 **전문적 관리**가 요구된다. 정부지원이 성공하기 위해서는 지원을 받는 예술조직의 관리 전문성이 중요한 것이다. 예술경영의 전문적 이론을 바탕으로 홍보, 회계, 관리, 마케팅 등 다양한 관리분야에서 전문성을 확보할 수 있어야 정부지원이 일과성이 되지 않고 예술조직의 생산성 향상으로 장기적 발전을 꾀하는 데 사용될 수 있는 것이다.

제4장

예술경영의 이해

문화정책과 예술경영 **01**

예술경영의 개념

01. 01. 예술경영의 중요성

예술경영은 1970 년대 문화정책의 전환에 힘입어 나타난 최근의 개념이다. 문화예술의 후원도 중요하지만 문화가 사회적 환경의 형성에 중요하다는 인식으로 문화예술의 생활화가 요구되면서 시작되었다. 예술경영은 예술을 관객들에게 연결하고 예술가를 보호하며, 예술 활동의 활발한 사회 전개를 위한 다양한 역할을 한다. 특히 예술경영이 사회의 문화적 개발을 중시한다는 점에서 예술경영의 **공공성**이 확립되어야 예술경영이 사회적 지원을 요구할 수 있다.

국가주의와 시장주의에 관계없이 예술경영이 중요한 것은 예술경영의 공공성으로 정부가 문화예술을 지원해야 하는 당위성 때문이다. 따라서 예술조직은 많은 사람들이 사기업이라기보다는 **공공기관**으로 인식한다. 그것은 그들이 물건을 파는 것보다는 예술가에게 지원을 위주로 하기 때문이기도 하지만 그들이 일반 사기업과는 다른 환경에 처해 있기 때문이다. 일반 사기업들은 소비자와의 관계만을 생각하지만 예술조직은 다양한 환경과 관계되기 때문이다. 즉 예술조직은 경제적, 정치적, 사회적, 인구학적, 기술적 변화에 대응하고 적응해야 한다.

01.02. 일반경영과 예술경영

일반경영은 조직의 운영 또는 사업의 계속을 위한 기구, 사람, 돈의 관리이다. 조직은 공동의 목적과 의사소통 그리고 동기부여가 존재하며 경영은 환경과의 관계 속에서 이러한 요소들을 극대화시켜 제한된 자원을 효율적으로 사용하여 바람직한 결과를 산출하고자 하는 것이다. 따라서 예술경영은 공연이나 전시와 같은 기획, 홍보와 마케팅 사업, 자원봉사 모집과 자금조달을 위한 기부금 모집 업무만을 의미하지 않는다. 티켓판매와 회계경리의 업무만도 아니며, 보조금 지원을 받기 위한 예산작성과 보고서 작성의 업무만도 아니다. 오히려 이러한 업무 모두를 사용하여 **예술조직의 목적을 달성하려는 노력**이라고 할 수 있다. 예술경영이란 예술조직의 목적 달성을 위하여 조직 환경의 변화에 지속적으로 대응하고 전략적 기획, 조직관리, 인사관리, 재무관리, 마케팅 등의 관리기법을 효율적으로 사용하는 것이다.

01.03. 예술경영과 공연기획 또는 문화정책

흔히 예술경영이란 예술가의 창작품을 더 광범위하게 소비자에게 전달하기 위한 모든 활동이라고 한다. 즉 예술경영은 공급자인 예술가의 생산을 독려하고 소비자인 관람객의 수요를 촉진시켜 사회 전체적으로 문화예술을 활성화하며 이를 상품화여 문화산업으로 발전시키려는 것이다. 이런 맥락에서 예술경영은 **공연기획**과 동일하게 취급되며 대개 정부의 지원을 받아 이루어지므로 **문화정책**과도 동일한 의미로 사용되기도 한다. 이는 예술경영이 주로 공연과 전시를 대상으로 일반경영 이론을 사용하면서도 공공적 성격을 가지고 있기 때문이다.

그러나 예술경영이란 일반경영과 같이 제약된 자원의 조건하에서 환경변화에 대응하며 조직목표 달성을 위한 자원의 효율적 이용이라는 차원에서 차별화된다. 쉽게 얘기하면 예술경영은 비영리 **예술조직의 관리**를 말하는 것이고 문화정책은 정부의 정책의제 형성과 정책결정 그리고 집행과 평가의 전 과정을 일컫는 것이다. 예술경영을 위해서는 문화정책 과정에 개입할 수밖에 없으며 바람직한 문화정책을 위해서는 예술경영의 이해가 선행되어야 하는 것이다. 예를 들어 예술조직이 정부의 보조금을 지원받기 위해서는 문화정책 과정에 개입해야 하고, 정부가 예술조직의 운영 지속성을 화보하기 위해서는 예술경영 실태를 파악해야 하는 것이다.

예술조직의 관리

02.01. 예술조직과 예술경영

예술경영에 관한 관심은 1970 년대 이후이지만 이미 1967 년 영국에서는 센트럴 런던 폴리테크닉(The Polytechnic of Central London: PCL)이 학위과정을 개설하고 법, 재정운영, 예산관리, 문화시설 운영, 인력채용과 관련한 과목들을 개설하였다고 한다. 미국에서는 보몰과 보웬의 연구에 의해 공적 예술기금이 제도화되었고 이러한 기관으로부터 보조금을 지원받는 예술조직들의 효율적 관리를 위한 **사회적 책임**이 중요시되면서 예술경영이 필요하였던 것이다.

그러나 서구와는 달리 일본과 우리나라의 경우 초기 예술경영은 자금지원을 받기 위한 노하우로서 중시되었는데, **공연기획**을 대상으로 각종 정부 보조금이나 기업의 협찬금을 받아내기 위한 방법으로서 예술경영이 관심을 끌었던 것이다. 그러나 예술의 공공성을 감안할 때 예술이 시장에서 유통되는 사적 소비재가 아니며 사회적 환경을 형성하는 공공서비스이기 때문에 예술경영은 사회적 책임을 질 수밖에 없는 것이다.

02. 02. 예술조직의 유형

경영이란 조직의 생존을 위해 끊임없이 재생산하는 효율적 기법의 관리이다. 즉 계획, 생산, 평가의 순환과정을 가지고 계속적인 기술개발과 관리혁신을 통해 원가를 절감하고 생산을 극대화하는 것이다. 예술조직의 활동 역시 재생산되는데 예술조직의 유형에 따라 다소 다르게 나타나므로 먼저 예술조직의 3 가지 유형에 관해 알아보기로 하자. 첫째, 실제 예술활동을 전개하는 **공연단체**이다. 오케스트라 악단, 무용단, 극단, 오페라단, 합창단 등이 대표적이며 이들을 위한 예술경영은 예술의 창작과 표현을 효율적으로 수행할 수 있어야 한다. 둘째, **문화예술 기반시설**이다. 문화예술 기반시설이란 공연장과 무대시설과 같은 하드웨어가 주를 이루지만 공연을 위한 시스템 즉 소프트웨어를 포함하는 개념이다. 공연과 전시를 담당하는 전문가의 노하우가 중요하다. 대표적인 기반시설에는 박물관, 미술관, 극장, 음악당 등이 있다. 셋째, 예술활동을 지원하기 위한 **지원단체**가 필요하다. 지원단체에는 국공립의 정부기관 또는 진흥재단 그리고 민간 비영리조직들이 있다.

02. 03. 예술조직의 문화예술 재생산

공연단체의 문화예술 재생산은 **예술의 창조**이다. 뛰어난 작품은 한 사람의 노력으로 창조되지 않는다. 미술이나 음악의 걸작품은 천재에 의해 창조되지만 이들을 사람들에게 보여주고 들려주는 과정이 없이는 세상에 드러나지 않는 것이다. 예를 들어 극작가가 뛰어난 작품을 썼다면 연출가에 의해 구현되어야 하고 그 과정에서 배우와 스탭들의 전문가가 필요한 것이다. 이러한 과정에서 예술경영이 적용되어 연출가, 배우, 제작진의 제한된 자원을 사용해서 훌륭한 예술작품을 창조할 수 있다. 이때 작품의 성공은 시장의 관객 수입이 아니라 비평에 의해 이루어진다. 이러한 예술작품의 창조과정에 대한 평가는 다음의 다른 예술작품의 창조에 유용한 정보를 제공한다. 물론 똑같은 작품은 아니지만 작품의 장르에 따른 성격은 같기 때문에 재생산에 경영과정이 적용될 수 있는 것이다.

문화기반 시설의 경우 재생산은 사회의 **문화적 욕구**와 관련된다. 즉 지역주민들의 삶의 질과 문화적 욕구를 조사하고 문화기반 시설이 그러한 문화적 욕구를 얼마나 충족시키는가로 평가된다. 문화기반 시설의 재생산이 중요한 것은 경험을 통한 문화교육이 가장 효과적이기 때문이다. 실제로 문화예술 현장을 보고 체험하는 것 이상의 훌륭한 교육은 없다. 문화유적지를 답사하거나 전시 유물을 보고 그리는 등의 실제로 참여하는 것과 같은 프로그램을 박물관이나 도서관 같은 문화기반 시설이 담당해야 할 것이다. 공연장, 미술관, 각종 전시회를 방문하여 문화예술을 자주 접하게 하고, 문화학교, 문화의 집, 문화원 등과 같은 기관들을 충분히 활용해야 한다. 또한 문화감상을 위한 교육을 실시하고 클럽과 취미활동을 위한 복합문화공간으로 학교를 이용하고, 학교 도서관을 공공 도서관과 연결하여 문화예술 행사를 개최하는 등 다양한 방법이 계획될 수 있다. 문화기반 시설이 사회 문화적 욕구를 충족시키기 위한 다양한 행사들을 재생산하기 위해서 예술경영이 필요한 것이다.

지원단체의 경우는 **예술가의 창조**이다. 예술가는 개인적인 미적 순수의 표현으로 그 과정이 사회와 직접적 관련이 없는 것 같지만 그것이 감상되는 공론의 장이 제공되면 사회의 문화욕구를 충족시킬 수 있다. 예술이 개인의 정신적 영위로 순수하게 창조되지만 어느 정도 시대의 문화욕구와 사회성을 반영한다는 점에서 예술과 사회의 관계가 성립된다고 하겠다. 예술은 시대성에 따라 다양하게 표현되어 왔지만 사회적 문화욕구에 대응해야만 하는 것이다. 예술가를 보호하고 지원하는 단체들은 예술과 사회의 관계를 확립하기 위해 예술경영을 도입하여야 한다. 문화예술의 사회적 책임을 위한 문화예술의 발전과 진흥은 많은 예술가의 창조를 통해 가능하기 때문이다. 우리 주위에는 취미회와 동호회에서 갑자기 뛰어난 자질을 보이고 늦깎이로 예술가가 되는 사람들이 종종 있다. 지원단체가 없었더라면 우리는 이러한 예술가들을 잃어버렸을 것이다. 결국 예술조직이 사회적 책임을 다하기 위해서는 적극적인 예술경영이 필요한 것이다.

문화정책과 예술경영 03

예술조직의 관리자

03. 01. 관리자의 개념

공연단체와 문화예술 기반시설 그리고 지원단체 등을 모두 포함하는 예술경영의 범위는 무척 넓다. 예술조직의 사명과 목적에 따라 다양한 예술경영이 필요하며 특히 관리자의 역할이 중요하다. **관리자(Manager)**는 경영자라고도 하며 조직관리에 관한 의사결정을 내리고 경영활동 전반을 지휘 감독하는 사람을 말한다. 따라서 예술감독(Director), 무대감독(Stage Manager), 조명감독(Lighting Designer), 지휘자(Conductor), 안무가(Choreographer), 큐레이터(Curator) 모두 관리자라고 할 수 있다.[01] 예술

01) 예술가의 관리(Artist Management) 역시 예술경영의 중요한 일이다. 이는 대중예술의 경우 더욱 중요한데 흔히 이러한 예술조직의 관리자를 매니저라고 부른다. 매니저는 다양한 역할을 하는데 기획자, 조언자, 코디네이터, 사업가의 역할을 모두 할 수 있어야 한다. 유능한 매니저란 예술시장에 대한 감각, 두터운 인맥, 전문지식, 장기적 비전

경영의 관리자는 다양하게 분류할 수 있다. 예술경영의 관리자는 조직의 계층에 따라 운영관리자, 중간 관리자, 최고 관리자, 기술 관리자, 지원 관리자 등으로 나눌 수 있다(Schermerhorn, 1986: 13-15). 이는 민츠버그(Mintzberg)의 모형에 따른 것으로서 운영 관리자는 일상적이고 반복적인 업무를 관장하고, 중간 관리자는 운영층과 전략적 최고 관리층을 연결하는 역할을 하며, 최고 관리자는 전 조직을 관장하는 역할을 한다.

03. 02. 관리자의 종류

일반적인 예술조직의 관리자의 명칭으로는 계선 관리자, 막료 관리자, 기능별 관리자, 일반 관리자 또는 사무총장 등이 있다. **계선 관리자**(Line manager)란 예술조직의 명령계통에 속하며 상품과 서비스에 직접적 책임을 진다. **막료 관리자**(Staff Manager)는 예술조직의 명령계통에 속하지 않고 위원회 조직에 속하여 전문기술과 전문지식을 지원하는 역할을 한다. **기능별 관리자**(Functional Manager)는 조직 계선의 한 부문을 책임지며 **일반 관리자**(General Manager)는 조직의 계통이나 부문을 자기 책임하에 두는 것이다.

예술조직에서는 특히 일반 관리자가 중요한데 공공기관과 학계에서는 일반 관리자를 대신해 사무총장 또는 행정가(Administrator)라는 명칭을 사용하기도 한다. 일반 관리자는 정책결정권을 가지고 있지 않으나 집행권을 가지고 있는 관리자이다. 예술조직의 **최고 관리자**는 이사장, 예술감독, 행정총감독, 단장 등이며 분야별 전문 예술조직의 관리자는 컴퍼니 매니저, 인사관리자, 재원조성 관리자, 홍보 관리자, 투어 매니저 등이라고 할 수 있다.

과 목표, 도덕적 평판 등을 갖추어야 한다. 이러한 매니저에도 퍼스널 매니저(Personal Manager), 비즈니스 매니저(Business Manager), 부킹에이전트(Booking Agent), 예술가 대표(Artist and Repertoire Representative), 로드 매니저(Road Manager) 등으로 분류된다.

초기 미국 예술조직의 최고 관리자는 명망 있는 **학자**들 위주로 임명되었고 이는 예술의 심미성을 강조하는 계기가 되었다. 그러나 곧 MBA 학위가 있는 **사업가**들이 등장하였는데 그들은 노동조합을 다루는 방식과 인력관리, 부속 식당과 서점을 운영할 능력이 있고, 물론 예술적 배경까지 포함한 사람들이었다. 예술시장이 확대되면서 하바드(Harvard), 예일(Yale), 스탠포드(Standford), UCLA 등 일류 대학에서 예술경영 과목이 개설되었다. 이는 예술조직의 규모가 확대되고 복잡해지면서 생긴 필연적 결과라고 할 수 있다.[02]

03. 03. 예술조직 관리자의 유형

영국의 John Pick(1980)에 의하면 예술조직의 관리자는 7가지 형태로 구분된다. 첫째, **예술가 자신**(Administrator as Artist)으로 자신이 작품을 창작하고 자신이 직접 자기의 작품을 전시하는 프리랜서라고 할 수 있다. 신인 시절의 예술가는 대체로 예술조직의 관리자를 겸하는 경우가 많다.

둘째, **예술가의 파트너**(Administrator as Partner of Artist)는 예술가의 능력을 충분히 발휘할 수 있도록 지원하는 역할을 담당한다. 그리고 지원을 통해 파트너인 예술가가 온전히 심미적 아름다움의 추구에만 관심을 기울일 수 있도록 도와준다.

셋째, **예술가의 봉사자**(Administrator as Servant of Artist)는 예술조직의 관리자는 예술가에게 하인과 같이 봉사하는 역할을 해야 한다. 현재의 매니저와 비슷한 것으로서 예술가의 일상적 활동을 대신하여 예술가가 오로지 예술활동에만 전념할 수 있게 한다. 이 경우 예술조직의 관리자는 대체로 예술가에 의해 고용되는 경우가 많아 예술조직의 관리자의 의사결정권과 역할은 다소 축소될 수밖에 없다.

---

02) 그러나 이러한 시장주의는 박물관의 경우 경쟁으로 시장에서 도태될 수도 있다는 위기감과 함께 박물관의 진정한 예술적 심미성을 훼손하지는 않을까 우려하는 점도 있다.

넷째, **예술가의 감독**(Administrator as Director of Artist)은 세 번째의 경우와는 반대로 예술가가 예술조직의 관리자에게 예속되는 것이다. 예를 들면 기업화된 거대자본의 기획사에 예술인이 속하게 되는 것이다.

다섯째, **국가의 공직자**(Administrator as Servant of State)는 문화정책을 담당하는 국가공무원으로 예술경영의 지식이 있어야 하고 이들 역시 예술조직의 관리자이다. 정부 보조금 등으로 지원을 하게 될 때 예술조직의 관리자로서의 역할을 담당해야 한다. 중앙정부의 문화관광체육부와 지방정부의 문화국 등 다양한 문화예술 관련 정부부처들과 문화예술진흥위원회 등 정부산하기관 등의 공무원이 여기에 속한다.

여섯째, **고객의 봉사자**(Administrator as Servant of Audience)는 예술가보다 감상자 또는 관람객인 고객에게 봉사하는 역할이 더 중요하다. 주민들을 위한 지역 축제나 휴양지 공연 등의 예술 활동 프로그램을 기획하는 경우의 예술조직의 관리자가 이에 해당한다.

일곱째, **시설 운영자**(Administrator of Building)는 문화예술 공간을 제공하는 극장, 아트센터, 박물관, 미술관, 체육관 등의 운영자이다. 문화예술 기반시설을 제공하여 지역문화 발전에 기여하는 역할을 한다.

여기에 더하여 예술조직의 관리자는 **프로모터**(Administrator as Promotor)와 **미디어 활용자**(Administrator as Media User)이어야 한다는 주장도 있다. 예술조직의 관리자는 공연기획을 통해 프로모터의 역할을 한다. 특정 작가와 작품을 섭외하고 관객을 동원하는 기획의 전 과정을 책임지는 것이다. 최근에는 컴퓨터의 발전으로 다양한 미디어 수단이 활용되면서 예술의 표현양식과 수용양식의 변화에 따라 예술조직의 관리자의 역할도 변화할 것을 요구한다. 예술조직의 관리자는 다양한 미디어, 예를 들면 인터넷을 통한 예술의 전달과 감상자와의 쌍방향성을 마케팅으로 승화시키는 등의 역할이 요구되는 것이다.

DiMaggio(1987)는 **예술조직의 관리자 기능**을 계획과 발전(Planning and Development), 마케팅과 공공관계(Marketing and Public Relations), 인사관리(Personnel Management), 재정관리(Fiscal Management), 이사회 관계(Board Relations), 노사관계(Labor Relations), 대정부 관계

(Government relations)라고 하였다. 예술조직의 관리자는 개인적 행동양식에 따라 다음 네 가지로 분류되기도 한다. 첫째, 일상적 · 반복적 업무를 담당하는 관리자이다. 둘째, 문제의 해결사이다. 셋째, 위험을 안고 도전하는 기업가 정신이 필요하다. 넷째, 이상주의자이다.

04

예술경영의 내용

04.01. 전략적 기획

04.01.01. 전략적 기획의 개념

전략적 기획이란 조직의 비전을 바탕으로 장기적 목표와 관련하여 수행할 사업을 구체적으로 **계획하는 과정**이다. 특히 외부환경의 기회와 위협 그리고 스스로 가지고 있는 조직의 강점과 약점을 파악하고 장기적으로 조직의 경쟁력을 유지하기 위해 노력한다. 전략적 기획은 전략적으로 사고하게 하고 효과적 전략을 개발하도록 하며, 통합된 의사결정을 이루게 하고 최대한 자유재량권을 발휘하게 하며, 팀워크와 전문 기술을 키울 수 있게 한다. 결국 전략적 기획이란 전략적 과정, 체계적 과정, 우선순위 결정과정, 혁신유도 과정이라고 할 수 있다.

04.01.02. 전략적 기획의 발전

전략적 기획은 4단계를 거쳐 발전해 왔다. 첫째, **기초재무** 기획단계이다. 예산에 부합하기 위한 통제와 기능 중심의 기획으로서 연간 예산의 작성과 조직 운영의 통제와 관리 특히 기능별 통제에 집중한다. 둘째, **예측기반** 기획단계이다. 미래예측을 위한 성장기획으로서 조직환경을 분석하고 다년간의 예측을 하는 것이 특징이다. 셋째, **외부지향적** 기획단계이다. 일반적으로 알고 있는 전략적 기획으로서 시장과 경쟁에 대한 반응을 강화하는 기획이다. 상황분석과 경쟁력 평가를 통해 전략적 대안을 마련하고 대안의 평가와 자원의 동적 배분이 이루어진다. 넷째, **전략경영**단계이다. 경쟁우위를 위한 모든 자원의 동원과 배분의 기획이다. 창조적 전략을 발휘하며 유연한 기획절차와 지식과 문화의 가치체계가 주요한 자원으로 등장한다. 따라서 미래의 전략적 기획은 전략적 사고를 포함하는 마지막 단계인 전략경영의 단계로 나가야 할 것이다.

04.01.03. 전략적 기획과 전략적 사고

전략적 기획과 **전략적 사고**는 다소 차이가 있다. 전략적 기획은 1960 년대 사업단위의 경쟁력 제고를 위해 고안된 것이다. 그러나 그 이후 전략적 기획은 전략적 사고를 방해하고 조직의 비전이 아니라 단지 숫자만의 계획이라는 점에서 비판을 받는다. 전략적 사고란 직관과 창조를 겸비해야 하는 것으로 완벽한 계획이 될 수 없다. 비공식적 학습의 과정에서 불쑥 나타나는 것이 전략적 사고이다. 전략적 기획이 짜여진 틀에 의해 재배열되는 것이라면 이는 전략적 사고를 배척할 수밖에 없는 것이다. 전략적 기획의 과정은 대체로 i) 기획의 준비, ii) 설립취지의 검토, iii) 요구사항 분석, iv) SWOT 분석, v) 목표와 우선순위 결정, vi) 추진계획의 작성과 승인, vii) 집행과 통제, viii) 평가의 순으로 진행된다.

04. 02. 문화기획

04. 02. 01. 문화기획의 개념

문화예술분야의 **창작 · 유통 · 소비의 과정을 매개**하기 위한 기획활동으로서 문화기획이라는 용어를 사용한다. 이는 예술작품의 창조와 감상자와의 사이를 연결시켜 주는 매개자의 역할을 하는 공연기획자들에게서 비롯되었다. 예술가는 창작자이면서 예술상품인 경우가 많다. 이러한 예술가 또는 예술가 집단의 안정적 창작을 지원하고 소비자에게 소개하는 역할을 누군가 담당해야 하는 것이다.

우리나라의 경우 예술조직이 많지 않고 공연기획자들이 주로 예술가와 소비자를 연결하는 활동을 해왔기 때문이다. **공연기획자**들은 문화예술 분야에 예술경영과 문화정책을 도입하고 실천한 사람들이다. 문화정책의 전환 이후 문화예술의 창작 및 향수의 범위가 확대되고 유럽의 국가주의와 문화정책 그리고 미국의 시장주의와 예술경영이 발전하면서 문화기획이 등장하였다. 문화기획은 예술가 창작 지원과 소비자 매개의 공공성과 함께 예술조직의 효율적 운영과 경쟁력에 공헌하였던 것이다. 문화기획의 내용은 소재와 프로그램, 문화예술 조직 및 예술가, 공간과 장소, 관객 등이며 문화기획의 과정은 전략적 기획의 개발 및 수립, 조직구조, 인사관리, 실행 및 통제, 평가 등이다.

04. 02. 02. 문화기획자

문화기획을 담당하는 자를 문화기획자라고 하는데 **문화기획자의 요건**으로는 문화예술 전문가이면서 다양한 장르의 복잡성을 이해하고 예술가들을 조정할 수 있는 능력이 요구된다. 문화기획자는 스스로 예술가이거나 특정 분야의 전문가일 필요는 없으며 문화예술에 대한 이해와 심미성 추구의 사명감을 가지고 경영능력과 리더십을 갖추어야 한다. 문화기획자가 갖춰야 할 기본역량으로는 문화예술에 대한 이해, 경영능력, 리더십, 기획력, 의사소통 능력, 조정력, 무대기술 및 공학적 지식, 문화예술 관련 법제도 및 문화정책의 이해 등이다. 우리나라의 대표적인 문화기획자로는 문화공간 및 축제 행사 등의 대표자인 감독(Director), 공연제작 책임자인 프로듀서(Producer), 문화정책 담당자인 행정가(Administrator), 예술조직의 관리자(Manager), 공연물 유통의 흥행사(Promotor) 등이 있다.

04. 02. 03. 문화기획의 내용

문화기획은 국공립 공연장과 같은 예술 공간의 경영을 중심으로 문화예술 공간의 차별화와 적정 프로그램으로 목표 관객(Target Audience)을 개발한다. 문화기획은 단기적 공연예술 기획, 장기적 축제 기획과 공동체 프로그램 등 다양한 내용으로 구성된다. 문화기획은 **공연예술** 작품의 기획과 제작을 담당하는데 단기적 공연물의 제작을 위한 전략기획을 수립한다. 공연예술 프로그램의 문화기획은 공연기획자가 스스로 프로모터가 되어 자체 제작하고 공연하는 경우, 공연장 혹은 외부 스폰서와 연계하여 프로모션하는 공동 주최의 경우, 기업이나 정부기관 등으로부터 지원받아 제작하는 기획 타이틀 스폰서십(代名 공연)의 경우, 공연 전체를 스폰서에게 판매하여 그 스폰서가 초대 공연하는 기획 · 제작의뢰 공연의 경우가 있다.

축제와 이벤트 기획은 일회성이 아니므로 장기적인 기획이 요구되며 계절순환성과 지역특성에 적합한 전략적 기획활동이 필요하다. 문화예술교육 프로그램과 **공동체 프로그램** 역시 장기적 관점에서 기획되어야 한다. 문화예술 감상자의 소양을 끌어 올릴 수 있는 그리하여 문화예술 향수를 촉진시킬 수 있는 문화예술교육 프로그램과 문화 민주주의 실현을 위한 지역 특성의 공동체 프로그램의 기획이 필요하다. 또한 문화기획은 장르에 따라서 전시회, 음악회, 영화제, 연극제, 무용제, 마임제, 페스티벌, 이벤트, 컨벤션, 문화예술교육 및 강좌, 창작 워크숍, 체험 연수 등으로 구분하기도 한다.

04. 02. 04. 문화기획의 절차

문화기획의 절차는 전략적 기획과 크게 다르지 않다. 전략적 기획의 단계를 경영의 일반원리인 기획, 조직, 지휘, 통제의 절차로 보기도 하고, 방향

설정과 기초 작업을 하는 사전 기획단계, 수립된 계획과 전략에 입각해 실행에 옮기는 실행단계, 실행 성과를 분석하고 평가하는 사후 기획단계로 나누기도 한다. 크레이그 드리즌(Craig Dreeszen)의 8 단계 전략 기획론은 i) 기획팀의 구성과 조직, 예산편성, 과업범위 설정, 관련 정보 수집, ii) 기획 목표와 방향의 설정, 비전 수립과 공유, iii) 공연활동과 관련된 환경과 조직여건 파악, SWOT 분석, 브레인스토밍(Brainstorming), 정보와 자료 분석, iv) 실행전략의 개발, 대안탐색과 수단 결정, 기획취지 · 목표 · 실천전략 · 예산 등 구체화, v) 기획안 작성과 예산확정, vi) 사업 프로젝트의 승인, vii) 수립된 계획의 실행, viii) 예산 및 프로그램과 연계한 평가 등으로 제시한다.

04. 03. 예술조직의 조직구조

04. 03. 01. 조직구조의 개념

조직이란 특정 목적 달성을 위한 인간의 집합이다(Etzioni, 1964). 조직(Organization)이란 투입, 전환, 산출로 외부에 대응하는 개방체계로서 **조직구조 또는 조직 디자인**으로 확립된다(Schermerhorn, 1986: 8). 예술조직의 조직구조란 예술경영의 목적 달성을 위해 부서들의 크기와 수 그리고 서로 간의 관계를 결정하는 것이다(Schermerhorn, 1986; 161). 이러한 조직구조의 주요 요소에는 분업(Division of Labor), 명령계통(Hierarchy of Authority), 비공식구조(Informal Structure), 조직문화(Organizational Culture) 등이 있다.

분업이란 목표달성을 위한 작업을 세분화하여 담당자에게 할당하고 세분화된 업무를 다시 유사한 업무들로 묶는 활동을 말한다(Straub and Altner, 1991: 104). 분업을 위해서는 직무전문화(Job Specialization)의 수평적 분업과 명령계통의 수직적 분업이 요구된다. 흔히 계층(Hierachy)으로 나타나는 명령계통은 권한과 역할을 명시하는 피라미드 형태로 구성된다. 또한 명령계통에는 한 관리자가 얼마나 많은 부하를 거느릴 수 있는지를 관리의 폭(Span of Control)으로 규정한다(Gibson et al., 1991: 455-456).

비공식 구조란 피라미드 계층의 명령계통과 관련없이 비공식적인 몇몇 특정 구성원들에 의해 형성되는 것이다. 향우회 또는 동호회와 같이 직급과 계급에 상관없이 모인 구조에서는 명령계통에서도 비공식적 관계로 흐를 수 있다. 조직문화는 조직구성원 간의 공유하는 정신체계이다. 조직구성원이 바뀌어도 똑같은 방식으로 일이 진행되고 어느 조직하면 어떤 이미지가 떠오르는 것은 조직문화 때문이다. 즉 조직의 핵심가치를 받아들이고 공감하며 자신의 행동에도 영향을 미치는 것이 조직문화인 것이다.

04. 03. 02. 조직구조의 과정

예술조직은 예술을 창조하는 활동을 관리할 필요가 있다. 예술의 창조는 처음 한 사람 또는 몇 사람의 아이디어에서 출발한다. 노트에 급히 휘갈겨 쓴 멜로디에서 뮤지컬이 시작되는 것이다. 이러한 과정의 성공여부는 예술경영이 제대로 수행되는가에 달려 있다. 예술경영이 좋은 예술작품의 창조를 보장하는 것은 아니지만 예술경영 없이 좋은 예술작품이 창조될 수는 없는 것이다. 예술경영의 조직구조는 **예술경영의 과정**으로 불리기도 하는데 번즈(William Byrnes)에 의하면 4 단계로 설명된다.[03] 첫째, 실제로 정확히 무엇을 할 것인가를 정하는 계획단계(Planning)이다. 조직목표를 정의하고 목표 달성을 위한 계획을 수립한다. 둘째, 인력과 자원을 동원하여 계획을 행동으로 옮기는 조직단계(Organizing)이다. 계획이 실천으로 옮겨지는 것으로 자원의 동원과 예산이 수립된다. 셋째, 조직구성원들이 협동하여 일한 결과가 달성되는 실행단계(Leading)이다. 조직구성원들은 모든 정보와 비전을 함께 공유하게 된다. 넷째, 목표 달성을 위한 세부작업들을 제대로 수행하도록 감시하는 통제단계(Controlling)이다. 목표에 얼마나 접근했는지 모니터하고 필요한 경우 계획을 수정하고 작업을 조정한다.

---

03) 조직의 관리과정은 기획-조직구조-인사편성 및 인재양성-내규와 규칙결정-실행-예산 관리-홍보-결과보고 등 다양하게 설명된다.

04. 03. 03. 조직구조의 내용

대부분의 예술조직은 예술가들이 자신의 예술을 위해 자발적으로 설립한 경우가 많으며 정부 또는 기업의 지원이 없다면 설립이 힘들었을 것이다. 예술조직의 법적 지위는 비영리조직을 확보해야 하지만 우리나라의 경우 비영리법인의 자격을 갖지 못하고 임의단체로 활동하는 예술조직이 많다. **예술조직의 일반적 구성**은 이사회, 최고관리자, 사무국장, 예술감독 등으로 조직된다. 사무국장은 경영부문을 담당하며 조직, 인사, 재무, 시설장비 관리, 마케팅 · 홍보, 고객관리 등의 업무를 진행한다. 예술감독은 예술부문을 담당하며 공연 프로그램 기획, 단원 등 예술가를 관리한다.[04)]

예술조직에서 **이사회와 경영진**의 역할 분담이 중요한데 이사회는 최종결정을 내리기는 하지만 조직의 설립취지에 공감하고 목표 달성을 위해 재정적으로 지원할 수 있어야 한다.[05)] 반면 경영진은 전문적인 관리능력을 갖춘 사람으로서 조직의 관리를 책임지는 사람이어야 한다. 이사회는 예술조직의 사명에 동의하고 전문적 식견을 갖춘 재정적으로 기여할 수 있는 사람들로 구성하여야 한다. 그러나 이사회를 자원봉사자의 역할 정도로 생각해야지 지나친 기대나 부담을 주어서는 곤란하다. 예술조직의 운영은 단체장의 역할에 달려 있다. 단체장은 관리능력과 리더십을 갖추고 변화하는 환경에 대응하여 조직을 이끌어 나가야 하며 이사들의 시간을 줄이기 위한 배려가 필요하다.

04. 04. 예술조직의 외부환경

예술조직은 경제적, 정치적, 사회적, 인구적 변화에 대응해야 한다. **경제**

---

04) 예술조직에서는 경영부문의 사무국장과 예술부문의 예술감독의 역할관계가 중요하다. 경영이 먼저인가 예술이 먼저인가? 상업성과 심미성의 대립이 끊임없이 계속되기 때문이다.

05) 우리나라 예술조직은 법인화되어 있지 못하고 이사회보다 단체장 중심으로 운영되면서 이사회가 유명무실한 경우가 많다.

적 측면에서 경기호황과 경기불황이 예술조직에 영향을 미치게 된다. 경기불황인 경우 기업과 시민의 기부금이 줄게 되어 재정적으로 어려움을 겪게 된다. 이처럼 예술조직은 이자율, 실업률, 가용소득의 수준, 지역경제의 동향과 같은 경제적 요소들에 의해 영향을 받는 것이다.

예술조직은 정치적 측면에서 예술조직에 우호적인 법이 제정되거나 선거년도에 유리한 점도 있지만, 새로 구성되는 정부의 보수성이나 진보성 때문에 긍정적 또는 부정적 영향을 받기도 하고, 문화예술 지원을 담당하는 정부기관장의 가치관에 의해 영향을 받기도 한다.

예술조직은 **사회적** 측면에 있어 공동체의 예술에 대한 의식이 우호적인지 실험적(전위적 또는 모험적) 예술에 관대한지 등에 의해 영향을 받는다. 지역문화에 따라서 지역교육에 따라서 예술조직에 대한 사회의 시선은 다른 것이다.

예술조직은 **인구적** 변화에 의해 영향을 받는다. 연령, 소득, 성별균형, 교육수준 등이 변화하면 예술조직도 변화해야 한다. 때로는 새로운 기술이 예술조직에 영향을 미치기도 한다. 예를 들면 정보통신기술은 사이버 음악과 사이버 미술이라는 새로운 장르를 개척하였다. 컴퓨터 그래픽 기술은 영화와 만화를 결합하게 하고, 무대기술의 발전은 고전 발레에 뮤지컬을 결합하게 하고, 오페라와 팝송을 결합한 팝페라를 창조하였다.

04. 05. 예술조직의 자원봉사제

04 .05. 01. 자원봉사제의 이론

예술조직에 있어 자원봉사의 중요성은 매우 크다. 비영리를 목적으로 항상 재정적으로 어려움을 겪는 예술조직으로서는 자원봉사의 도움이 절대적이다. 자원봉사의 이론은 경제학적, 사회학적, 심리학적 관점에서 접근할 수 있다. **경제학**에서는 기회비용 개념을 이용한다. 자원봉사를 하려는 사람들은 시장에서의 화폐소득을 올리는 것보다 더 큰 효용이 있을 때 자원봉사를 한다는 것이다(Weisbrod, 1988). **사회학**에서는 자원봉사의 결정이 인간의 친

사회적 성향과 함께 개인적 특성과 환경 그리고 상황적 맥락에서 영향을 받는다고 한다(Eisenberg & Miller, 1987). **심리학**에서는 자원봉사가 개인의 기대에 의해서이고 그 강도와 계속성은 예술조직이 제공하는 대가에 달려 있다고 한다(Troth, 1999). 자원봉사에 영향을 미치는 요인들에는 성별, 연령, 소득, 직업, 교육수준, 혼인, 종교 등의 인구사회학적 요인들이 있으며, 자원봉사 대상기관의 유용성과 신뢰의 요인이 있고, 어린시절 부모의 자원봉사에 대한 경험이 많거나 자원봉사 장소가 가깝다거나 하는 환경적 요인과 지역적 요인도 있다.

04. 05. 02. 자원봉사제의 실무

자원봉사자는 다양한 **역할**을 수행할 수 있다. 예를 들면 프로그램 운영, 관객 서비스, 재원 조성 및 후원, 커뮤니티와의 연계와 같은 직접활동 외에도 운영관리의 보조, 조사연구 참여, 도서관 · 자료실 운영, 시설과 물품 관리 등 간접활동도 있다.

예술조직의 경우 자원봉사를 잘 이용하면 약이 되지만 잘못 이용하면 독이 될 수도 있는 만큼 **자원봉사 관리**가 중요하다. 따라서 예술조직 내에 자원봉사자 관리를 담당하는 매니저를 따로 두는 경우가 많다. 자원봉사자 관리자의 역할로는 기획, 운영체제의 마련, 자원봉사자 직무규정서 작성, 자원봉사자 충원, 자원봉사자에 대한 교육훈련, 지도 감독 및 평가, 자원봉사 관련 기록관리 및 후속조치 등이 있다.

자원봉사자의 운영을 위해서는 미리 자원봉사 관련 정책을 결정하고 필요 예산을 마련해 두고 공간 비품 및 교육자료도 준비해 두어야 한다. 또한 기존 직원들에 대한 교육도 선행되어야 한다. 지원봉사 지원자의 **모집 및 선발**과 관련해서는 우선 자원봉사자 수요를 파악하고 잠재 자원봉사자가 얼마나 되는지 조사한다. 잠재 자원봉사자 대상으로는 전문직업인, 조기 퇴직 · 은퇴자, 전업주부, 청소년, 인턴 희망자 등이다. 자원봉사자 선발은 지원신청 접수, 면접, 선발 및 결과 통보, 자원봉사 동의서 작성 등으로 진행된다.

자원봉사자를 배치하기 이전에 **교육훈련**이 필요하다. 교육훈련은 우선 기획안을 수립하고 교육훈련 지침과 자료를 마련하며, 사전 교육내용을 점검한다. 교육은 오리엔테이션, 단체의 시설 및 보유자산 · 장비 등의 안내, 기존직원 소개, 자원봉사자 간의 모임 등으로 이루어진다. 마지막으로 교육훈련 결과를 평가하고 재교육 수요를 파악한 후 자원봉사자를 배치하고 업무를 시작한다. 자원봉사제의 운영을 효율적으로 하기 위해서는 자원봉사 활동을 관찰하고 평가해야 하며 자원봉사 활동에 적극 협조해야 한다. 또한 자원봉사자에게 인정과 감사를 표현하고 자원봉사 관계가 불미스럽게 종료되더라도 이를 문제 삼지 않아야 한다.

04. 06. 예술공간

문화기획에서와 같이 예술경영은 극장과 같은 **예술공간의 경영관리**로 대표된다. 즉 극장[06]과 음악당 같은 공간예술 공간, 박물관과 미술관 같은 시각예술 공간, 공연예술 공간, 시각예술 공간, 도서관, 교육시설, 야외 공간 등이 어우러진 복합예술 공간 등의 경영관리로 대표되는 것이다. 공연예술 공간의 대표적인 극장은 그 무대 형태에 따라 사진틀 무대 극장, 개방 무대 극장, 돌출무대 극장, 가변형 무대 극장, 콘서트 홀로 구분되고 운영 형태에 따라 국공립 공연장(문예회관 또는 시민회관), 공익법인 형태의 민영공연장(예술의 전당, 세종문화회관, LG 아트센터, 호암아트홀), 상업극장(동숭동 소극장) 등으로 구분되기도 한다. 또한 복합예술 공간으로는 예술의 전당과 같이 여러 분야의 예술 프로그램을 운영하는 복수의 복합적 공간이 있다.

대부분의 극장은 지역사회와 관련되고 정부지원으로 건립되고 운영되는데, 극장 속의 필수 공간들인 관객 공간, FOH(Front of House) 공간, 백스테이지 공간 등을 포함한다. 관객 공간은 FOH와 백스테이지의 가운데 위치하고 관객이 감상하는 객석 공간이다. FOH는 관람 전후에 관객이 이용하는 공간으로서 로비, 매표소, 보관소, 탁아시설, 식음료 공간, 화장실 등이 있다.

---

06) 여기서 극장은 우리가 흔히 영화를 보러 가는 극장과는 달리 연극, 오페라, 뮤지컬, 음악, 무용 등 공연예술 공간의 극장을 일컫는다.

일반 관객들이 처음 공연장을 찾을 때 대하는 공간으로 공연장의 수준과 이미지를 좌우하는 공간이다. **백스테이지** 공간은 출연자와 스탭들의 공간이며 무대, 분장실, 장치제작 공간, 출연자 대기실 등이 있다. 일반 관객들은 볼 수 없는 공연 준비공간으로서 대기 공간과 기술적 작업 공간을 포함한다. 예술경영은 이러한 극장의 조직관리를 위해 일반관리, 프로그램 기획, 무대기술관리 등을 제공하며 때로는 객석 관리(House Management)와 스테이지 관리(Stage Management)를 제공하기도 한다.

04. 07. 공연기획

04. 07. 01. 공연기획의 개념

우리나라에서 예술경영이 가장 활발하게 적용되는 곳은 공연기획 분야이다. 공연기획(Performing Arts Promotion)이란 하나의 공연을 위한 준비에서 공연 후의 평가에 이르기까지의 전 과정을 계획하고 수행하고 평가하는 것으로서 예술조직의 예술경영과 거의 같은 내용이다. 예술경영이 예술조직의 관리라고 한다면 공연기획은 한 **공연의 관리**이기 때문이다. 우리나라는 대규모 예술조직보다 영세성의 단기적 공연기획에 의해 정부지원을 받아왔기 때문에 공연기획과 예술경영은 거의 같은 의미로 사용되는 것이다.

04. 07. 02. 공연기획자

공연기획을 담당하는 사람은 공연기획자인데 예술조직의 관리자와 같은 의미라고 생각하면 된다. 공연기획자는 주로 공연을 기획하고 제작하고 공연하는 활동의 **총책임자**가 된다. 따라서 예술조직의 단체장과 사무국장 그리고 예술감독을 겸한 사람이라고 할 수 있다. 예를 들어 음악관련 공연기획자는 사업가, 극장 운영자, 축제 기획자, 예술조직 운영자 등과 같은 사람일 수 있는 것이다.

공연기획의 실제에 있어 가장 중요한 것은 공연 **타당성의 검토**이다. 예술가들의 출연료, 해외 초청 예술가의 소득세, 공연단체의 규모, 일반경비, 공연 시기와 날짜, 경쟁적 공연의 유무, 협연자나 레퍼토리의 선택, 공연장 선택, 선거나 입시와 같은 사회적 요인 등을 면밀히 검토한 후 공연을 기획할 수 있을 것이다.

04. 07. 03. 공연기획의 성공 요소

공연기획에 따라 공연이 성공하기도 하고 실패하기도 한다. 상암동 월드컵 경기장에서 열린 오페라 푯치니의 〈투란도트〉는 성공하였지만 이보다 예산이 더 많이 든 잠실운동장 베르디의 〈아이다〉 공연은 실패하였다.[07] 서울 세종문화예술회관의 모스크바 필하모니의 연주는 입장료가 12 만원의 고가였지만 성공하였고, 같은 공연이 경기도 문화예술회관에서는 입장료가 8 만원이었는데도 실패하였다고 한다. 이처럼 대규모 공연의 **성공과 실패** 사례는 공연기획이 얼마나 중요한 것인지 잘 보여준다고 하겠다.

성공적인 공연기획을 위해서는 다음의 6 가지가 필요하다. 첫째, 공연의 **확실한 목표**가 정해져야 한다. 공연 작품의 국적이 불분명한 경우가 있다. 한국을 대표하는 것인지 지역을 대표하는 것인지도 분명히 해야 한다. 서울에서 성공한 공연이 지방으로 확산되는 경향이 있는데 이는 지역 특성의 관점에서 다시 한번 생각해 보아야 할 문제이다. 즉 이 공연이 누구를 위한 것인지 그 목적이 무엇인지 분명히 해야 한다.

둘째, **대상관객의 특성**을 파악해야 한다. 특히 컴퓨터와 인터넷의 발전은 디지털 시대의 새로운 소비자를 양산하고 있으므로 이들의 취향과 선호를 파악해야 한다.

셋째, 공연 관련 **환경요인**들을 파악해야 한다. 주민의 예술성향, 소득계층, 교육수준, 교통여건 등의 요인들을 분석하고 마케팅 정보로 활용해야 한다. 넷째, **홍보**의 중요성이다. 특히 장기 공연인 경우 입으로 전해지는 구전효과는 상당히 파급적이다. 따라서 공연 초기부터 마케팅을 이용한 홍보가

07) <아이다>는 83 억원의 예산을 들였지만 40 억원의 손실을 보았다고 한다.

중요하며 긍정적 홍보효과를 만들기 위해 우호적 소비자의 관람을 독려하거나 무료 초대권을 제공하는 방법을 검토할 수 있을 것이다.

다섯째, 적정 **가격정책**의 마련이 필요하다. 고가와 저가의 이중적 가격정책의 실패가 공연의 실패로 이어짐을 우리는 이미 오페라 〈아이다〉에서 경험하였다. 가격이 싸다고 공연이 성황을 이루는 것은 아니다. 실제 무료 초대권의 로얄석이 많이 비워져 있는 것을 볼 수 있기 때문이다. 공연은 공연을 원하는 사람이 볼 수 있도록 해야 한다. 즉 관객대상을 세분화하여 관객대상별 가격과 서비스를 제공해야 하는 것이다. 공연기획은 세분화된 관객을 대상으로 달리 할 수 있을 것이다. 소득수준, 교육수준, 연령 등 각 세분화 계층에 따라서 다양한 공연기획이 가능할 것이다. 예술의 전당에서 실험적으로 개최한 '브런치 콘서트' 의 매진사례는 관객 세분화의 성공을 잘 보여준다.

여섯째, 공연에 적합한 **극장 공간**을 확보해야 한다. 우리는 흔히 체육관에서 클래식 음악회가 열리는 경우를 본다. 음악회는 감상에 맞는 조건을 갖춘 극장에서 들어야 하고 연극은 무대효과를 충분히 살릴 수 있는 극장에서 보아야 한다. 공연의 성공은 극장에 달려 있다고 해도 틀리지 않는다. 다만 그래도 없는 것보다는 있는 것이 낫다는 주장이 있다. 즉 조건에 맞는 극장의 대여는 비싸기 때문에 그 형식과 내용을 조금 수정하더라도 문화예술을 보급하여 소비자에게 향수 기회를 증대시키는 것이 바람직하다는 것이다. 따라서 학교 강당이나 도서관 그리고 동네교회 등의 공간들이 복합공간으로 사용될 수 있을 것이다.[08]

04.07.04. 공연기획의 목적

공연기획은 정신질환자의 음악치료와 같이 **기능적 목적**에 따른 공연기획이 있고, 주민 예술교육을 위한 교양 · 취미 프로그램이나 체험 프로그램의 **교육적 목적**의 공연기획이 있으며, 예술창조의 심미성을 추구하기 위한 **예술적 목적**의 공연기획이 있다. 교육적 목적의 경우 청소년과 지역 주민들을 대상으로 하는 경우가 많고 정기적이고 주기적인 공연이 많다. 그러나 공연기

---

08) 영국의 에딘버러 축제는 축제기간 동안 지역의 모든 시설이 극장이 된다.

획의 주된 목적은 단연 예술작품의 창조와 실험이라고 하겠다. 하지만 예술적 지향성이 높으면 상업성이 떨어지게 되고 공연은 성공하기 쉽지 않다.

반면 **오락적 기능**이 목적인 공연기획도 있다. 주로 대중예술을 다루며 축제에서 함께 즐겁게 어울리기 위한 공연기획이 이에 해당된다. 마지막으로 **상업성을 목적**으로 하는 공연기획이 있다. 흔히 기획사라고 불리는 사기업들이 프로모션하는 공연으로서 대중예술 발전과 같은 긍정적 측면도 있지만 무리한 기획으로 공연이 취소되거나 연기되는 사고가 생기기도 하고 청소년을 돈벌이에 이용하는 등 부정적 측면도 있다.

05

우리나라 예술경영의 발전

05.01. 우리나라 예술경영의 등장 배경

서구에서의 예술경영은 주로 비영리 예술조직을 대상으로 발전한데 비해 우리나라의 예술경영은 정부 산하기관의 생산성과 관리의 효율화를 위한 수단으로 발전하였다. **한국문화예술진흥원**(현재는 문화예술진흥위원회)은 30 년간 4 천억의 재원을 확보하고 마로니에 미술관, 예술극장, 문화예술연수원, 예술정보관 등을 개관하고 2002 년부터는 창작자에 대한 예술지원과 국민에게 다양한 문화예술 체험 기회를 제공하는 등 다양한 활동을 전개하고 있다. 특히 문예진흥원이 문예진흥기금과 언론공익자금 그리고 기업과 개인의 기부금 등으로 충당되는 재원을 어떻게 효율적으로 배분하여 문화예술을 지원하는가에 대한 연구 등이 활발히 이루어지면서 우리나라의 예술경영은 발전하였다.

문화예술의 창달과 국민의 문화향수 기회 확대를 위한 문화예술 공간의 운영, 그리고 문화예술 진흥을 위한 사업을 추진하기 위한 '**예술의 전당**' 건립은 예술경영의 필요성을 확신시켜 주었다. 즉 문화공간 건립과 운영의 전문성 개발, 문화예술 활동의 양적 · 질적 확대, 문화공간 운영 전문인력 배출을 위한 예술경영이 요구되었다.

05.02. 우리나라 예술경영의 교육과정

우리나라에서 예술경영이라는 용어가 처음 등장한 것은 1980 년대 이후이고 이때부터 예술경영에 관한 논의가 시작되었으며 1989 년에는 대학에 관련 전공이 개설되었다. 1990 년 문화부가 설립되고 1992 년 예술의 전당이 개관되었다. 대형 문화공간인 문예회관이 전국적으로 건축되었으며, 문화예술의 중요성이 부각되면서 문화예산이 중앙정부 예산의 1 %를 상회하게 되었다. 또한 문화산업 시장의 확대로 공연예술 시장도 확대되었고, **전문 예술경영 인력**을 양성하기 위한 시장도 확대되었다.

우리나라 **예술경영 전공교육**이 처음 시작된 것은 1986 년 중앙대학교 사회개발대학원에 문화예술 전공이 개설되면서부터이다. 1989 년에는 단국대학교 경영대학원에 예술경영 전공이 개설되었고 산업경영대학원에 예술경영학과와 문화관리학과가 신설되었다. 현재 예술경영 관련 전공을 보유한 대학원은 전국적으로 24 개교에 달한다. 학부 예술경영학과는 1996 년 한국예술종합학교 무용원 이론과에서 시작되었다. 2000 년에 예술경영과가 신설되고 2002 년에는 극장경영 전공이 개설되었다. 현재는 한국예술종합학교, 예원대, 베데스다대, 대불대, 호서대, 한국디지털대 등에서 예술경영 관련 학과를 개설하고 있다.

제 5 장

일반 경영이론

일반경영의 개념

01.01. 일반경영의 등장 배경

경영은 인간의 역사만큼 오랜 역사를 갖고 있다. 원시시대에도 수렵을 위해 협동하였으며 농산물 관리가 이루어졌다. 그리스, 로마, 중국 등에서는 도로와 하천 등의 관리가 이루어졌다고 한다. 르네상스 시대 이후 **시민사회**의 대두는 새로운 정치사상을 태동시켰고 개인의 노동에 대한 자각이 있었다. 마키아벨리(Niccolo Machiavelli), 토마스 홉스(Thomas Hobbes), 존 로크(John Locke), 아담 스미스(Adam Smith) 등에 의해 국가와 개인의 차원에서의 경영에 대한 관심이 대두하였다.

특히 산업혁명 이후에는 노동이 기계로 대치되면서 생산의 집중화가 이루어졌으며 **노동자** 계층이 발생하였고 작업 관리를 위한 **관리자**가 나타나는 등 큰 변화가 있었다. 또한 17 세기 이후 과학과 기술의 발전, 정부정책의 변화, 인구증가, 건강상태의 개선, 농토의 효율적 이용 등 사회에 큰 변화가 있었다. 당시 공장을 경영한 관리자는 노동자를 기계의 일부로 취급하였고 저임금, 장시간 작업, 직업 불안정, 안전미비, 위험한 작업환경, 어린이 노동자 등 많은 문제점이 있었으며 당시의 관리 방침은 당근과 채찍이었다고 한다.

선각자들의 노력으로 노동자들의 작업환경 개선과 월급제도가 개선되기도 하였지만 학문으로 발전하지는 못하였다. 계기가 된 것은 1800 년대 말에서 1940 년대까지 관리자의 역할을 중시하는 페이욜(Henry Fayol)과 바나드(Chester I. Barnard)의 행정관리(Administrative Management)와 테일러(Frederick Taylor)의 과학적 관리법(Scientific Management)이었다. 1930 년대에는 폴렛(Mary Parker Follett)의 민주적 관리방식, 매슬로우(Abraham Maslow)의 욕구이론, 맥그리거(Douglas McGregor)의 동기부여이론 등이 등장하였고, 1950 년대 이후에는 다양한 계량기법(Quantitative Management), 시스템 이론(Systems Theory), 상황이론(Contingency Theory), TQM 등으로 발전하였다. 따라서 초기 경영학은 과학적 관리법과 같이 **관리**를 중시하였고 고전적 조직이론으로 발전하면서 **조직**을 중시하게 되었던 것이다. 이후 인간관계학파의 등장으로 조직 내 **사람**으로 초점이 옮겨갔고 외부환경과의 대응을 중시하게 되면서 전략의 중요성이 강조되었다. 최근에는 **환경**의 중요성으로 지속가능한 발전(Sustainable Development)을 추구하는 **최고관리자**를 중시하게 되었다.

01.02. 일반경영 관점의 변화

경영(Management)은 예술(Art)이며 과학(Science)이다. 경영이 예술인 것은 누군가 개발하고 응용하는 특별한 기술이며 능력이기 때문이다. 경영이 과학인 것은 계량분석과 응용기법 등을 이용해 생산성을 최대화할 수 있기 때문이다. 경영이란 조직의 목적 달성을 위한 활동으로 정의된다. 경영의 개념은 크게 과정적 관점과 기능적 관점으로 나누어지는데, 과정적 관점이란 기획, 실행, 통제의 순서로 설명되며, 기능적 관점이란 생산관리, 마케팅

관리, 인사관리, 재무관리의 기능으로 설명된다. **과정적 관점**에서 기획은 목표를 정하고 목표 달성을 위한 활동을 미리 정하는 것이다. 실행은 실질적 조직활동이 이루어지는 것으로 조직화와 지휘가 중요한 역할을 한다. 통제는 실제 성과를 목표와 비교하여 평가하고 이를 수정하는 것이다.

기능적 관점에서 생산관리는 원재료를 이용해 기술적 가공을 통해 부가가치를 높이는 것이며, 마케팅관리는 가격을 책정하고 소비자에게 알리며 제품의 유통경로를 정하여 판매를 신장시키는 역할을 한다. 인사관리는 조직에 필요한 사람을 충원하고 교육시키며 운용하는 활동이며, 재무관리는 조직 활동에 필요한 자본을 조달하고 경제적으로 관리하고 운영하는 것이다.

최근 경영의 개념은 과정적 관리와 기능적 관리를 통합하여 외부환경과의 대응을 고려한 **시스템적 관점**으로 변화하고 있다. 시스템적 관점이란 조직의 모든 하부단위들이 상호작용하여 업무를 수행하는 것으로 정보공유를 통해 시너지 효과를 낼 수 있는 것을 말한다. 현재의 조직들은 모두 컴퓨터와 정보통신기술을 이용한 정보시스템이 조직 전체를 거미줄처럼 연결하고 있는 것을 보면 시스템적 관점이 얼마나 중요한지 알 수 있을 것이다. 결국 경영은 조직의 목적을 달성하기 위한 전략적 기획, 조직관리, 인력관리, 재무관리, 마케팅의 결합이라고 볼 수 있다.

01. 03. 일반경영 이론

산업혁명 이후 미국은 영국에서 경영기법을 수입하였고 철도와 전보와 같은 새로운 통신기술의 발전으로 급격한 산업발전을 이루었다. 이후 대량생산을 위한 공장들이 들어서고 이에 경영기법이 발전하였던 것이다.[01] 조직의 경영을 위한 연구는 조직이론과 조직행태론으로 발전하였고, **조직이론**

01) 그러나 노동자의 안전과 복지는 고려대상이 아니었고 어린이 노동자, 저임금, 직업 불안정 등으로 강력한 노동조합을 탄생하게 만들었다.

(Organization Theory)이 사회학, 거시이론, 조직구조, 조직설계 등을 다루었다면 **조직행태론**(Organizational Behavior)은 심리학, 미시적 이론, 개인 집단행태 등을 연구하였다. 우선 조직이론은 기계적(Mechanistic) 조직이론과 유기적(Organic) 조직이론으로 나눌 수 있다. 기계적 조직이론이란 조직 내부의 관리에 초점을 두는 것으로 과학적 관리법과 관료제론이 대표적이다. 유기적 조직이론이란 조직의 신축성을 강조하는 것으로서 환경변화에 신속 대응하는 상황이론(Contingency Theory)이 대표적이다.

조직이론

02. 01. 조직이론의 분류

조직이론은 Scott(1987)의 분류에 따르면 폐쇄적 합리모형, 폐쇄적 사회모형, 개방적 합리모형, 개방적 사회모형으로 나눌 수 있다. 폐쇄적 관점이란 조직내부의 관리에 중점을 두는 것이고, 개방적 관점이란 조직외부 즉 **조직환경과**의 관계를 고려한 관리에 중점을 두는 것이다. 합리적 관점이란 기계적 인간형에 중점을 두는 것이고 사회적 관점이란 복잡하고 심리적인 인간형에 중점을 두는 것이다(<표 5-1> 참조).

첫째 **폐쇄적 합리모형은 고전적 조직이론**이라고도 하며, 1900 년대에서 1930 년대를 중심으로 조직을 폐쇄적 체계로 보고 조직구성원은 모두 합리적으로 사고하는 것으로 간주하였다. 조직은 목표 달성을 위한 수단이며 조직의 강력한 통제와 명령계통 그리고 일상적이고 반복적 업무수행을 위한 기계적 합리성과 능률을 강조하였다. 대표적 이론에는 테일러(F. W. Taylor)

표 5-1 · Scott의 조직이론 분류

	합리적(기계적 인간)	사회적(심리적 인간)
폐쇄적 (조직내부)	1900–1930년대 Taylor Fayol Weber	1930–1960년대 Mayo McGregor Likert
개방적 (조직외부)	1960–1970년대 Larence & Lorsch Thompson Chandler	1970–현재 Weick March Senge

의 과학적 관리법, 페이욜(H. Fayol)의 경영관리론, 베버(M. Weber)의 관료제이론 등을 들 수 있다.

둘째 **폐쇄적 사회모형은 신고전적 이론**이라고도 하며, 1930 년대에서 1960 년대를 중심으로 조직구성원들을 심리적 인격체의 다양한 욕구를 가진 인간으로 보고 그들의 사회적 욕구를 동기화하여 조직의 생산성을 향상시킬 수 있다고 하였다. 메이요(Mayo)와 맥그리거(McGregor)와 같은 인간관계학파가 대표적이다.

셋째, **개방적 합리모형은 현대적 조직이론**이라고도 하며 1960 년대에서 1970 년대를 중심으로 조직외부의 환경에 중점을 두고 환경과의 상호작용을 중시하고, 시스템 접근법(Systems Approach)으로 조직은 상호 연결된 하위체계이며 상이한 하위체계들 사이의 조화를 위한 차별화와 통합의 원칙들을 주장하였다.

넷째, **개방적 사회모형**은 **후기 상황이론**이라고도 하며, 1970 년대 이후 환경과의 상호작용을 중시하면서도 조직의 목표달성을 위해서는 인간(조직)의 비합리에서 발생하는 조직의 비공식성과 비합리성을 중시해야 한다는 것이다. 학습조직과 지식경영, 하이퍼텍스트 조직 등을 다루는 와익(Weick), 힉슨(Hickson), 마이어(Meyer), 페어와 샐러닉(Pfeffer and Salanick) 등이 대표학자들이다.

02. 02. 폐쇄적 합리모형(고전적 조직이론)

산업혁명 이후 서구 각국의 산업사회가 형성되고 기업조직이 발달하면서 경영학에 대한 연구가 시작되었는데 그 목적과 방법이 보편적인 이론과 원리를 추구했다는 점에서 고전이론이라고 한다. 즉 조직관리에 보편적으로 적용되는 원리와 원칙(Universal Management Principles) 있다는 가정에서 출발한다. **합리적이고 기계적인 사고방식**으로 문제를 해결할 수 있으며 생산성과 효율성을 강조하고 공식조직의 원리원칙을 강조한다. 대표적 이론에는 테일러(F.W. Taylor)의 과학적 관리법, 페이욜(H. Fayol)의 경영관리론, 베버(M. Weber)의 관료제이론 등을 들 수 있다. 고전적 이론의 장점은 개인의 임의적인 판단과 변칙적인 의사결정을 없애고 객관성과 일관성 그리고 예측성이 높은 합리적 조직체계라는 것인데, 반면 조직구조가 기계적이고 경직성을 띠어 비인격적인 행동패턴을 형성한다는 단점도 있다.

02. 02. 01. 과학적 관리법

과학적 관리법 또는 과학적 관리원칙(Principles of Scientific Management)은 미국 공장의 대량생산체제의 효율적 관리를 위해 탄생하였다. 당시 길브레드(F. Gilbreth), 바스(K. Barth), 갠트(H. Gantt), 에머슨(H. Emerson), 쿡크(M. Cooke) 등 생산전문가들은 합리적 공장경영기법을 종합 정리하여 체계적인 경영원리를 발표하였는데, 이를 바탕으로 **테일러**(Taylor)는 작업능률과 방법을 향상시키기 위한 최선의 방법(One Best Way)을 찾으려 하였다. 과학적 관리법의 원리는 과업관리, 과학적 선발과 훈련, 성과에 의한 보상, 기능적 감독제도로 설명된다.

첫 번째, **과업관리**(Task Management)는 관리자와 근로자 직책을 분업화하고 관리자는 기획 즉 근로자 직무 설계와 직무수행 방법을 구체적으로 결정하는 역할을 하고 근로자는 관리자가 설정한 직무를 그대로 수행하는 역할을 해야 한다는 것이다. 또한 시간과 동작 연구(Time and Motion Study)를 통해 직무내용, 작업도구, 작업환경을 표준화하여 가장 합리적인 직무수행방법(One Best Method)을 설계하였다. 결국 관리자의 적극적인 직무연구와 직무설계를 통하여 공장의 생산관리를 효율화시켜야 한다는 것이 과업관리의 원리이다. 두 번째, **과학적 선발과 훈련**(Scientific Selection and Training)은 근로자 자격조건을 명확히 하고 선발한 다음 체계적 훈련을 실시해야 한다는 것이다. 세 번째, **성과에 의한 보상**(Piece Rate Payment)이란 성과에 비례하여 임금을 지불하는 것으로, 성과와 임금의 단순비례 아닌 차별성과급(Differential Piece-work Payment System)이다. 즉 성과를 생산량으로 측정하여 일정 표준량을 초과한 부분에 대해서는 더 높은 임금률을 적용하는 것이다. 근로자의 경제적 동기를 유발함으로써 생산성을 향상시킬 수 있다는 것이 과학적 관리법의 중요 목적이었다. 네 번째, **기능적 감독제도**(Functional Foremanship)로서 공장의 일선감독자(First-line Foreman)는 임무가 너무 많아 생산성이 저하되므로 분업의 원리를 적용하여 일선감독자는 부하근로자의 생산을 감독하는 감독업무에만 치중하게 하고 생산계획이나 품질점검 그리고 근로자훈련 등 다른 관리업무는 전문 감독자들에게 맡기게 하는 것이다. 그러나 과학적 관리법은 조직내부만 대상으로 한 폐쇄적 이론으로서 심리학적 접근방법이 결핍되었다는 비판을 받는다.

02. 02. 02. 일반관리이론

페이욜(Fayol)은 경영관리의 보편성(Universality)을 주장하여 기업경영의 일반원리(General Management Principles)를 발표하였다. 첫째, **분업의 원리**(Division of work)이다. 노동의 전문화가 중요하므로 아담 스미스(Adam Smith)의 분업의 원칙이 적용되어야 하고 조직 내 업무를 세분화하여 구성원 각자에게 세분화된 업무를 배정해야 한다. 둘째, **연결계층의 원리**(Scalar Chain Principle)이다. 상하로 연결된 수직적 계층구조를 따라 권한이 발휘되고 정보가 전달된다. 셋째, **명령통일의 원리**(Unity of Command Principle)이다. 단 한 사람의 상사로부터 명령과 지시를 받아야 한다. 여러 사람으로부터 명령을 받게 된다면 권한체계에 혼동이 야기된다. 넷째, **권한과 책임의 원리**(Authority and Responsibility)이다. 직무에는 권한이 부여되고 상위계층은 하위계층에 대하여 명령과 지시의 권한이 있고 하위계층으로부터 복종을 요구할 수 있다. 권한에는 반드시 책임이 수반되고 권한과 책임 간에는 균형관계(Commensurability)가 성립됨으로써 많은 권한이 부여되면 책임도 그만큼 커져야 한다. 다섯째, **집권화 원리**(Centralization)이다. 하위계층에 부여되는 권한은 제한되어야 하고 상위계층이 하위계층보다 더 중요한 집권화 체계를 형성해야 한다. 여섯째, **지휘의 통일**(Unity of Direction)이다. 통일된 명령계통과 통일된 계획에 의하여 업무활동이 수행되어야 한다. 일곱째, **질서의 원리**(Order)이다. 조직의 자원과 직무내용은 조직도표에 표시되고 항상 질서있게 전개되어야 한다. 여덟째, **조직과 구성원과의 관계 원칙**이다. 조직은 구성원과 화합적 관계를 유지해야 하고 충성심과 공헌도에 상응하는 공정한 대우를 해야 한다. 아홉째, **관리자의 기본적인 관리기능**으로서 계획(Planning), 조직(Organizing), 지휘(Commanding), 조정(Coordinating), 통제(Controlling)가 있다.

02. 02. 03. 관료제 이론

독일의 사회학자인 베버(M. Weber)의 관료제 이론(Bureaucracy Theory)은 조직의 이상적 · 합리적 모형을 추구하여 개인의 동기나 인간관계를 배제한 공식적 조직구조 대상으로 관료제를 들었다. 이상적 모형으로서의 관료제는 다음과 같은 특징을 갖는다. 첫째, **분업과 전문성**이다. 근로자는 능력에 의한 계약으로 고용된다. 직무는 최소 단위로 세분화되어 전문성을 가져야 하고 전문화된 직무내용을 중심으로 객관적인 능력과 자격에 의하여 계약고용이나 승진이 이루어진다. 둘째, **계층제**이다. 계층에 의한 관리로서 전문화된 직무는 여러 계층으로 구성되어 계층에 따라 권한과 책임이 부여되고 상하간의 통솔과 복종관계가 성립된다. 셋째, **규칙과 규제**이다. 조직구성원 각자의 권한과 책임 등 규정과 규칙을 명시하고 문서화한다. 넷째, **상급자에 의한 관리**이다. 합법적인 직무배정과 직무수행으로 상벌의 권한이 상급 관리자에게 주어져야 한다. 다섯째, **비인정성**이다. 맡은 바 책임에 대한 복종이며 상급자 개인이 아닌 그 지위에 복종한다는 것이다. 사적 감정을 개입시키지 않고 공식적 관계에서만 책임을 묻고 업무를 수행한다. 여섯째, **경력주의**이다. 평생 직업의 안정을 보장하여 마음 편히 업무에만 종사할 수 있게 한다.

02. 03. 폐쇄적 사회모형(신고전적 이론)

신고전적 이론은 처음 고전이론의 가정을 취하였으나 다른 결과가 나오게 되자 이론을 수정하였는데, 고전이론이 인간을 기계적인 도구로만 간주한 것은 잘못이며 고전이론의 관리원칙들은 **인간행태**에 의해 영향을 받는다고 주장하였다. 조직보다 인력관리 분야에 집중하고 행동과학 분야의 발전에 공헌하였지만, 조직의 논리를 외면하고 인간문제에 극단적으로 치우치며 인간에 대한 종합적이고 체계적인 지식은 불충분하였다는 비판을 받았다.

02. 03. 01. 인간관계론

인간관계론은 **호손 연구**에서 시작하였다. 1924 년 MIT의 부쉬(Vannevar Bush)는 호손전기(Hawthorne Wire Works)에서 조명도 실험을 하였는데, 밝은 방의 작업률이 올라갈 것으로 기대했으나 결과는 방의 밝기와 상관없이 모든 실험집단에서 작업률이 올라갔음을 발표하였다. 1927 년 하바드 대학의 메이요(Elton Mayo)와 로스리스버그(Fritz Roethlisberger)는 다시 조명도 실험을 실시하였는데, 작업자들을 6 주마다 검사하여 신체적 생활습관의 변화를 검사하고 작업률에 어떤 영향을 주는지 관찰하였다. 그런데 어떤 변화에도 모두 작업률은 올라갔다고 한다. 이는 결국 어떤 다른 요소가 작업률에 영향을 미친다고 결론지었는데 아마도 작은 작업집단과 그리고 감시체제 등이 영향을 미쳤을 것이라고 추정하였다. 이는 인간이 기계가 아니라 감정을 가진 심리적 인격체라는 사실을 처음 깨닫게 한 실험이었다. 인간은 감정을 지니고 남과 어울리고자 하는 존재이며 작업현장 역시 하나의 사회적 장이라는 사실이다. 메이요 교수는 과학적 관리법의 신봉자로 조립공들의 작업 환경 즉 조명수준이 작업률에 영향을 미친다고 생각했지만 조명도는 전혀 상관없었고 어떤 다른 요소들의 변화에도 작업률은 일정하게 올랐던 것이다. 그것은 곧 자신들이 주목받는다는 심리 때문이며 또 집단내 비공식적으로 일일 생산량이 정해져 있었기 때문이었다.

02. 03. 02. 후기 인간관계론

후기 인간관계론은 인간을 합리적 존재가 아닌 사회적 존재로 간주한다. 인간은 자아실현의 주체이며 조직의 목표달성을 위한 개인의 성장과 발전을 중시하는 것이다. 인간은 사회적 관계 속에서 만족감을 느끼며 특정 업무를 달성하면 개인적 성취감을 느끼고 작업결과에 대한 동료와 집단의 태도에 반응하는 존재이다. 후기 인간관계론은 동기부여 이론의 발전에 공헌하였는데 대표적인 학자에는 아지리스, 맥그리거, 리커트 등이 있다.

첫째 **아지리스**(Argyris)는 **성숙-미성숙이론**을 주장하였다. 인간은 유아에서 성인으로 성숙해간다. 그러나 고전적 조직에서는 인간을 기계로 취급하고 성숙한 인간을 수용하기 어렵다. 신고전적 조직에서는 조직 내 성숙한 인간을 수용하기 위해 직무 확충, 참여적 리더십, 개방성 등이 요구된다.

둘째, **맥그리거(McGregor)의 XY이론**이 있다. X 이론이란 인간은 수동적으로 책임지기 싫어하고 지시 받기를 원하며 따라서 업무 수행의 효율을 위해서는 감독 통제가 강제되어야 한다는 것이다. 반면 Y 이론의 인간형은 능동적으로 책임지고 일하고 싶어하며 스스로 통제하므로 자발적으로 일할 수 있도록 해야 한다. X 이론이 고전적 이론을 정당화했다면 Y 이론은 인간의 성장적 측면을 강조한 새로운 관리체제의 인간관을 제공했다 하겠다.

셋째, **리커트(Likert)의 시스템 1-4 형**이다. 리커트는 조직구성원의 참여를 통해 조직 효과성이 향상된다고 하였다.[02] 시스템 1 형은 부하를 신뢰하지 않고 엄격한 명령계통으로 부하를 공포와 불신으로 몰아넣는다. 시스템 2 형은 부하를 신뢰하지만 그 관계는 주인 대 머슴의 종속관계이다. 상관은 은혜를 베푼다고 생각하지만 부하는 경계심을 늦추지 않는다. 시스템 3 형은 부하를 상당히 신뢰하여 많은 업무를 부하에게 위임하며 서로의 의사소통도 원활하다. 시스템 4 형은 부하를 전적으로 신뢰하여 의사소통이 원활하고 권한이 위임되며 책임도 분산된다. 리커트는 시스템 4 형이 가장 높은 성과를 내고 시스템 1 형이 가장 낮은 성과를 낸다고 하여, 조직성과는 리더십, 동기

---

02) 폴렛(Mary Parker Follett) 역시 조직에서 일하는 구성원들은 서로에게 영향을 미친다고 하며 함께 협동적으로 과업을 성취하는 능력이 중요하다고 하였다.

부여, 의사소통 등 조직 분위기를 구성하는 관리과정과 관계가 높다는 것을 입증하였다.

02.04. 개방적 합리모형(현대적 조직이론)

고전적 이론과 신고전적 이론은 조직 내부관리에 중점을 두는 폐쇄적 모형이다. 개방적 합리모형은 체계이론을 바탕으로 환경과의 상호작용을 전제로 하는 개방적 모형으로서 모든 조직은 생존과 발전을 위해 환경과의 상호작용이 필수적이라는 것이다. 개방적 합리모형의 장점은 생물유기체로서의 조직의 다양한 욕구가 **조직 환경**에 의해 영향을 받는다는 사실의 발견과 상황이론에 공헌한 점을 들 수 있다, 단점으로는 조직과 조직 환경을 구체적 · 실물적인 것으로 간주했다는 점과 체계 요소들 간의 상호관련성이 기능적으로 통합됨을 전제하여 조직의 상이한 요소들의 독립적 생존능력을 부정한 점 등을 들 수 있다.

02.04.01. 체계이론

체계이론은 조직을 둘러싼 환경을 강조한다. 체계이론에서의 조직은 상호 연결된 하위체계의 집합이다. 톰슨(Thompson)은 조직은 조직 내외의 환경요소를 고려한 **개방체계**라고 하였다. 개방체계로서의 조직은 수학, 공학, 컴퓨터를 기초로 한 계량기법을 이용하여 조직 구성요소를 조직 전체의 활동과 관련해 분석해야 하고 상이한 하위체계들 간의 조화를 위해 발생하는 역기능을 제거해야 한다.

02.04.02. 상황이론

로렌스와 로쉬(Lawrence & Lorsch)는 조직구조는 정해져 있지 않고 환경변화에 따라 달라진다고 하여 상황이론(Contingency Theory) 또는 상황적응이론을 주장하였다. 그들은 체계이론을 받아들여 조직은 체계로서 목적

달성하기 위한 하위체계들로 구성되어 있고, 하위체계는 환경과 반응하며 결국 개인과 하위체계는 환경의 변화에 적응하고 이는 곧 조직의 분화와 통합으로 나타난다고 하였다. 사회학과 산업공학을 기초로 관리형태와 리더십 등을 중점적으로 연구하였고 개방체계이론을 바탕으로 한 처방적 접근법과 하위부서의 특성별 전문화를 주장하였다.

02. 05. 개방적 사회모형(후기 상황이론)

개방적 사회모형이란 조직의 **비공식성과 비합리성**에 초점을 두고 규칙으로 설명되지 않는 비합리적 동기를 다룬다. 개방적 사회모형의 장점으로는 문화인류학을 중심으로 한 조직문화이론에 공헌했다는 점을 들 수 있고, 단점으로는 조직 내 구성원들의 자아실현의 장으로 충분한 역할을 하지 못하고 높은 도덕적 수준의 요구와 경쟁에서 협조체제로의 변화를 인식하지 못했다는 점을 들 수 있다.

02. 05. 01. 정보처리

와익(Weick)은 조직이 관심을 가지고 있는 것은 조직에 투입되는 정보인데 정보는 애매모호하고 불확실하기 때문에, 환경탐색, 해석, 학습과정을 통해서 또 구성원들의 다양한 해결방식을 통해서 공유될 수 있는 정보처리 방식을 이끌어내야 한다고 하였다.

02. 05. 02. 쓰레기통 모형

쓰레기통 모형은 매우 높은 불확실성을 가진 조직에서의 의사결정 유형을 설명한다. 조직 내 요소 즉 문제, 해결책, 참여자, 선택기회 등은 독립적 흐름들로서 섞여서 돌아다니다 쓰레기통을 비워야 하는 시점이면 그 중요성이 부각된다는 것이다. 결국 조직의 의사결정은 이러한 요소들의 우연한 결합에 의한 것이고 이러한 과정은 조직구성원들에 의해 학습되어진다.

쓰레기통 모형(Garbage Can Model)은 1972 년 **코헨(Cohen)**의 연구에서 시작하였는데, 그는 정치가 등이 문제를 수면 위로 부상시키고 우연한 기회에 정책의제화된다는 것을 보고, 조직은 풀어헤친 아이디어의 집합체이며, 문제, 해결책, 선택기회, 참여자의 네 요소가 독자적으로 흘러 다니다가 어떤 계기로 만나면 정책결정이 이루어진다고 하였다.

1970 년대 말 미국의 행정학자 제임스 **마치(March)**는 150 개 대학총장을 대상으로 대학 정책결정이 어떻게 이루어지는지를 조사했는데, 총장들은 사람을 만나고 회의에 참석하는 것으로 의사결정하는데 정책 결정자들에 의해 이루어지는 의사결정 과정은 흡사 쓰레기통이 일시에 비워지는 것과 같다는 얘기다. 의사결정 과정에서 평소에는 소모적인 논쟁이 되풀이되다가도 어떤 순간에 무슨 사건이 발생한다든지, 시기적으로 꼭 해결해야 할 시점이 되면 꽉 찬 쓰레기통이 비워지듯 문제가 한꺼번에 해결된다는 것이다.

02. 05. 03. 학습조직 이론

1990 년대 이후 이상적 조직으로서의 학습조직 이론이 등장하였다. 학습조직은 끊임없이 배우고 새로운 것을 창출하는 조직으로 핵심적 요인은 시스템 사고, 개인적 숙련, 사고모형, 공유비전, 팀 학습 등이다. 학습조직은 조직구성원이 학습할 수 있는 기회와 자원을 제공하고 지속적 변화를 유도한다. MIT의 **센게(Senge)** 교수는 조직의 지식과 정보의 중요성을 주장하고 지식의 구축이 조직 성패의 열쇠라고 하였다. 따라서 학습조직은 인간, 조직, 기술을 유기적으로 통합하여 끊임없는 학습을 통하여 지식을 축적하고 지식을 효과적으로 관리하며 지속적으로 변화해 나갈 것을 요구한다.

이상의 조직이론의 내용을 요약하면 <표 5-2>와 같이 정리할 수 있다.

표 5-2 • 조직이론의 요약

1900-1930	1930-1960	1960-1970	1970-현재
폐쇄적 합리모형	폐쇄적 사회모형	개방적 합리모형	개방적 사회모형
과학적 관리법 일반관리이론 관료제이론	호손연구 인간관계론	계량기법 체계이론 상황이론	후기상황이론 쓰레기통 모형 학습조직 이론
Taylor Fayol Weber	Mayo Argyris McGregor Likert	Thompson Lawrence & Lorsch	Weick Cohen March Senge
경제적 인간 기계적 인간 도구적 인간	사회적 인간 심리적 인간	사유적 인간 상호적 인간 복잡한 인간	비합리적 인간 비공식적 인간 학습적 인간
과업관리 시간과 동작 연구 계획 · 조직 · 지휘 · 조정 · 통제 분업과 전문화 계층제	인격체 인간 비공식조직 성숙형 인간 Y이론 시스템4형 민주적 리더십	의사결정 개방체계 상황적 리더십 처방적 접근법 특성별 전문화	정보처리 의사결정의 우연성 지식의 축적과 관리

조직 행태론

조직행태론의 이론은 개인, 집단, 조직차원으로 구분할 수 있다. 개인차원은 신상특징, 능력, 태도, 욕구와 동기에 관한 이론들이며, 집단차원은 집단역학, 갈등관리, 의사소통과 관련한 이론들이고, 조직차원은 조직문화, 전략경영, 경영혁신 변화 등을 다룬 이론들이다.

03.01. 개인차원

03.01.01. 신상특징

개인 신상특징(Biographical Characteristics)은 조직구성원들 사이에 공유되지 않는 개인의 고유한 **행태요인**이라고 할 수 있으며, 개성, 가치관, 태도, 지각, 동기, 학습 등의 개인 행태변수와 관련해 연구되었다. 그러나 개인

행태변수들이 조직 관리에 의해 변화되지만 개인 신상특징은 쉽게 변화되지 않는다. 개인 신상특징 변수로는 연령(Age), 성별(Sex), 결혼(Marriage), 부양가족의 수(Number of Dependents), 근무년수(Length of Service), 지위(Position), 출신학교(Alma Mater)의 7 가지가 있다. 그러나 조직에 따라서 건강, 종교, 국적, 습관, 고향 등의 다른 신상특징들이 고려되기도 한다.

조직에서 신상특징이 중요한 것은 신상특징이 생산성(Productivity), 결근률(Absenteeism), 이직률(Turnover), 직업만족도(Job satisfaction)와 같은 조직 개인의 행동에 영향을 미치기 때문이다. 나이가 많으면 이직률과 결근률은 낮고, 생산성은 영향이 없으며, 직업만족도는 올라간다고 한다. 성별의 차이는 생산성과 이직률에 영향을 주지 않지만 결근률은 여자가 높다고 한다. 기혼자는 결근률과 이직률이 낮으며 직업만족도가 높고, 근무경력이 긴 사람은 생산성이 높고 결근률과 이직률이 낮으며 직업만족도 높다. 물론 조직의 크기와 성격에 따라 다른 결과가 나오겠지만 관리자가 조직관리를 위해서는 신상특징을 파악해야 할 것이다.

03. 01. 02. 능력과 인성

능력에는 지적 능력과 신체적 능력이 있는데 능력과 직무가 제대로 연결되지 않으면 조직의 성과를 저하하게 된다. **지적 능력**이 뛰어난 사람에게 단순하고 반복적인 일을 시키면 생산성과 직업만족도는 낮게 나타날 것이다. **신체적 능력**은 큰 영향을 미치지 않지만 작업을 감당할 수 없을 정도라면 문제가 될 수 있다. 능력은 다음과 같은 4 가지 기술을 갖추었는가로 판단하기도 한다. 첫째, 전문적 기술이란 직무에 필요한 지식, 방법, 경험, 교육훈련 등을 말한다. 둘째, 인간관계 기술이란 리더십의 기술이며 상하급자 또는 동료와의 의사소통 기술이다. 셋째, 개념화 기술이란 복잡한 정보와 사건을 하나의 개념틀로 이해하는 기술을 말한다. 능력과 함께 **인성(Personality)** 역시 조직 행태에 영향을 미치는데, 내향성 또는 외향성, 위험 회피성, 자존심 정도 등에 관한 연구가 활발하다.

03. 01. 03. 태도

개인 신상특징의 태도는 직무만족도(Job Satisfaction), 직무포함도(Job Involvement), 조직몰입도(Organizational Commitment) 등으로 나타난다. **직무만족도**란 자신의 일에 대한 일반적 태도를 말하며, **직무포함도**란 자신이 맡은 업무의 파악 정도를 말하고, 조직몰입도란 조직에 대한 애착심을 말한다. 직무포함도란 업무를 성공적으로 달성하여 자신의 가치를 높이려는 의도가 농후하고, **조직몰입도**란 조직에 남고 싶어 하고 조직을 위해 더 노력하며, 조직 가치와 목표를 수용하려 하는 마음을 포함한다. 이러한 태도 수치가 낮으면 결근률과 이직률이 높고, 태도 수치가 높으면 조직을 위해 자발적으로 행동한다.

03. 01. 04. 욕구와 동기이론

개인의 동기부여에 관한 이론은 매슬로우(Maslow)의 욕구단계설에서 비록하였다. 그는 개인의 욕구를 생리적(Physiological), 안전(Safety), 사회적(Social), 존경(Self-esteem), 자아실현(Self-ctualization)으로 구분하고 계층에 따라 순차적으로 욕구가 발생한다고 주장하였다.

이러한 욕구이론은 **앨더퍼(Alderfer)**에 의해 ERG이론으로 계승되었다. 그는 매슬로우의 욕구를 3 단계로 축약하여 생존(Existence), 관계(Relatedness), 성장(Growth)으로 구분하였다. 즉 생존욕구란 생리적 욕구와 안전욕구이며, 관계욕구란 사회적 욕구와 존경욕구이고, 성장욕구는 자아실현의 욕구라고 할 수 있다. 또한 그는 하나의 욕구가 충족되면 다른 욕구가 발생하는 것이 아니라 동시에 두 가지 이상의 욕구가 발생하여 행동을 일으킨다고 하였다. 앨더퍼의 세 가지 욕구는 개인에 따라 다른데, 매니저는 직원의 다양한 욕구와 결합된 욕구를 인식할 수 있어야 하고, 그러한 욕구가 충족되지 않으면 낮은 수준의 욕구로 퇴행할 수 있고 이는 동기부여에 영향을 미친다는 사실을 알아야 할 것이다.

또한 **허즈버그(Herzberg)**는 인간의 만족과 불만족은 이원적 구조로서 불만족 요인을 제거한다고 해서 동기부여가 되지는 않는다고 한다. 불만요인을 제거하면 단기적 효과가 있지만 만족요인으로 동기부여하면 장기적 효과가 있다는 것이다. 허즈버그는 불만족 요인을 위생요인(Hygiene Factor)이라고 하고 만족요인을 동기부여 요인(Motivator)이라고 하였다. 동기부여 요인은 성취감, 칭찬, 책임, 성장, 승진 등이며 주로 자아실현과 관련된 요인들이다. 위생요인은 회사의 정책, 관리감독, 봉급, 작업조건, 대인관계 등이다.

이상의 내용을 요약하여 그 관계를 정리하면 <표 5-3>과 같다.

03. 02. 집단차원

03. 02. 01. 집단역학

집단역학(Group Dynamics)이란 조직 내 동태적으로 상호작용하는 집단의 특성을 설명하고 효율적인 집단행동을 위한 것이다. 집단역학은 주로 집단의 형성, 집단의 구조와 기능, 집단행동 그리고 집단행동이 다른 조직에 미치는 영향 등을 연구한다. 즉 **집단 내 구성원 간의 상호작용**을 통해 일어나는 행동과 현상, 집단 내 개인 간의 관계 및 다른 집단과의 관계에서 나타나는 동태적 현상, 집단의 보이지 않는 강압 등을 다루는 것이다. 따라서 집단역학은 최적 집단의 크기, 적정 집단의 구성, 다른 집단과의 접촉 방지 방법 등을 추구한다.

표 5-3 • 동기부여의 욕구이론

매슬로우(Maslow)	앨더퍼(Alderfer)	허즈버그(Herzberg)
생리적	생존	위생
안전	생존	위생
사회	관계	위생
존경	관계 성장	동기부여
자아실현	성장	동기부여

03. 02. 02. 갈등관리

갈등은 관리되지 않으면 당사자간 질시와 반목 등 부정적 감정표출을 유발시켜 소모적 갈등으로 변질될 가능성이 있다. 반대로 구성원들의 애사심으로 개인의 욕구보다 조직을 위해 이익이 대립되는 경우가 있는데 이는 **생산적 갈등**이라고 할 수 있다. 갈등관리에서는 조직 갈등의 정확한 원인을 규명하고 분류하여 관리방안을 마련하는 것이다. 방안으로는 규정과 절차(Rules and Procedure), 계층과 계급(Hierarchy), 계획(Planning), 중재역(Liason Roles), 태스크포스(Task Forces), 팀(Teams), 부서 통합(Integrating Departments) 등의 방법이 있다.

03. 02. 03. 의사소통

의사소통이란 정보를 교환하여 의미를 공유하는 것을 말한다. 조직 내 의사소통은 목표 달성과 성과에 직접 연관이 있으므로 의사소통이 제대로 이루어지고 있는지 평가하고 개선해야 한다. 조직의 의사소통에는 공식적 의사소통과 비공식적 의사소통이 있다. **공식적 의사소통**은 조직의 계층을 따라 상향적, 하향적, 수평적, 대각선으로 이루어지고, **비공식적 의사소통**은 공적 통로가 아닌 즉 계층에 관계없이 사적으로 의사전달이 이루어지는 것이다. 비공식 채널이 발달한 조직이 생산성이 높다고 하며 의사소통의 장애요인과 극복방안에 관한 연구가 주를 이룬다.

03. 03. 조직차원

03. 03. 01. 조직문화

조직문화란 **조직구성원이 공유하는 가치체계**라고 할 수 있다. 조직문화가 강하면 이직률이 낮고 조직 몰입이 높으며 소속감과 충성심이 높다고 한다. 그러나 조직문화가 강하면 변화를 두려워하고 현실에 안주하여 개혁하기 어려운 단점도 있다. 조직문화는 다양한 경로를 거쳐 습득된다. 첫째, 전설이다. 어느 조직이나 창립자 또는 설립자에 관한 전설이 존재한다. 하루 20 시간 근무하였다거나, 재정의 어려움으로 자살 일보 직전에 정부지원이 결정되었다는 등의 전설을 듣게 된다. 둘째, 특정 의식이다. 조직은 저마다의 독특한 의식이 있다. 매일 아침 체조를 한다든가 '친절왕' 을 뽑는 행사를 하는 것이다. 이러한 의식은 반복되면서 조직의 핵심가치로 자리 잡게 되고 조직문화가 된다. 셋째, 상징이다. 최고관리자가 직접 자사 광고를 설치한 소형차를 운전하여 출퇴근한다면 근검절약이라는 조직문화를 읽을 수 있을 것이다. 넷째, 전문용어이다. 같은 조직에 속한 사람이 아니면 전문용어를 알아듣지 못한다. 남들은 모르는 자기끼리만의 용어는 서로 간의 친밀한 관계를 갖게 하고 동류의식을 갖게 하는 것이다.

03. 03. 02. 전략

전략이란 조직의 목표 달성을 위한 포괄적 계획이다. 복잡하고 급변하는 환경 속에서 장기적으로 생존하고 성장하기 위해 전략은 필수불가결한 것이다. 전략이란 조직 내부의 역량과 조직외부의 환경을 분석하고 조직의 미래 방향을 결정하고 중장기 목표를 달성하기 위해 내려진 의사결정들을 실천하는 것이라고 할 수 있다. 조직의 전략이 필요한 것은 **조직성**과의 중요성 때문이다. 미래 성과의 예측과 성과달성을 위한 방법의 결정, 성과의 측정과 평가 등을 위해 전략이 요구되는 것이다.

조직의 전략이 필요한 것은 **외부환경**의 변화 때문이다. 정보화와 세계화가 진행되면서 조직 외부환경의 급격한 변화가 일어나고 있다. 조직의 최고관리자는 이러한 조직 환경의 변화에 대응하여 대규모의 자원을 동원하고 장기적인 영향력을 예측하며 미래 지향적인 의사결정을 해야 하는 것이다. 최근에는 전략실행을 위한 명확한 의사결정권, 원활한 정보흐름, 일관된 동기부여, 적절한 조직체계 등의 중요성에 대한 연구가 활발하다.

03. 03. 03. 경영혁신

경영혁신(Innovation)이란 조직의 목표 달성을 위한 새로운 기법과 방법으로 기존업무를 재설계하는 것이다. 즉 새로운 프로그램을 의도적으로 실행하여 기존의 조직구조와 관리형태를 본질적으로 변화시키는 것을 말한다. 이러한 **경영혁신의 방법**으로는 업무재설계(Reengineering), 조직개편(Restructuring), 학습조직(Learning Organization), 벤치마킹(Benchmar-King), BPR(Business Process Reengineering), ERP(Enterprise Resouce Planning) 등이 있다.

제6장

문화예술 경제학

01 문화예술 경제학의 개념

01.01. 문화예술 경제학의 정의

예술지상주의 즉 예술의 심미성을 위해 예술은 예술 자체를 위해서만 존재해야 한다는 다소 극단적 생각이다. 그러나 고대로부터 예술가의 예술 활동은 돈과 관련되지 않을 수 없었다. 더구나 문화정책의 전환으로 문화예술 향수자가 증대되고 이들을 위한 대규모 예술 활동이 정부와 시장에 의해 공급되면서 문화예술의 생산 · 유통 · 소비에 대한 학문적 연구가 필요하였던 것이다. 결국 문화예술 경제학이란 **문화의 가치나 문화의 생성 · 발전 · 확산에 대한 경제적 연구**이다. 예를 들면 음악, 미술, 문학 등의 경제적 가치를 측정하거나 이를 경제적으로 분석하는 것이다. 초기 문화예술 경제학은 공공경제학의 일부로서 정부지원과 사부문의 기업과 개인의 지원에 따른 예술조직의 재원조달과 배분을 다루었으며, 최근에는 문화산업과 문화상품에 관한 연구로 발전하였다.

01. 02. 문화예술 경제학의 등장 배경

문화예술 경제학의 창시자 **러스킨(Ruskin)**은 금전적 기준으로 사람의 능력을 평가하지 않고 문화와 인간성으로 평가해야 한다고 주장하였다.[01] 문화예술 경제학은 금전적 가치보다는 인간의 생명과 삶이라는 가치가 더 중요하다는 러스킨의 주장에서 시작하였다고 할 수 있다.[02] 러스킨은 돈벌이를 악으로 부정한 것이 아니었고 다만 문화와 인간성의 중요성을 갈파한 것뿐이지만 인권에 대한 생각이 없었던 당시의 영국사회는 이를 받아들일 수 없었던 것 같다.[03] 러스킨에게 있어서 부(富)란 금전적 가치로 사람을 평가한 것이고 풍요(豊饒)란 자연의 아름다움 가운데 인간 생명의 약동을 의미한다. 진정한 가치란 금전적인 것이 아니라 인간의 전인격적 발전에 기여하고 인간 생명력의 발휘에 공헌하는 것이다. 아름다운 꽃의 성질은 재화의 **고유가치**이며 이를 활용해서 심미적 능력을 발달시키는 것은 **유효가치**이다. 즉 재화의 고유가치를 향유할 수 있는 능력을 갖추고 고유가치와 향유능력이 인간 생명의 발달에 공헌했을 때 재화는 유효가치를 가지는 것이다.[04]

문화예술 경제학(Cultural Economics)의 시초는 1857 년 러스킨의 논문이라고 하지만, 본격적인 논의는 문화산업에 대한 경제적 분석이 시도된 1960년대부터라고 할 수 있다. **보몰과 보웬(Baumol & Bowen)**의 《공연예

01) 당시 영국의 경제학은 돈을 더 많이 버는 사람이 능력이 뛰어나며 기업 역시 금전적 이익을 크게 올려야 능력이 뛰어나다는 사고방식을 당연히 여겼다.

02) 러스킨의 문화예술 경제학적 내용은 당시의 잡지에 일부 기고되었지만 독자의 비난이 워낙 거세어 편집자가 게재를 중단하는 사태가 벌어졌다고 한다.

03) 러스킨의 문화예술 경제학은 다소 보수적 입장을 견지하고 있다. 러스킨에 의하면 예술적 감각은 천부적으로 타고 나는 것이며 남성에게 더 많이 있는 것이라고 한다. 또한 예술문화의 창조능력은 소수에 주어진 것이라고 하였던 것이다.

04) 러스킨은 재화의 고유가치와 향유능력이 만나기 위한 전제조건으로서 정직을 들었다. 정직은 사람들의 마음을 열어 대화가 가능하게 하고 인간 내면을 풍부하게 해서 창조능력을 높이는 조건이다. 또한 모든 일상용품에 예술성을 가미하여 예술성 높은 재화를 추구하게 하는 것이다. 이는 생산자도 제품의 품질을 향상시키고 노동자 역시 노동 자체가 삶의 보람이 되는 것이다. 러스킨의 문화예술 경제학은 바로 생활의 문화화이었던 것이다.

술의 경제적 딜레마(Performing Arts: The Economic Dilemma)》라는 논문을 필두로 문화예술 경제학 연구가 활발히 이루어졌지만, 이 시기의 연구는 주로 공연예술의 경제적 분석에 국한되었고 문화발전과 관련하여 폭 넓게 진행되지는 못하였다. 최근 문화경제학은 경제학자들뿐 아니라 정치학자, 사회학자, 심리학자, 행정학자들에 의해서도 연구되면서 문화관련 정부정책에 대한 경제적 분석으로까지 확대되고 있다.[05)]

---

05) 우리나라는 1990 년대 문화예술진흥원과 한국문화정책개발원 등을 중심으로 문화경제학 연구가 시작되었다.

문화예술 경제학의 발전

02.01. 초기 연구

문화예술 경제학이라는 용어는 근래의 일이지만 예술과 관련한 경제학적 문제는 이미 오래전부터 경제학자들의 관심의 대상이었다. 문화예술 경제학은 1970 년대 미국의 일부 경제학자를 중심으로 활발히 연구되었다. 당시 미국 사회는 문화예술에 대한 관심이 증대하고 문화예술 향수의 욕구가 확대되면서 정부도 문화예술의 중요성을 인식하고 문화예술 관련 조직과 기구를 신설하고 재정적 압박을 받는 예술조직의 **정부지원을 확대**하였다.

문화예술 경제학의 탄생은 대체로 **보몰과 보웬**(Baumol & Bowen)의 《공연예술의 경제적 딜레마》의 출판에서부터라고 한다. 여기서 딜레마는 소득이 증가할수록 공연비용이 증가하는 것을 말하는데, 결국 경제가 발전할수록 공연예술은 비용이 증가하고 재정적으로 더 어려움에 처하게 된다는 것이다. 이런 맥락에서 문화예술 경제학에 대한 초기 연구는 무어(Moore,

1968)의 《미국극장(American Theatre)》, 피콕과 위어(Peacock & Weir, 1975)》의 《시장의 조정자(Composer in the Market Place)》, 그리고 네처(Netzer, 1978)의 《창조적 활동에 대한 보조금(Subsidized Economics of the Performing Arts)》등이 대표적이다.

문화예술 경제학은 **공연예술의 만성적 재정압박**에 대한 연구로 시작되었다. 인플레보다 높은 공연비용의 상승은 예술조직의 생존을 힘들게 하였고 예술조직은 재원조달을 위한 다양한 노력을 강구하였다. 또한 공연예술의 시장실패에 대한 논의와 함께 예술은 실적재이기 때문에 교육과 마찬가지로 정부가 지원해야 한다는 주장이 제기되었다. 결국 문화예술 경제학은 공연예술이 겪는 재정 위기의 원인과 대책을 위한 경제학적 논의를 바탕으로 발전하였던 것이다.

02.02. 계량적 분석

예술의 심미성 추구라는 추상적인 목표를 달성하기 위해서는 **재정안정이라는 현실적 문제**를 해결해야 했으며 이를 위한 계량적 수단이 필요했던 것이다. 공연비용에 관한 자료를 수집하고 세부항목별로 계량적 분석이 이루어졌다. 공연 티켓을 더 많이 팔기 위해서 관람객을 대상으로 성향을 분석하는 등 계량적인 관객조사 기법이 발전하였던 것이다. 이러한 경제학적 분석과 계량기법은 예술조직의 피할 수 없는 재정압박의 문제를 해결하기 위한 정부지원의 정당성을 제기하였고 이후 문화예술이 지역경제에 미치는 영향[06] 등의 연구로 발전하였다.

1989 년 영국 예술위원회(The Arts Council of Great Britain)는 정책 보고서를 발간하여 **예술경제**(Arts Economy)의 중요성을 주장하였다. 보고서는 예술조직의 재정운영의 효율성을 강조하였는데 정부지원이 예술조직의

06) 예를 들면 런던의 빈민가인 동부 지역(East End)의 바비컨 센터, 미국 워싱턴의 케네디 센터, 뉴욕의 링컨 센터 등이 있다.

생존을 위한 적자 보전이라는 측면보다는 예술조직의 발전을 위한 성과 향상의 적극적 차원에서 이루어져야 한다고 하였다. 그 결과 예술조직의 실적을 바탕으로 수익에 비례하는 지원을 제공하였던 것이다.

02. 03. 합리적 선택 이론

문화예술 경제학은 **합리적 선택이론**의 한 분야로 연구되었다. 합리적 선택이론은 1992 년 베커(Gary Becker)의 노벨경제학상 수상으로 널리 알려지게 되었는데 이후 애로우(Kenneth Arrow, 1972)와 뷰캐넌(James Buchanan, 1986), 코즈(Ronald Coase, 1991), 노스와 포겔(Douglass North & Robert Fogel, 1993), 카네만(Daniel Kahnemann, 2002) 등으로 이어졌다. 최근에는 후생경제학의 입장에서 책을 쓴 헤일브런과 그레이(Heilbrun & Gray, 2001), 오허건(O 'Hagan, 1998), 가치 창출에 중점을 둔 트로스비(Throsby, 2001)를 들 수 있다.

문화예술의 특정 관점에서 저술한 것으로는 펠드스타인(Feldstein, 1991)의 《박물관 경제학(Economics of Museums》, 피콕(Peacoc, 1993)의 《음악의 경제학(Paying the Piper)》, 타우즈(Towse, 1993)의 《예술시장과 오페라 가수(Singers in Market Place)》, 모세토(Mossetto, 1993)의 《미학과 경제학(Aesthetics and Economics)》 등이 있다. 문화예술 경제학은 국제문화경제학회(Association for Cultural Economics International)에 의해 전 세계로 확대되었고, 국제예술경제학연구센터(International Center for Art Research in Economics: ICARE) 등의 연구소가 설립되면서 다양한 학문과의 학제간(Interdisciplinary) 연구가 이루어졌다.

02. 04. 심리학과 동기부여

문화예술 경제학은 금전적으로 이익이 되어 상업화할 수 있는 예술만을 다루는 학문이 아니라, 예술의 존재를 인정하며, 심미성의 가치, 명성가치, 유산가치, 교육가치 등의 무형의 가치를 실증적으로 규명하려는 계량적인 노력을 포함하는 것이다. 문화예술 경제학은 신고전학파의 분석방법과 함께 **심리학적 측면**까지지도 포함한다. 예를 들면 인간은 인식적 제약조건하에서 합리적으로 선택하지만 모든 사람의 객관적 기대효용 극대화를 추구하지 않는 경우도 있다. 부존효과(Endowment Effect)로 인한 골동품 소장자의 행동은 항상 바뀌며 이는 시장가격에 영향을 미치는 것이다.

문화예술 경제학에서는 예술가의 금전적 인센티브에 의한 **동기부여**를 다룬다. 달리(Salvador Dali)와 같이 돈의 중요성을 주장한 예술가들은 많이 있지만, 그들이 예술의 본연의 가치와 예술의 심미성 추구라는 '예술 그 자체로서 예술' 을 추구하지 않았다고 할 수는 없다. 예술가의 금전적 인센티브에 대한 동기부여 연구는 예술가의 정부지원과 관련하여 중대한 의미를 제공하는데, 예술가 개인에 대해 직접적으로 공적 보조금을 지원하는 방법과 세금면제와 같은 간접적 방법 중 어느 것이 더 예술가의 창작의욕을 고취시킬 수 있는 것인가 등의 논의에 유용하다. 동기부여 요인들과 요인들의 동태적 상호관계의 연구로 문화예술의 발전을 위한 정부지원의 효과를 극대화할 수 있을 것이다.

문화예술 경제학은 이제 막 걸음마를 시작한 신생 학문이다. 경제학에서는 일반적인 명제들을 과감히 넘어서는 **새로운 방법론**의 모색이다. 최근 발전한 컴퓨터와 통계기법들은 예술의 추상적, 심리적 측면을 실증적으로 분석할 수 있는 계량적 수단을 제공하였다. 클라머(Klamer, 1996) 교수의 저서 《문화의 가치(The Value of Culture)》에서는 예술가와 예술경영 관리자들의 논의와 담론을 통해서 통찰력을 제공해 줄 수 있을 것이라고 한다.

문화정책과 예술경영 03

문화예술 경제학의 내용

03.01. 문화예술 경제학의 성격

문화예술 경제학이 학문적으로 성립할 수 있었던 것은 경제학자들의 예술활동이라는 특수 영역에 대한 관심의 증가와 예술경영 관리자들의 재정압박과 재원조달 방법의 모색 등이 결합되면서였다. 문화예술 경제학은 경제학의 일반 이론들을 문화예술 분야에 적용시켜 본 실험적 노력의 결과로서 문화예술의 특수성을 감안한 **처방적 접근법으로서 응용경제학** 성격이 짙다고 하겠다.

문화예술 경제학의 **개념과 분석도구**로는 파레토 최적, 외부 효과, 실적재, 물가와 소득의 수요에 대한 영향, 고정비용과 유동비용의 차이, 평균비용과 한계비용의 구분, 희소 상품의 가격 등이다. 대표적인 학자에는 보몰(Baumol)과 보웬 (Bowen), 블라우(Mark Blaug), 시토프스키(T. Scitovsky), 피콕(A. T. Peacock), 핸던(William S. Hendon), 새너헨(Janes L. Shanahan) 등을 들 수 있다.

03. 02. 정부지원

문화예술 경제학이 가장 중요하게 다루는 내용은 **정부지원**에 관한 것이다. 문화예술 경제학은 시장원리가 적용되지 않는 공연예술의 특수성을 바탕으로 비용과 수익에 관한 통계자료를 분석함으로서 정부지원의 정당성과 방법을 연구한다. 따라서 문화예술은 **공공재**로서 일반 재화나 서비스와는 달리 비경합성(Non-Rivalry)과 비배제성(Non-Excludability)을 갖는다는 주장에서, 문화예술이 공공재와 사유재의 특성을 결합한 혼합재라는 주장까지 다양하게 전개된다. 문화예술은 완전경쟁의 시장원리가 적용되지 않는 시장실패 때문에 시장에서는 적정규모의 문화예술이 제공될 수 없으므로 정부지원이 필수적이다.

문화예술에 대한 정부지원이 지극히 정당하다는 논의는 문화예술에 대한 정부의 재정지원이 얼마나 효과가 있는가에 대한 연구보다는 문화예술이 사회에 유익하다는 믿음에 근거한다.[07] 문화예술 경제학에서는 이를 **외부효과 또는 비사용자 편익**(Non-user Benefits)으로 설명하는데, 문화예술 행위는 그 행위와 관련 없는 다른 사람들에게도 영향을 미치기 때문에 사회 전체에 유익하다는 것이다. 이러한 외부효과는 한 개인이 문화예술 활동에 참여하지 않더라도 문화예술의 존재 그 자체로도 이익을 얻는다는 **존재가치**(Existence Value), 사람들이 문화예술 활동에 참여하지 않더라도 미래에 언젠가 참여할 수 있으므로 이익을 얻는다는 **선택가치**(Option Value), 문화예술 활동에 참여하지 않더라도 후세에 문화적 유산으로 남기 때문에 이익이 된다는 **유산가치**(Bequest Value)가 있다.

03. 03. 예술시장의 공급과 수요

문화예술 경제학은 **예술시장**이 일반시장과 어떻게 다른지를 논의하고 예

---

07) 국가가 문화예술을 반드시 지원해야 하는가에 관한 규범적 논의는 로빈스(Lionel Robbins, 1963, 1971)와 피콕(Peacock, 1969) 등에서 설명되는데 이들은 모두 예술활동에 적극적으로 참여했다고 한다.

술시장의 형성요인과 수요 · 공급 · 유통 과정들을 다룬다. **예술 공급**의 논의는 주로 예술가의 양성과 예술작품의 창조와 관련된 것이고, 수요의 논의는 주로 관객과 감상객의 조사와 관련된 것이며, 유통의 논의는 다양한 미디어와 극장 등의 예술 공간의 연구와 관련된 것이다. 예술 공급의 입장에서는 예술가의 직업에 대한 경제학적 분석과 함께 예술가를 길러내는 교육과 훈련을 투자적 관점에서 접근한다. 예술가는 예술 창조의 근원이지만 이에 대한 투자는 그 성과가 매우 불확실하고 고용의 문제도 쉬운 일이 아니기 때문에 사회에 예술 공급원을 지속적으로 제공하기 위한 방안이 마련되어야 한다.

예술 수요에 관한 연구는 주로 관객조사가 많이 이루어지는데 관람객의 특징을 파악하고 유형별로 성향을 분석하여 마케팅에 활용한다. 관객조사와 같은 객관적 수요조사는 미래의 예술 수요를 예측하고 유통과 관련한 다양한 전달수단을 선택하는 데 도움을 줄 것이다.

03.04. 예술경영 연구

문화예술 경제학은 예술조직의 경영관리 연구를 포함한다. 예술경영은 예술조직의 기획과 조직구조 그리고 인력관리뿐 아니라 재원조달 방법의 장단점, 회계의 문제, 마케팅 전략 등을 포함한다. 최근에는 정부지원을 받기 위한 전략의 수립과 **재원조성** 기법에 관한 관심이 증대하면서 이에 관한 경제적 분석이 이루어지고 있다.

예술조직의 비영리 특성상 수익증대의 어려움이 있고 자체 수입만으로는 재정을 충당할 수 없기 때문에 정부지원과는 별도로 기업의 협찬과 개인들의 기부 유치를 위한 방법들도 논의되고 있다. 최근 기업의 마케팅적 사고에서 문화예술에 대한 지원이 증가하는 추세이므로 이에 대한 **경제학적 분석**이 요구되고, 정부보조금, 예술조직에 대한 세금감면, 기업과 개인의 기부금에 대한 세제혜택 등 정부의 직간접적 지원방법에 대한 다각도적인 경제학적 분석이 필요한 것이다.

03.05. 지역경제 파급효과

문화예술 경제학은 예술이 지역사회에 어떤 영향을 미치는지 연구한다. 즉 예술 내부의 문제뿐 아니라 거시적 관점에서의 **예술외부의 환경과의 관계**를 다루는 것이다. 즉 문화예술이 지역사회의 경제와 산업에 미치는 영향, 고용증대, 인구 유입, 관광산업의 증대, 지역 상권의 활성화 등의 경제적 효과에 대한 연구이다.

03.06. 정치적 영향력

문화예술 경제학은 문화예술의 정치적 영향력에 대한 연구를 포함한다. **정치경제학**의 발전으로 다양한 정치현상에 대한 경제학적 분석이 활발해지면서 문화예술의 정부지원에 대한 정치적 영향력 분석과 같은 연구도 가능하게 되었다. 정부보조금의 직접적 지원 또는 세금감면과 규제 등을 통한 간접적 지원의 결정에는 모두 정치적 고려가 스며들어 있는 것이다. 결국 정부지원은 정부의 정책결정이며 정책결정은 정책과정을 통해 정치적 영향을 받을 수밖에 없는 것이다.

또한 예술인협회와 같은 이익집단의 로비나 예술가들의 **집단행동**에 의해서 정책이 달라질 수 있는 것이다. 문화예술 경제학의 정치적 영향력의 차원은 국제적 문화예술 교류가 증대되는 현재 국제 예술시장에서의 다양한 요인들과의 관련 속에서 연구될 필요가 있다. 순수 예술가에 의해 만들어진 예술, 시장에서 상업적으로 만들어진 예술, 민주적 정책결정으로 만들어진 예술, 정부 관료에 의해 만들어진 예술, 지역에서 만들어진 예술, 국제시장을 대상으로 만들어진 예술 등은 모두 예술가, 관료, 기업, 시민, 시장의 정치적 영향력의 결합에 의한 것이다.

문화정책과 예술경영 04

문화예술 경제학의 이론

04.01. 문화예술의 공공재적 성격

문화경제학은 문화예술 작품의 시장을 일반시장과는 다른 것으로 보았다. 예를 들어 피카소(Picasso)의 그림을 통해 사람들은 인간 생명력의 충만함을 만끽하는 것이다. 그런데 그 그림을 한 사람의 소장자가 거액을 주고 구입하여 거실에 걸어둔다면 **감상하는 사람들은 극소수**에 불과하게 된다. 이는 세계적 명화가 고작 몇 사람에게만 공개되는 것으로서, 예술가의 작품을 통해 더욱 많은 사람들이 느끼고 삶의 행복을 가질 수 있는 기회를 박탈하게 되는 것이다.

예술작품은 투기의 목적이 아닌 많은 사람들이 무료로－최소한 저렴한 가격으로－감상하고 이를 통해 인간 생명력을 발휘할 수 있게 해야 한다. 따라서 소유자는 그림을 박물관에 기증하거나 최소한 일반에게 공개해야 할 것이다. 이는 예술조직과 예술 활동에 금전적 기부를 하는 것과 똑같은 사회봉사인 것이다. 그림은 소비해도 없어지지 않으며 많은 사람들에게 편익을 제공하는 **공공재적 성격**을 갖는다. 자연의 아름다운 경치와 역사적 유물 그리고 고전적 건축양식 등 역시 이러한 공공재적 성격을 갖는 것이다.

또 다른 문제는 그림에 대한 투자가 투기로 연결될 수 있다는 것이다. 시장에서는 예술가와 소비자를 중개상이 연결하여 그림에 대한 가치가 평가되고 경매를 통해 가격이 책정된다. 그러나 실제로 그림을 산 자산가는 그림 감상의 예술적 목적이 아닌 **재산 보전의 수단**으로 이용한 것일 수 있으며 따라서 그에게 있어서 그림 매입은 주식투자와 같은 투기의 목적일 뿐이다.

시장에서의 예술작품은 금전적 가치와 문화적 가치에 의해 평가된다. 그런데 예술작품의 경우 그 가치는 구매자의 감상능력에 크게 좌우된다. **감상능력**은 경험을 통해서 향상되는데 이는 문화교육이 많은 영향력을 미친다. 학교에서부터 다양한 작품을 감상할 기회를 많이 가지면 자연히 작품에 대한 친밀감이 생기고 감상능력이 높아지는 것이다.

또한 감상능력은 정부의 **문화시설 지원**이나 투자와도 관련이 있다. 누구나 미술관을 쉽게 방문할 수 있고 예술가의 작품을 다양한 미디어를 통해 접할 수 있다면 주민들의 감상능력은 높아질 것이다. 미국 문화경제학의 대표적인 학자인 보몰과 보웬(Baumol & Bowen, 1966)은 문화예술에 대한 정부 지원의 필요성을 세 가지로 들었다. 첫째, 정부는 예술문화 작품의 공연과 전시 기회를 적극적으로 지원하여 소비자가 평가할 수 있는 기회를 자주 제공해야 한다. 둘째, 소비자가 시장에서 우수한 문화예술 작품을 선정할 수 있도록 해야 한다. 셋째, 문화교육을 통해 주민의 문화향수 능력을 키워야 한다.

04. 02. 문화예술의 경제적 특성

경제학은 시장에서 상품이 어떻게 생산, 유통, 소비되는가를 다룬다. **문화예술 경제학은 문화가 시장에서 어떻게 생성, 확산, 향유되는가를 분석**하는 것이다. 문화예술을 상품으로 보았을 때 시장에서 나타나는 경제적인 특성에 대해 알아보자.

첫째 우선 문화예술 상품의 가치는 기술발전보다 인간의 창의력에 의해 좌우된다. 창의력은 오랜 경험과 축적된 노하우(Know-how)에 의해 발휘되므로 문화예술 상품의 생성에는 장기간의 노력이 필요하다. 즉 시장에 문화예술 상품이 등장하기까지는 오랜 시일이 소요되고, 인적자본의 투자에 대한 **회수기간이 길다**는 것이다. 예를 들면 오페라 공연을 위해서는 창작과정과 연습과정을 포함하여 일정 기간 이상의 준비기간이 필요하다. 어떤 과정도 생략할 수 없으며 충분한 연습기간을 거치지 않으면 성공할 수도 없다. 따라서 신기술의 개발이나 시간과 노력의 절약으로 문화예술의 비용을 절감할 수 없다. 문화예술은 노동집약적이다.

둘째, 공연을 무대에 올리기 전까지 많은 비용이 투입되는데 이를 회수하려면 관객의 수가 어느 정도에 도달해야 하지만 공연이 성공한다는 보장도 없는 상황에서 투자를 받기가 쉽지 않다. 경제적으로 얘기하면 일반적인 투자수익률보다 낮으므로 **시장에서의 투자**가 이루어지지 않게 된다. 이처럼 문화예술 상품의 생성에는 초기에 대규모 비용이 소요되는 경우가 많고 공연실패의 위험성으로 개인이 투자하기가 어렵기 때문에 제도적 지원이나 정부지원 없이 문화예술 상품이 시장에서 생성되기는 어려운 것이다.

셋째, 문화예술 상품의 생성에 있어 **인적자본**이 중요한 이유는 이를 다른 생산요소로 대체할 수 없기 때문이다. 제조업의 경우 값싼 노동력을 사용하거나 신기술 개발로 생산비의 감소를 통해 상품가격을 낮출 수 있지만, 문화예술 상품의 경우 어느 누구도 노하우(Know-how)나 창의력을 대신할 수 없으며 노동절약적 신기술로 대체할 수도 없어 비용을 줄일 수 없다. 또한 문화예술 상품 생성을 위해 인적자본에 투자한다면 이는 다른 목적으로 사용되지 못한다. 즉 인적자본에 대한 투자는 다른 상품의 생산에 사용될 수 없으며 매몰비용(Sunk Cost)이 되는 것이다. 따라서 이러한 인적자본에의 투자를 사장시킨다면 이는 사회적 비용으로 전가된다.

넷째, 문화예술 상품이 시장에서 제대로 확산되지 않는 것은 문화예술 상품이 공공재적 성격을 갖는 경우가 많으며 외부효과를 가지고 있기 때문이다. 시장에서 공공재로 제공되거나 외부효과가 있는 경우 필연적으로 **무임승차**의 문제가 발생한다. 공공재적 성격이 있다면 문화예술 상품에 값을 지불하려 하지 않고, 외부효과가 있는 경우에는 누군가가 값을 치를 것이라고 생각하여 문화예술 상품을 구입하지 않으려 할 것이다. 예를 들면 길거리의 조형물이나 벽화를 위해 기꺼이 돈을 지불하려 하는 사람은 거의 없을 것이다.

다섯째, 문화예술 상품의 확산이 어려운 또 하나의 이유는 문화예술 상품의 **소유권을 보호**하기 어렵기 때문이다. 예를 들어 음악과 같이 무형의 지적 저작물의 경우 시장에서 보호되지 않으면 누구도 시장에 내놓지 않으려 할 것이고, 이는 궁극적으로 문화예술 상품의 확산을 막고 생성 자체를 어렵게 한다.

여섯째, 문화예술 상품의 향유는 제조업 상품의 소비와 다른 특징을 가지고 있다. 문화예술 상품은 생성에서부터 **소비자의 적극적인 참여**가 요구된다. 제조업은 마케팅을 통한 소비자 조사에서 수요가 낮다면 생산을 포기하겠지만, 문화예술 상품은 소수의 매니아층의 적극적 참여에 의해서도 생성된다. 또한 문화예술 상품의 향유는 소비자들의 지식과 경험을 요구한다. 예를 들어 클래식 음악이나 판소리는 교육과 훈련을 받지 않은 보통사람들이 즐기기는 어려운 문화예술 상품이다.

04. 03. 문화예술 수요의 특성

04. 03. 01. 기호

기호(Taste)란 소비자들의 선호이다. 소비자들의 입맛 즉 기호에 따라 상품의 수요가 달라지는데 기업들이 마케팅을 통해 소비자가 원하는 상품을 제공한다. 만약 소비자의 기호가 달라지면 새로운 상품이 그 자리를 대신한다. 그러나 문화예술 상품에 대한 기호는 마케팅의 광고와 같은 외부적 영향력에 의해서 형성되기가 어렵다. 그 이유는 문화예술 상품에 대한 기호 또는 선호는 단시일 내 이루어지는 것이 아니라 **오랜 경험과 지식에 의해 후천적으로 습득**되는 것이기 때문이다. 문화예술 상품의 향유에 소비자들의 적극적인 참여가 요구되는 것이나, 소비자 자신이 지식이나 기술을 습득해야 문화예술 상품을 제대로 즐길 수 있는 것도 이와 같은 맥락이다. 문화예술 상품에 대한 기호는 후천적으로 개발되고 습득된다. 따라서 문화예술 상품의 수요를 진작시키기 위해서는 개인이 경험과 지식을 가질 수 있는 다양한 기회를 상당 기간 제공해 주어야 한다.

04. 03. 02. 가격 탄력성

수요의 가격 탄력성이란 가격의 변화에 따라 수요가 얼마나 크게 달라지는가를 말한다. 그 상품의 대체재가 있는 경우에는 가격 탄력성이 크고, **대체재**가 없는 경우에는 가격 탄력성이 적다.[08] 문화예술 상품의 경우 그를 대신할 대체재가 거의 없으므로 가격 탄력성이 적다. 베토벤의 〈운명 교향곡〉을 대신할 음악이 있는가? 문화예술 상품은 후천적으로 개발되고 습득된 기호를 충족시키기 위한 것이므로 대체재가 존재하지 않거나 대체하는 것이 쉽지 않다.

또한 자신이 원하는 문화예술 상품을 위해서는 얼마든지 돈을 지불하려고 하기 때문에 가격 탄력성이 적다. 따라서 가격이 오른다고 해서 수요가 크게 줄어들지 않는다. 마찬가지로 가격 탄력성이 적은 경우 가격을 내리더라도 수요는 크게 오르지 않는다. 문화예술 상품의 접촉기회가 없어 축적된 경험이 없는, 즉 기호가 없는 사람에게는 가격이 오르든지 내리든지 전혀 상관이 없는 것이다. 따라서 문화예술 상품은 **가격 비탄력적**이라고 할 수 있다. 생필품인 쌀의 경우 가격이 오른다고 밥을 굶거나 가격이 내린다고 밥을 많이 먹는 것이 아닌 것처럼, 문화예술 상품의 수요도 가격에 크게 좌우되지 않는 것이다.

04. 03. 03. 소득 탄력성

문화예술 상품의 수요가 가격에 대해 비탄력적이라면 소득증가에 대해서는 어떨까? 만약 소득이 증가하여 문화예술 상품에 대한 수요가 급속도로

08) 대체재(代替財)란 그 상품이 없는 경우 이를 대신 할 수 있는 상품을 말한다. 예를 들면 쌀 대신 보리 또는 밀이 대체재라고 할 수 있다.

증대된다면 이는 소득 탄력적이라고 할 수 있다. 그러나 실증적 연구결과들은 문화예술 상품의 수요가 소득증가에 따라 크게 증가하지 않음을 보여준다. 그것은 문화예술 상품의 향유가 시간과 관련 있기 때문이다. 소득이 증가하면 여유시간에 대한 가치가 증가한다. 그런데 문화예술 상품을 즐기기 위해서는 상당한 시간을 투자해야 하므로 가치가 높아진 시간을 희생해야 하는 것이다. 따라서 소득증가는 여유시간을 늘리게 되고 높아진 시간가치의 희생은 문화예술 수요의 증대보다는 문화예술 **수요의 질적 차원**을 증대시키는 것이다.

따라서 문화예술 상품은 소득 비탄력적이다. 예를 들어 가요를 좋아하는 사람이 있다고 하자. 소득이 증가하면 그가 더 많은 가요 음반을 사게 되는가? 물론 어느 정도는 그럴지 모르지만 대체로 더 많은 시간을 가요 듣기에 투자하든가 아니면 노래를 직접 부르기 위한 공부에 시간을 투자하게 된다. 즉 소득의 증가가 가요 음반이라는 문화예술 상품의 수요를 크게 증가시키지 않고 질적 차원의 변화를 야기한다는 것이다.

04. 04. 문화예술 공급의 특성

04. 04. 01. 측정

제조업의 상품은 계량적으로 측정이 가능하고 이는 시장에서 가격으로 나타난다. 그러나 문화예술 상품은 가치를 **계량적으로 측정하기 어렵다**. 문화예술 상품은 양적인 측면보다 질적인 측면이 더 많으며, 이러한 질적인 측면은 측정하기 어렵기 때문이다. 예를 들어 바이올린 연주회의 성과를 어떻게 측정할 수 있을까? 연주가의 만족, 평론가의 판단, 관객의 즐거움, 공연기획의 성공 등 어떤 것이 성과를 나타내는 것일까? 공연 시간, 공연 횟수, 청중의 수 등은 정확한 측정수단이 될 수 없다. 한 시간의 공연이 30 분 공연의 두 배라는 것은 그 공연의 질적 성과와는 전혀 관련이 없다. 공연 횟수 역시 문제가 되지 않는다. 제대로 연주하지 못한 다섯 번의 연주보다 제대로 된

한 번의 공연이 더 의미가 있기 때문이다. 청중이 많아도 무료입장권으로 시간을 때우러 온 사람들뿐이라면 공연의 성과는 없는 것이다.

04. 04. 02. 생산비용

문화예술 상품의 생성은 인적자본에 의한 것이 많아 기계로 대치할 수 없으며 그 결과 신기술의 개발에 따른 **생산성 향상**이 이루어지지 않는다. 비록 기술발전이 문화예술 상품의 생성, 확산, 향유에 편의를 제공해 주기는 하지만 생산성 향상에 큰 영향을 주지는 않는 것이다. 예를 들어 최첨단 관람시설이나 무대장치 등은 문화예술 상품의 향유에 편리함을 더해 주지만 문화예술 상품 자체의 생성을 위한 창의력을 대신해 주지는 못한다. 제조업은 생산성이 향상되면 생산비용이 절감된다. 그러나 문화예술 상품은 생산성 향상이 어려워 생산비용의 절감이 이루어지지 않는다.

문화예술 상품의 노동은 수단이 아니라 목적이며 산출물이므로 시간당 생산량을 측정하는 것은 무의미한 것이다. 따라서 문화예술 상품은 제조업과는 달리 계속적으로 **생산비용이 인상**되고 그 결과 문화예술 상품의 가격은 상대적으로 비싸지게 된다. 비싼 가격은 시장의 소비자들을 유인하지 못하고 문화예술을 소수의 전유물로 전락하게 할 위험이 있다. 이러한 문제는 문화예술 상품의 생산자들을 재정적으로 압박하고 그 결과 문화예술 상품 생성을 포기하거나 아예 상업주의로 흐르게 하는 부작용을 낳기도 한다. 재정적 압박은 실험적 성격이 강한 문화예술 상품의 시도를 어렵게 하여 문화발전을 저해하게 된다.

04. 05. 정부지원의 정당성

생산성 시장에서의 기술의 발전은 노동비용을 상쇄할 수 있다. 그러나 문화예술 작품의 경우에는 **생산성 향상**이 불가능하고 따라서 노동비용을 상쇄할 수 없다. 교향곡 1 편을 완성하는데 걸리는 시간은 기술발전으로 단축되지는 않는 것이다. 이는 오로지 모차르트(Mozart)와 같은 천재에 의해 될 뿐이다.

문화예술 작품은 공공재(Public Goods)이다. 거대한 벽화(Mural) 또는 조각의 경우 한번 설치되면 분할하여 다른 곳에 보낼 수 없으며 예술 감상에 있어 누구도 배제되지 않는다. 벽화는 한 사람이 감상하는 것이 다른 사람을 감상을 방해하지 않으며 비경합적이다. 비배제성과 비경합성이 적용되는 재화는 **공공재**이다. 공공재는 시장에서는 무임승차의 문제가 발생하므로 정부가 제공해야 한다. 물론 벽화나 조각에 사람이 몰려 혼잡을 초래한다면 사회적 비용을 줄이기 위해 울타리를 치고 요금을 내는 사람에 한해 관람을 하게 할 수도 있다. 이때의 벽화나 조각은 요금재(Toll Goods)로서 준공공재라고 할 수 있을 것이다.

문화예술 작품은 **가치재**(Merit Goods)이다. 소비자들이 원하지 않는 상품은 시장에서 제대로 공급되지 않는다. 소비자들은 예술에 대한 진정한 가치를 이해하지 못한다. 따라서 예술은 시장에서 낮은 수준으로만 제공될 뿐이다. 교육과 같이 문화예술 작품 또한 실적재로서 공공의 복지에 기여하므로 정부가 시장에서의 공급을 도와주어야 하는 것이다.

문화예술 작품은 **외부효과**가 있다. 긍정적 측면에서 인간성을 고양시키고 국민의 교화와 민족정신과 애국심을 고양시킨다. 따라서 정부는 이러한 문화예술 활동의 경우 보조금을 지급하여 적극적으로 지원할 필요가 있다. 그러나 부정적 측면의 외부효과도 있다. 예를 들면 폭력과 선정성이 강한 헐리우드(Hollywood) 영화의 범람으로 청소년들의 정서를 불안하게 하고 무분별한 외래 풍조에 물들게 하는 것이다. 정부는 이를 막기 위해 심의와 검열 또는 등급제 등의 정책으로 규제한다.

문화예술 작품은 개인의 것이 아닌 사회 전체의 것이다. 이는 사회민주주의 패러다임(Paradigm)과도 연관이 있는데, 경제적 · 사회적 평등뿐 아니라 **문화적 평등**도 이룩되어야 한다. 공연 티켓이 너무 비싸 가난한 사람은 문화적 감상 기회를 박탈당할 수 있고 문화에서 소외될 수 있는 것이다. 따라서 정부는 보조금을 지급하여 가난한 이들도 문화를 즐길 수 있도록 해야 한다.

그러나 정부지원의 문제는 국가의 문화권력이 독점될 수 있다는 사실을 간과해서는 아니 된다. 제 2 차 세계대전 이후 유럽의 경우 국민들 스스로 문화를 사랑하고 예술을 애호하여 자발적으로 조직을 만들고 정부는 이를 간접적으로 지원하는 형태를 취했다. 그러나 소련과 동유럽은 전통적으로 국가가 문화정책을 기획하고 담당하면서 중앙집권적 문화정책이 국가의 풍부한 자금으로 일시적인 성과를 거두기는 하였으나, 이데올로기의 실현 수단으로 변질된 경우가 많았던 것이다. 결국 국가주의적 문화정책과 독점적 정부지원은 어용 문화예술인과 체제수호적 문화예술인을 양성할 우려가 다분한 것이다. 따라서 정부는 겸허한 지원자의 역할을 해야 할 것이며 **예술의 자유와 정부지원의 양립**을 가능하게 하는 제도를 마련해야 할 것이다.

문화정책과 예술경영 **05**

문화예술 경제학의 역할

05.01. 문화정책과 예술경영의 과학화

문화예술 경제학은 문화예술의 여러 문제들을 계량적 수단으로 분석함으로써 예술경영과 문화정책의 **객관적 과학화**에 공헌하였다. 특히 그 동안 합리적 경영관리에 큰 관심을 갖지 않았던 예술조직은 비용편익분석(Cost Benefit Analysis: CBA)과 같은 경제적 분석으로 적정 가격을 결정하고 체계적인 마케팅 기법으로 관람객 수를 증대시키는 등 예술조직 경영의 효율화를 꾀할 수 있었다.

그러나 예술의 심미적 가치에 대한 **본질적 특성**을 경제적으로 분석한다는 것은 쉬운 일이 아니다. 이런 맥락에서 문화예술 경제학은 예술활동의 경제적 측면을 강조하여 예술의 본래 의미를 망각하게 할지도 모른다는 우려가 있다. 문화정책 담당자와 예술경영 관리자 모두 관료나 기업가 또는 사회사업가 역할만을 하는 것이 아니라 그들의 의사결정이 예술의 심미성 추구라는 본질적 차원을 고려할 수밖에 없다는 것을 이해해야 한다.

문화예술 경제학 연구결과들은 정부의 문화정책 입안에 있어 필요한 **객관적 자료**들을 제공한다. 정부의 예술정책의 정당성을 주장하고 합리적 근거를 마련하기 위해 연구결과들이 사용될 수 있는 것이다. 문화정책에서 가장 중요한 것은 정부지원에 관한 것인데 어느 예술가와 예술조직에 얼마만큼의 지원을 할 것인가의 결정은 명확한 계량적 근거에 의해서 이루어져야 하는데, 문화예술 경제학은 이러한 결정을 위한 유익한 정보와 자료를 제공할 수 있는 것이다.

문화예술 경제학의 연구들은 예술의 심미성만을 추구하던 예술가들에게 **실무적인 경제**의 중요성을 깨닫게 해 주었다. 예술 그 자체에만 전념하면 된다고 생각한 예술가들이나, 가만히 앉아서 정부의 보조금만 기다리거나 기업의 지원과 시민의 기부만을 기다리던 예술경영 관리자들에게, 객관적 자료에 의한 문제 제기와 이를 해결하기 위한 방안의 합리적 선택을 위한 정보의 중요성을 깨닫게 하여 경제적 마인드를 갖게 해 주었다. 그러나 문화예술 경제학이 모든 문화예술 분야의 현상을 분석할 수는 없다. 문화예술 경제학은 합리적이고 객관적인 분석으로 **몰가치적 · 몰미학적** 성격을 지향하기 때문에 장기적 문화예술 진흥보다는 단기적 정책결정이 될 가능성이 큰 것이다.

05. 02. 예술시장의 가치판단

문화예술 경제학은 시장이라는 틀에서 문화예술 상품에 대한 가치를 판단한다. 예술시장이 일반시장과 같은 역할을 할 수도 있다. 따라서 **예술시장**은 효율적이며 개인의 다양한 예술적 기호를 충족시킬 수 있다. 때로는 예술의 심미성을 추구하는 예술 전문가들보다 시장이 빠르게 반응하기도 한다. 예를 들면 미술의 인상주의는 당시에 파리의 비평가로부터 인정받지 못했지만 이미 시장에서 높은 가격으로 거래되고 있었던 것이다. 이런 맥락에서 그램프(Grampp, 1989)는 시장원리의 완전한 적용으로 예술을 전적으로 시장에 맡길 것을 주장한다.

그러나 외부효과와 무임승차 등에 의한 **시장실패**는 정부의 개입으로 개선될 수밖에 없다는 주장도 존재한다. 문화예술 분야의 소비자들은 조직화되어 있지 못하므로 예술가 또는 예술조직의 일방적 독주에 대응할 수 없다. 결국 시장이냐 정부의 개입이냐의 문제는 문화예술 관련자들의 **가치판단**에 달려 있는 문제이다.

시민의 직접적 참여가 문화예술에 공헌한다는 믿음은 **정부개입**으로서 다양한 문화예술을 지원하는 정책을 만들게 한다. 이러한 경우 정부지원의 독점적 위치가 문화예술의 방향을 유도할 수 있기 때문에 이를 방지할 수 있는 시장의 개입이 요구된다. 반면에 문화예술을 **시장의 경쟁**에 맡기게 되는 경우에는 시장진입의 장벽을 제거하고 공정한 경쟁이 이루어질 수 있는 제도와 법을 마련해야 한다. 또한 예술의 심미성 추구를 방해하지 않도록 표현의 자유가 강력히 보장될 수 있는 방안이 마련되어야 할 것이다

예술시장과 민주주의

06. 01. 저급예술과 고급예술

문화예술과 관련된 시장과 민주주의의 역할에 관해서는 시장에서는 질 낮은 예술이 생산되는가와 예술을 민주주의에 맡길 수 있는가의 문제로 귀결된다. 대부분의 사람들은 **시장이 수준 낮은 예술을 생산한다**고 믿고 시장의 대중문화와 저급한 상업예술을 비판한다. 따라서 시장이 아닌 국가가 개입하여 문화예술을 직접 생산하거나 지원하여 질적 수준을 유지해야 한다는 것이다.

그러나 **대중문화**는 모두 저급예술이라는 등식도 성립하지 않지만[09] 시장이 저질의 대중문화만 생산한다는 주장은 더 더욱 실증적 근거가 없을 뿐 아니라 사실과도 다르다. 시장은 철저히 수요와 공급에 의해 움직인다. 저급예술이 시장에 존재한다는 것은 그것을 원하는 수요가 있다는 것이다. 따라서 시장에서 **고급예술**에 대한 수요가 존재한다면 시장에서도 고급예술을 생산해 낼

09) 영화가 대중문화라고 해서 저급문화라고 할 수는 없다.

수 있는 것이다. 다양한 고급예술이 공연되는 국제적 예술축제들과 국제영화제들이 많이 있는데 대부분은 정부가 개입하지 않고 민간이 주도한 것들이다.

그런데 무엇이 고급예술이고 무엇이 저급예술인가? 옛날 귀족이 즐기던 예술은 고급이고 노동자가 즐기던 예술은 저급인가? 이는 개인의 주관적 가치판단의 문제이지 객관화하거나 일반화할 수는 없다. 문화가 변동하는 것과 같이 예술의 **심미성에 관한 주관**도 변화할 것이다. 고급예술과 저급예술의 구분은 무의미하다. 이는 단지 시대상의 문화와 동시대 사람들의 공유하는 가치체계의 반영일 뿐이다.

06. 02. 문화예술 정책의 결정자

06. 02. 01. 다수결의 원칙

예술을 민주주의에 맡길 수 있는가? 예를 들면 문화정책을 국민들의 투표로 결정하는 것이다. 그런데 문제는 국민들의 가치판단이 항상 옳지 않다는 것이다. 대중은 우매하다는 주장처럼 대중은 무엇이 좋은 예술인지 모르고 **저급예술에 투표하기 쉽다**는 것이다. 또한 모든 사람이 투표에 참여하지 않기 때문에 모든 사람의 의견이 반영되지도 않는다. 투표에 있어서 다수결의 원칙은 중위투표의 법칙에서와 같이 항상 조금 낮은 수준에서 더 많은 정책을 요구하게 될지도 모른다. 문화예술을 민주주의에 맡기는 것은 위험한 일이기 때문에 일반대중보다 현명한 누군가가 필요하다.

06. 02. 02. 예술가

예술에 관한 것은 생산자인 예술가 스스로 제일 잘 알고 있지 않을까? 그러나 예술가가 다른 장르의 예술을 얼마나 잘 판단할 수 있을까? **예술의 심미성**은 장르에 따라 다를 수밖에 없다. 예술가들은 자신의 세계에 빠져 있는 경우가 많아 다른 장르를 판단하기 어렵다. 예술가들의 자기중심적 성향 외에도 누구를 예술가로 볼 것인가의 문제도 해결해야 한다. 정규 예술교육을 받은 사람, 전문 작가, 예술가협회 회원 등 누구를 예술가로 할 것인가? 톱스타 배우는 예술가인가? 단역으로 출연한 경험이 있으면 예술가인가? 그냥 취미삼아 그림을 그리는 아마추어 화가는 예술가인가? 예술가의 범주를 어떻게 하느냐가 정책의 성격을 결정짓게 될 것이다. 예술가의 범주가 어떤 집단을 포함하는가에 따라 보수주의 예술과 진보주의 예술, 순수예술과 대중예술, 고급예술과 저급예술 등의 선호가 달라질 수 있는 것이다.

06. 02. 03. 문화예술 전문가

문화예술에 관한 결정은 문화예술 전문가가 적임자일 것 같다. 예술조직의 관리자, 비평가, 예술협회와 단체의 장, 예술경영과 문화정책의 학자들이 일반대중들보다 현명하지 않을까? 그러나 예술 전문가들은 보수적이며 현실적일 수밖에 없다. 그들이 맡고 있는 현재 이 시점에서의 예술이 중요한 것이지 다른 새로운 예술 장르가 개발되면 그들은 갈 곳이 없기 때문이다. 정부지원을 받기 위해 국가가 요구하는 이념의 선봉자가 되기도 하고 기업의 협찬을 받기 위해 슬쩍 간접광고를 해야 하기 때문이다. 무엇보다도 전문가들에게 중요한 것은 돈이다. 이는 예술의 심미성 추구보다는 예술이 **상업적으로 이용**될 가능성이 더 크다는 것을 의미한다. 전문가들에게 실험적 작품이란 단기적 관점에서 돈이 될 것인가가 더 중요할지도 모른다.

06. 02. 04. 정치가

민주주의는 예술의 결정에 있어 정치가들의 역할이 중요하다. 정치인들이 일반대중보다 교육수준이 높고, 예술 관련 전문적 지식을 갖고 있으며, 지역구 주민들의 의견을 반영할 수 있다는 점에서 적임자라고 볼 수도 있다. 그러나 정치인들은 투표에서 이기기 위해 노력할 뿐이다. 예술에 대한 자신의 신념이나 국민의 요구와는 달리 이익집단의 로비에 무너질 수밖에 없다. 관료와 기업가에게 둘러싸여 **민의를 제대로 수렴**하지 못하고 정당의 거수기 노릇을 하는 등 그 역할에 의문이 들 때가 많다.

06. 02. 05. 관료

문화예술에 관한 결정은 대부분 정부의 문화예술 관련 관료에 의해서이다. 관료들은 그 분야에서 오랫동안 전문적 지식을 쌓은 사람들이다. 그러나 이들 역시 **예술의 정치화**에서 자유롭지 못하다. 정치가를 비롯한 기업과 각종 이익단체들의 로비에 넘어갈 수 있는 것이다. 관료들은 지금까지 관계를 맺어 온 예술가와 예술조직 등의 이해관계에서 자유롭지 못하기 때문에 그들에게 불리한 결정을 내리기는 쉽지 않다. 관료들의 결정은 대체로 현재 존재하는 예술조직들에게 유리하며 신생 예술조직들에게 불리할 수 있다. 왜냐하면 또한 관료들은 일반적으로 보수적이고 현상유지를 원하며 혁신과 개혁을 멀리하는 경향이 있다.[10)]

06. 03. 문화예술 경제학의 미래 방향

민주주의에서 다수결 원칙의 문제나 대중보다 현명한 엘리트를 선정하는 문제는 어려운 일이다. 최근 문화예술 경제학은 **정치경제학**의 연구방법들을 이용하여 예술 결정에 관한 투표의 문제와 엘리트 선택의 문제 등을 연구하고 있으며, 법제도적 차원에서 예술에 대한 결정을 연구하고 있다. 문화예술 경제학은 합리적 선택이론을 바탕으로 **심리학과 정치학** 등 다양한 학문과의 결합을 통해 문화예술의 가치와 효과에 대해 연구한다. 문화예술 경제학의 주제는 크게 5가지로 나누어 i) 예술에 대한 정부지원, ii) 예술시장의 수요 공급과 관련한 경제적 분석, iii) 예술조직의 경영관리, iv) 외부환경과의 상호작용, v) 정치적 영향력 등이다. 그러나 무엇이 예술에 있어 중요하며 누가 결정할 것인가의 문제는 아직도 문화예술 경제학이 해결하지 못하고 있으며 이는 민주주의라는 이념과 함께 계속 논의되어야 할 것이다.

---

10) 심하면 무사안일주의와 복지부동으로 비난을 받는다.

제 7 장

문화예술 조직환경의 변화

문화예술 환경의 변화

01.01. 과학기술의 발전

20 세기 후반의 정보통신기술의 발전은 **컴퓨터와 인터넷**으로 다양한 미디어의 활용을 가능하게 하였다. 멀티미디어와 뉴미디어는 사이버와 결합하면서 우리의 사고와 행동방식을 변화시켰고 다양한 새로운 장르의 예술형태가 등장하였다. 대표적인 것으로 비디오 아트, 사이버 소설, 하이퍼 픽션, 팝페라, 크로스 오버 음악, 컴퓨터그래픽 등을 들 수 있다.

이처럼 과학기술의 발전은 예술의 범위와 영역을 넓히기도 하였지만 많은 사람들을 **예술의 생산에 참여**시켰다는 점이 더 중요하다. 이전에는 예술가만이 예술을 창조하였지만 이제는 누구나 마음만 먹으면 예술을 창조할 수 있게 되었다. 과학기술의 발전은 예술의 창조뿐 아니라 유통과 소비에도 영향을 미쳤다. 이전에는 예술작품이 알려지기까지 상당한 시간이 소요되었지만 지금은 인터넷을 통해 즉시 전 세계에 전달된다. 디지털 기술의 발전은 전문가와 비전문가의 경계를 허물고 누구나 예술의 생산 · 유통 · 소비에 참여할 수 있게 된 것이다.[01)]

01.02. 대중문화의 발전

1980 년대 후반 신문, 잡지, 케이블 TV 등 매체시장이 급격히 성장하면서 대중문화가 발전하였다. 대중문화는 문화산업의 성장에 기여하였고 한류 열풍과 함께 **대중문화에 대한 인식**도 크게 향상되었다. 예전에는 클래식은 고급예술이고 대중음악은 저급예술이라는 고정관념이 있었지만 이제는 장래희망이 가수와 배우인 학생이 많다. 영화 한편의 수출이 자동차 수출보다 더 많은 부가가치를 가지며 연예인이 문화의 첨병인 시대가 된 것이다.

이처럼 대중문화가 발전하고 우리에게 거부감 없이 받아들여지게 된 것은 1980 년대 이후 소비자본주의의 확산이 기여한 측면이 있지만 대중문화의 수출과 함께 **문화산업의 성장**이 주된 원인이라고 생각된다. 예전에는 경제적 문제로 문화는 뒷전이었지만 이제는 문화가 경제를 발전시키는 동인이라고 생각하는 것이다. 생활의 문화화에서 **산업의 문화화**로 옮아가게 되어 상품의 디자인과 미적 감각이 더 중요해지고 기업의 이미지와 광고가 더 중요하게 되었다. 또한 주 5 일제 근무와 함께 여가생활의 비중이 커지고 문화예술과 결합된 관광과 여행이 늘어나면서 대중문화의 발전이 가속화되었다. 대중문화는 더 이상 'DDR(딴따라)' 가 아니고 고부가가치를 창출하는 예술이며 문화예술이 경제와 정치의 필요조건이라는 인식이 증가하고 있는 것이다.

---

01) 흔히 생산자와 소비자가 결합된 프로슈머(Prosumer)가 대표적 예이다. 자신이 극본 쓰고 캠코더 하나 들고 영화를 찍고 편집해서 인터넷 동영상 사이트에 올리면 한 편의 영화가 완성되어 배급된 것이다.

01. 03. 문화산업의 발전

문화예술 경제학에서 시장의 상품은 예술작품이다. 예술작품은 인간 정신의 고양이며 아름다움의 발휘를 위한 것이다. 예술작품 그 자체의 완성이 **창조자의 즐거움**인 것이다. 예술의 본질인 심미성의 추구라는 입장에서는 결코 돈이 결부되지 않는다. 누가 시키지도 않았는데 자기 돈을 들여 고철더미를 사서 공룡과 같은 철골 구조물을 만드는 작가가 있다. 자기가 좋아서 하는 일이다. 누가 돈을 주고 시켜도 하지 않을 일을 스스로 즐거움으로 하는 것이다.

그런데 예술이 상품이 되면 돈과 결부된다. 가격이 매겨지고 가격에 따라 수준의 고하가 결정된다. 예술이 상품으로 전환되면 **이윤 창출의 도구**로 전락하게 된다. 따라서 순수예술의 경우 항상 시장으로부터 멀리 떨어져 있었으며, 근대사회 이전에는 왕과 귀족의 후원에 의해서 유지되었고, 그 이후에는 정부지원과 기업의 도움으로 유지되어 왔던 것이다.

그러나 이제 순수예술도 문화산업의 상품으로 시장에 나오고 있다. 이는 예술가들의 생활고 때문이기도 하지만 많은 부분 **문화예술에 대한 인식의 변화** 때문이다. 누구나 예술작품을 창작할 수 있고 대중문화도 저급하게 취급받지 않으며 어떤 실험적, 창의적, 모험적, 전위적 예술도 시도가 가능하다는 인식의 변화가 진행되고 있다. 순수예술의 예술조직들도 더 이상 정부지원에만 매달릴 수 없게 되었고 팝페라 등 대중예술과의 접목을 시도하게 된 것이다. 과학기술의 발전 특히 다양한 미디어의 발전은 예술시장의 영역을 무한대로 넓혔고 이제 예술은 가상공간의 시장에서 무한경쟁을 펼치게 되었으며 문화콘텐츠의 축적으로 문화산업으로 발전하게 된 것이다.

01. 04. 신자유주의 세계화와 문화다양성

신자유주의는 IMF 경제위기와 함께 우리의 생각을 많이 변화시켰다. 직장에서 연공서열이 무너지면서 능력위주의 성과주의가 최고 가치로 등장하여 무한 경쟁 속에서 약육강식의 사회로 변화한 것이다. 세계화는 이러한 판을 더 키운 꼴이어서 최첨단 기법으로 무장한 젊은 능력가들에게 모든 것을 빼앗길 수밖에 없게 만들었다. 그러나 신자유주의와 세계화는 승자독식이라는 문제 때문에 필연적으로 **문화다양성**을 침해한다. 예를 들면 국제 금융시장에서의 투자협정은 '로컬 콘텐츠'(Local Contents)의 규정으로 세계표준(Global Standard)을 강제로 적용시킨다. 투자협정의 핵심 쟁점은 의무이행강제의 금지조항인데 이는 국내 생산량을 달성하도록 하는 일체의 특혜를 금지하는 것으로 미국이 우리의 스크린쿼터제 철폐를 요구하는 빌미가 된 것이다. 이처럼 신자유주의와 세계화는 그 성격상 민족문화의 발전을 침해하고 문화예술의 상업화와 **산업의 문화화**를 추구하게 한다.

01.05. 문화욕구의 변화

소비자본주의는 문화비용의 상승을 야기한다. 향수자 중심의 문화정책의 전환과 함께 대중문화의 발전과 문화산업의 성장은 필연적으로 문화욕구를 증대시킨다. 경제성장 이후 문화에 대한 갈증, 대중문화에 대한 긍정적 인식의 변화, 어렵게 여겼던 순수예술보다 쉬운 대중예술로의 접근성 확대, 여가시간의 증대, 과학기술의 발전, 문화복지 개념의 등장 등은 **문화욕구에 대한 양적 증대**를 야기하였다. 고급예술의 문화에서 삶의 방식으로서의 문화 즉 생활의 문화화로 전환하면서 문화욕구는 더욱 증가하게 된 것이다. 결국 문화욕구의 증가는 삶의 질을 위한 문화의 중요성을 인식하고 예술을 쉽고 가깝게 즐길 수 있도록 하고 문화의 위상이 높아진 환경의 변화에 의한 것이라고 할 수 있다.

문화욕구에도 큰 변화가 있었다. 우선 순수예술에 대한 욕구가 약화되었다. 1980년대 초반까지도 대학생들은 클래식 음악을 듣고 두꺼운 고전소설 한권 정도는 읽어야 된다고 생각했지만 이제는 대학생들이 힙합을 듣고 스포츠 신문을 읽는다. 문화예술의 경제적 측면이 부각되고 문화산업이 발전한 결과 **대중문화가 획기적으로 성장**하였다. 순수예술은 상업성의 부재로

밀려나고 있으며 미학적 가치보다는 돈벌이로서의 상품성을 먼저 따지게 되었다. 문화욕구가 변화한 것은 다분히 소비자본주의와 관련이 있다. 1980 년대 이후 다양한 전자제품이 생산되고 이는 일상생활의 패턴을 완전히 바꾸어 놓았다. 가전제품은 가사노동을 절약하게 하고 여가 시간을 TV, 컴퓨터, 인터넷, 영화, 외식, 관광 등에 사용할 수 있게 하였다. 특히 인터넷의 영향력은 폭발적이어서 '아이러브스쿨'과 '싸이월드' 등은 사회적으로 파급효과가 컸다. 이미지와 기호가 중요한 의미를 지니며 사이버 공간에서 아바타(Avatar)가 자신을 대신하고 스스로 연출하고 제작하는 1 인 다역의 시대가 도래한 것이다.

01.06. 문화예술 환경의 전망

과학기술의 발전, 문화의 상품화와 산업의 문화화, 신자유주의와 세계화 경향의 확대, 대중문화의 발전, 소비자본주의의 확산과 문화욕구의 증대, 정치 경제 사회의 문화적 영향력 확대 등으로 문화예술 환경은 **끊임없이 변화**할 것이다. 첨단 과학기술이 예술 자체를 창조해 낼 수는 없다. 문화산업은 순수예술의 바탕 없이 성장할 수 없다. 문화다양성을 인정하지 않는 세계화는 성공할 수 없다. 대중문화가 아무리 많이 발전하더라도 순수예술이 사라지지는 않는다. 앞으로도 많은 새로운 장르의 새로운 예술들이 등장할 것이다. 문화예술 환경의 변화는 사회의 정치적, 경제적, 문화적 변화와 밀접한 관련이 있으며 적어도 다음과 같은 세 가지의 인간 생활의 변화에 영향을 받는다.

첫째, **노동시간의 단축과 여가시간의 확대**이다. 세계적으로 일하는 시간은 줄어들고 있다. 은퇴연령도 점차 낮아지고 있다. 노령사회로 진입하면서 더 오래 살게 되고 더 많은 여가시간을 갖게 된다. 과학기술의 발전으로 예술생산의 도구가 다양해지고 일반인의 접근성이 확대되었다. 그러나 첨단 과학기술 자체가 노동시간 단축에 기여하는 것 같지는 않다. 과학기술은 발전하지만 세상은 더 살기가 팍팍해지고 일은 더 많은 것 같다는 느낌은 왜일까? 자본주의의 한계 때문이다. 기술의 발전은 자본가에게는 큰 이익이 될지 모르나 노동자에게는 큰 이익이 되지 않는다. 기계가 자동화되면 노동자는 그 전보다 더 많은 일을 하도록 강요받기 때문이다. 이러한 맥락에서 문화의 상품화와 산업화 역시 이들을 상품 생산의 노동자로 전락시킨다고 볼 수도 있다.

둘째, **문화예술의 공공성**에 대한 인식이다. 인간정신을 위한 문화예술의 중요성을 인식하고 문화민주주의 관점에서 모든 사람들이 문화예술의 혜택을 받을 수 있어야 한다. 국가의 문화적 개입이 어떻게 어떤 식으로 이루어지는가는 문화예술의 형성에 큰 영향을 미친다. 문화예술의 공공성은 개인의 문화예술 활동에 있어 성, 연령, 소득, 계급, 지역 등의 요인에 의해 차별받지 않는 것이다. 이러한 인식을 확립하기 위해서는 박물관과 미술관 같은 문화기반 시설의 배치부터 형평성 있게 이루어져야 한다. 주민들에게 문화예술의 생산, 유통, 소비에 있어 보편적 접근권을 제공해 줄 수 있어야 한다. 정보통신기술의 발전은 이러한 측면에서 디지털의 이점을 살려 큰 공헌을 할 수도 있지만 무엇보다 사회적으로 공정하게 혜택이 돌아가도록 하는 것이 중요하다. 결국 문화예술의 공공성을 어떻게 정의하고 어느 분야에서 어느 정도까지 인정할 것인가에 대한 인식이 문화예술 환경을 변화시키는 것이다.

셋째, 예술가와 예술조직 그리고 예술관련 정부기관의 역할이다. 문화예술은 휴머니즘의 재생산을 위한 것이어야 한다. 세상은 진화하고 새로운 능력의 새로운 사람들을 필요로 한다. 그들에게는 첨단기술이 필요한 것이 아니라 인간을 사랑하는 따뜻한 마음이 필요하다. 문화예술의 역할은 이러한 사람들을 많이 만들어 내는 것이다. 문화예술 환경의 변화를 인지하고 이에 대응하기 위한 정책을 결정하는 사람들은 누구인가? 사람들이 문화예술의 자본주의적 상품관계를 지양하고 휴머니즘의 재생산을 위한 문화예술 활동을 할 수 있도록 독려하는 주체는 누구인가? **문화예술의 결정**은 예술가, 예술조직, 예술관련 관료, 기업, 시민 모두의 가치판단의 결합에 의한 것이다. 물론 예술의 정치화에서 보는 것과 같이 권력과 정치력에 따라 신자유주의적 소비자본주의에 함몰되기도 하겠지만, 사회의 바람직한 발전을 원하는 많은 개인들이 있는 한, 문화예술의 환경은 올바른 가치판단에 의해 변화해 나갈 것이다.

문화정책과 예술경영 02

예술조직의 외부환경

02.01. 변화하는 환경과 예술조직의 경쟁력

지금까지 예술조직은 재원조달을 주로 정부지원이나 독지가의 기부에 의존하면서 자생력을 키우지 못했다. 그러나 예술조직의 수가 많아지고 신자유주의 이후 경쟁이 치열해지면서 막연히 지원을 기다리고 있다가는 존립이 위태롭게 되었다. 이처럼 예술조직을 둘러싼 외부환경의 변화는 급속도로 변화하고 있다. **변화하는 환경**에 적응하지 못하는 예술조직은 목적을 달성하기 어렵거나 도태당할 수밖에 없는 것이다. 예술조직의 운영에 영향을 미치는 외부환경으로는 경제적(Economic), 정치적(Political), 법적(Legal), 문화적(Cultural), 사회적(Social), 인구학적(Demographic), 기술적(Technological), 교육적(Educational) 등 예술조직과 관련한 모든 요소들을 포함할 수 있다.

미국의 경우 1950 년대와 1960 년대 포드재단을 통한 지원으로 많은 예술조직이 설립되었고, 이들은 변화하는 환경 속에서 서로간에 **치열한 경쟁**을 야기하였다. 예를 들어 한 도시에서 바이올린 독주회를 기획하고 있다면 연주 기간 동안 다른 예술조직의 발레 공연과 교향곡 연주회 등과 경쟁할 수밖에 없다. 따라서 자신의 예술조직 환경의 변화를 재빨리 감지하고 적절한 대처를 하는 것이 경쟁에서 살아남는 길이라는 것을 깨닫게 되었던 것이다. 이를 위해 예술조직은 체계적 과정의 감시를 통해서 예술조직에 가장 영향을 미치는 요소가 무엇인지 발견해야 하고 내부적 조직과정에 필요한 수요가 무엇인지 알아내야 한다는 점에서 **예술경영의 관리**가 필요한 것이다.

02.02. 자료수집

조직환경의 변화를 감지하기 위해서는 정보가 필요하고 이를 위한 **자료수집**이 요구된다. 자료수집의 근원으로는 관객(Audiences), 다른 예술집단(Other Arts Groups), 이사회와 관리자(Board and Staff Members), 언론(Media), 전문가 위원회(Professional Meetings and Associations), 외부 전문가(Consultants) 등이 있다. 예술조직에 따라서 관객 또는 기부자를 더 중시하는 경우가 있고 이사회와 경영진의 책임을 더 중시하는 경우가 있어 자료수집의 대상도 달라지지만 대체로 **관객조사**를 통해 자료수집이 이루어지는 경우가 많다.

외부환경의 변화를 감지하기 위해서는 예술조직 내부적으로 계속적인 평가가 이루어져야 한다. 지체평가를 통해 조직을 감시하는 과정이 필요한 것이다. 이를 위해 예술조직은 정보를 수집하고 분석하는 기술적 능력이 필요하다. 정보수집 방법으로는 **내용분석(Content Analysis)**을 주로 이용하는데 이는 책, 신문, 방송, 인터넷 등을 통한 정보 수집을 말한다. 내용분석에서는 미래의 경향과 현재의 실무에 관한 단서를 제공해 주는 정보를 찾는 것이다. 그러나 경향이 장기적인 것인지 아니면 일시적인 유행으로 그치고 말 것인지는 잘 판단해야 한다. 예를 들어 그 지역의 인구의 증가는 예술조직의 서비스 확대를 야기할 수 있지만 일시적인 '마카레나' 댄스 붐이라면 곧 사라질 것이다. 최근의 인터넷과 웹의 발전은 이러한 정보수집에 큰 공헌을 하였다.

02. 02. 01. 관객

관객(Audiences)은 가장 중요한 정보수집 대상이다. 왜 특정 예술조직의 공연 티켓을 사는지, 공연 중 무엇을 좋아하고 무엇을 싫어하는지, 그리고 만약 이 공연을 보지 않았다면 다른 어떤 예술 공연의 표를 사고 싶었는지 등에 대한 것들을 관객들에게 물어보는 것이다. 관객들에게 묻는 이유는 그들과 **의사소통**하기 위한 것이다. 예술조직은 관객들이 원하는 것을 제대로 알아야 할 필요가 있다. 예술조직의 서비스에 관해 소비자들이 어떤 생각을 하는지는 미래 예술조직의 방향을 결정짓는 데 중요한 단서가 되기 때문이다. 관객조사를 위한 방법으로는 출구조사, 프로그램에 끼운 설문조사, 전화 서베이, 작은 규모의 인터뷰 등이 있다.

02. 02. 02. 다른 예술집단

정보수집을 위해서는 다른 예술집단(Other Arts Groups)의 사례를 연구하기도 한다. 실제로 많은 예술조직들은 서로 의사소통하며 **정보를 공유**한다. 다른 예술조직들과의 의사소통은 서로에게 많은 도움을 준다. 때로는 **컨소시엄**(Consortium)을 형성하여 합동으로 예술 달력을 발간하기도 하고 서로에게 아이디어를 얻고 추세에 대한 정보를 얻기 위해 협력하는 것이다.

02. 02. 03. 이사회와 관리자

이사회와 관리자(Board and Staff Members) 역시 중요한 정보 제공자이다. 예술조직 내부의 내용은 **내부 관리자**들이 가장 잘 알고 있다. 대부분의 이사들은 다른 분야에서 활약하면서 세계정세와 국내정치 등 탁월한 식견을 갖고 있는 경우가 많으므로 이들을 통해 **외부환경의 변화**를 들을 수 있고 무엇보다 정부 보조금과 관련한 정치적 정보를 입수할 수 있을 것이다. 사내

회의를 통해 정보를 수집할 수도 있고 제안함을 통해 비공식적 집단의 정보를 입수하는 방법도 고려해 볼 수 있다.

02. 02. 04. 언론

예술조직은 언론(Media)을 통해서도 많은 정보를 수집할 수 있다. 신문, 방송, 인터넷 등은 외부환경에 대한 최신 정보를 제공하는 주요 요소이다. 또한 언론은 정보수집뿐 아니라 홍보를 위해서도 중요하다. 언론은 예술조직의 홍보를 위해서 무척 중요한 매체인데 예술조직 간 홍보의 경쟁이 치열하여 **언론을 이용한 홍보**는 결코 쉽지 않다. 지역사회 공동체에 예술 공연 소식을 알리기 위해서는 매체의 역할이 절대적으로 필요하다. 따라서 평소에 미디어와 친분을 쌓고 신용을 얻어 둘 필요가 있는 것이다.

그러나 언론을 이용한 홍보에는 단점도 있다. 예를 들어 전위예술을 공연하였는데 언론에서 소개되기는 외설성만 강조될 수도 있는 것이다. 언론은 특성상 예술의 작품성보다는 대중이 좋아할 외설성에 더 초점을 두고 대중의 관심을 끌려고 할 것이기 때문이다. 언론은 정부 보조금 지원과 관련된 뉴스보다는 언제나 대중적인 외설성을 더 보도하려 한다는 점을 예술조직은 명심해야 할 것이다. 따라서 예술조직의 대 언론 전략은 항상 미리 친분을 쌓아두고 관리하며 **긍정적 이미지**를 심어주기 위해 노력해야 한다는 것이다. 예를 들면 지역사회의 홍보와 공공 프로그램의 소개 등이 긍정적 이미지를 줄 것이다.

02. 02. 05. 전문가 위원회

예술조직은 각기 저마다 전문 예술분야를 다루기 때문에 전문가 위원회(Professional Meetings and Associations)를 통한 정보수집이 적절한 경우가 많다. 모든 예술조직은 학계와 다른 단체들과 위원회 등으로 연결되어 있다. 따라서 **정기적인 회의**를 통해 많은 정보를 입수하도록 노력한다. 때로는 **학술대회**를 갖기도 하는데 이러한 기회를 충분히 이용하면 적은 노력으로 많은 정보를 입수할 수 있을 것이다. 이러한 전문가들의 조언은 매우 중요하므로 충분히 받아들이도록 해야 한다. 전문가 위원회와 학술대회를 통해 예술조직은 조직 내부의 조직과정에 대한 문제점 지적뿐 아니라 새로운 기술의 진화와 미래 예술조직의 발전에 관한 많은 정보를 얻을 수 있을 것이다.

02. 02. 06. 외부 전문가

때로는 예술조직이 외부 전문가(Consultants)에게 상담을 의뢰할 수도 있다. 물론 금전적 비용은 상당히 들겠지만 조직 성패의 기로에 서게 되면 존립을 위해 최후의 수단으로 선택해야 할지도 모른다. 경영 컨설턴트를 통한 상담도 정보를 입수할 수 있는 방법이다. 외부 전문가는 **외부의 시각**에서 예술조직을 바라보기 때문에 더 냉철하고 객관적인 시각으로 볼 수 있으며 조직에 꼭 필요한 정보를 제공해 줄 수 있다.

02. 02. 07. 기타

그 외에도 정부의 **출판물과 통계자료** 등이 훌륭한 정보자원이 될 수 있다. 인구조사 통계라든가 경제지표 등에서 정보를 입수할 수 있다. 물론 민간부문의 은행과 사기업의 보고서 등에서도 정보를 입수할 수 있을 것이다.

02. 03. 경제적 환경

예술조직에 직접 영향을 미치는 외부환경 가운데 가장 중요한 것은 경제적 환경이라고 할 수 있다. 예술조직의 경제적(Economic) 환경에는 정부의 재정정책과 한국은행의 이자율 변동, 조세관련 법률의 제정과 개정, 무역적자, 국제환율, 유가, 인플레이션 등이 있다. 예술조직의 예산은 **경제적 상황의 변화**에 따라 정기적으로 수정되어야 한다. 경기가 좋지 않을 때는 예술관련 지출이 줄어들며 기부금도 줄어들기 때문이다. 만약 지진 · 해일과 같은 자연재해와 재난이 발생하는 경우 정부재정을 압박하고 그 결과 문화예술에 대한 정부지출이 삭감될 수 있다. 또한 경제불황으로 정부의 세수가 줄어들면 예술관련 정부 보조금이 삭감될 수도 있다.

02. 04. 정치적 환경

정치적(Political) 환경은 예술조직의 수가 증가하면서 보조금을 지원 받기 위한 경쟁이 치열해지므로 중요한 변수로 등장하였다. 미국의 경우 1965년에 NEA가 탄생하기 전까지는 예술조직이 정치적 환경에 큰 신경을 쓰지 않았다. 그러나 이후 예술조직이 늘어나자 지원금과 보조금을 타기 위한 치열한 로비전이 전개되었고 **예술의 정치화**가 이루어졌다.

실제로 예술조직의 목적과 사명 또는 사업성과와는 관련 없이 **정치적 로비**에 의해 보조금을 타내게 되면서 정치적 환경의 중요성이 배가되었던 것이다. 또한 최근에는 민영화의 거센 바람 속에서 폐지되거나 규모가 축소되는 예술조직들이 늘어나면서 생존을 위한 로비가 처절하게 요구되자 예술조직의 정치적 환경에 대한 중요성이 요구되었다. 경제 불황으로 세수가 줄거나 재난재해와 같은 위기관리와 북한 지원과 같은 지출이 발생하면 정부는 필연적으로 지출수준을 줄이기 마련인데 가장 먼저 고려되는 것이 문화예술 관련 지출인 것이다. 따라서 이를 막기 위한 예술조직들의 정치적 노력이 요구되는 것이다.

02. 05. 법적 환경

대부분의 정책들은 법에 의해 시행된다. 즉 법이 제정되지 않으면 정책이 실행될 수 없는 것이다. 따라서 **새로운 법이 제정되거나 개정되는 경우**에도 예술조직이 영향을 받을 수 있다. 예를 들어 건물을 지을 때 건축비의 일정 부분을 예술작품 설치에 사용하라는 법이 제정되거나 이러한 법이 예술 작품 설치의무가 아닌 공공 공간의 확보를 의무화하는 것으로 개정되는 경우 예술조직들은 영향을 받게 되는 것이다. 결국 예술조직들은 그들의 이해관계에 따라서 법의 제정과 개정을 위해서 로비를 하거나 또는 법의 제정과 개정을 저지하기 위해서 로비를 벌이게 된다.

공연장에 장애자를 위한 좌석 설치를 의무화하는 법이라면 공연예술의 비용이 증가한다. 따라서 금연, 직장 내 성희롱, 의료보험 등과 관련된 법의 제정과 개정이 예술조직에 영향을 미치는 것이다. 최근 예술조직의 로비는 아주 적극적으로 **외부환경의 변화를 주도**해 가려 한다. 예술조직이 변화에 대응하는 소극적 자세가 아니라 예술조직의 정치적 영향력을 확대하여 예술조직에 유리한 법의 제정과 개정을 주도해 가고 있는 것이다.

02. 06. 사회문화적 환경

사회문화적(Cultural and Social) 환경 역시 예술조직에 큰 영향을 미친다. 과거 전통적 사회구조에서는 대가족제도와 가부장적 사회였다. 이제는 핵가족제도에 맞벌이 부부 또는 한 부모(Single-parents) 가족까지 다양한 형태로 변화하고 있다. 여성의 사회참여에 대해서도 긍정적으로 바뀌어 사회진출이 많이 늘어났다. 이전에는 경제적 어려움으로 많은 시간 노동에 종사하고 쉴 시간이 거의 없었지만 이제는 여가를 즐기고 여가에 대한 시간을 더 많이 할애하고 있다. 라디오와 TV 등 가전제품으로 인해 많은 정보를 입수할 수 있게 되었고 컴퓨터와 인터넷의 발전은 개인이 기업과 같은 많은 일을 혼자 처리할 수 있게 하였다. 이러한 사회문화적 변화는 **대중예술의 성장과 발전**을 야기하였고 예술조직 역시 이러한 변화에 호응하여 다양한 장르의 예술을 결합한 공연을 기획하는 등 변화하고 있는 것이다.

이제는 혼자 사는 **1 인 가족시대**가 되었다. 이러한 경향은 일시적이 아니라 계속될 것으로 전망되면서 이들을 위한 문화예술 프로그램의 제작이 필요하다. 이들을 TV와 인터넷으로부터 끌어내려는 전략이 필요한 것이다. 이들은 주위 친구들의 의견에 쉽게 동조하고 주위 친구들의 얘기를 듣고 공연을 간다. 따라서 입소문을 통한 공연 홍보 등의 기법이 요구되는 것이다. **이제 관객의 세분화**가 필요하다. 특정 분야에 집중하고 세분화하여 공략해야 한다. 성별, 연령별, 계층별, 소득별 관객의 취향이 다른 것이다. 사회문화적 변화는 이러한 관객의 취향을 더욱 빨리 변화시킨다. 이제 예술조직은 사회의 변화를 빨리 파악하고 대처해야 한다.

02.07. 인구학적 환경

인구학적(Demographic) 환경의 변화는 성별, 나이, 인종, 민족, 소득수준, 직업, 교육, 출생률, 사망률, 인구분포 등으로 파악된다. 예술조직은 지역공동체의 수요가 무엇인지 파악해야 한다. 예를 들어 낮은 출생률은 인구의 감소를 의미하며 이는 곧 예술조직의 서비스의 감소로 이어질 수 있다. 만약 인구분포가 달라진다면 이에 대한 대비가 필요하다. 많은 인구가 유입된다면 서비스 요구가 급격히 증가할 것이다. 인구분포는 우리 사회가 노령화로 치닫고 있음을 보여준다. 노인들을 위한 의료비용은 이미 국가에 큰 부담으로 등장하고 있다. 정부가 미래에 더 많은 노인 의료비용을 지출해야 한다면 예술조직에 건네줄 보조금은 줄어들 수밖에 없지 않을까? 반면에 노인들을 위한 문화예술 프로그램이나 예술 공연 수요는 더욱 늘어날 것이다. 인구학적 환경은 자연재해에 의해서도 변화되는데 지진, 태풍, 쓰나미(Tsunami) 등으로 인구분포가 달라지며 정치적, 경제적, 사회문화적 변화까지 야기될 수 있다.

02.08. 기술적 환경

기술적(Technological) 환경 역시 예술조직에 영향을 미친다. 최근 예술공연의 붐은 인구의 증가와 함께 도시인구의 유입이 늘어나고 경제성장에 따른 삶의 질 향상과 문화욕구의 증대 그리고 교육수준의 향상과 문화복지에 대한 인식 등에 힘입은 바 크다. 과학기술의 발전은 라디오, TV, VCR, CD, DVD, 뉴미디어 등으로 진화하면서 문화예술에 많은 영향을 끼쳤다. 디지털 세대는 공연을 보러 나가기보다 집에서 홈 씨에터(Home Theatre)로 즐기려 한다. 음악의 경우 음반과 CD로 발매되면서 사기업의 비즈니스로 발전하였고 반면 클래식 음악은 퇴조하였다. **컴퓨터와 인터넷** 그리고 가상현실(Virtual Reality)의 등장은 예술가와 감상자의 상호작용을 가능하게 하였고 정보통신기술은 날로 발전하여 이제 즐기기만 하던 소비자가 예술작품의 창작에 직접 참여할 수 있게 하였다.

02. 09. 교육적 환경

교육적(Educational) 환경은 가장 논란이 많은 환경적 요소이다. 이는 교육수준이 문화예술의 수요를 증가시키는가에 대한 명확한 답이 확정되지 않고 있기 때문이다. 많은 연구가 대학 또는 그 이상의 학력을 가진 사람이 예술 공연에 더 많이 참가한다고 한다. **교육수준**이 예술 수요를 증가시킨다면 그 지역의 교육수준의 분포가 예술조직의 서비스 수요를 결정할 것이다.

그러나 그것이 학력보다는 대학에서 예술과 관련한 다양한 경험을 쌓을 시간이 많았기 때문이라는 주장도 제기된다. 결국 교육수준이 아니라 **예술에 대한 경험**이 예술의 수요를 끌어 올린다는 것이다. 그렇다면 교육이 중요한 것이 아니라 교육의 내용이 중요한 것이다. 초 · 중 · 고교에서도 예술관련 경험을 많이 쌓도록 프로그램을 만들고 학생들이 많은 예술 경험을 쌓도록 해야 한다. 정부와 예술조직 그리고 기업과 시민들이 함께 학교에서 이러한 경험을 쌓을 수 있도록 지원할 수 있다면 금상첨화이다. 예술경험이 없는 사람에게 그리하여 아직 그 즐거움을 모르는 사람에게 연극, 연주회, 오페라의 관람은 단지 그들을 괴롭힐 뿐이다.

02. 10. 미래의 외부환경

예술조직은 다양한 외부환경과 상호작용하며 성장과 발전을 위해 노력한다. 예술조직이 미래의 환경변화를 알 수 있다면 경쟁에서 타의 추종을 불허할 것이다. 미국의 한 보고서는 미래의 예술조직이 지역공동체 내 **아마추어 예술가**들의 증대에 대비해야 할 것을 지적한다. 전문 예술가보다 아마추어 예술가들이 더 많아질 것이며 아마추어들의 실력이 결코 전문가보다 뒤지지 않고 오히려 능가하는 현상까지 가능할 것이다. 경제적 여유와 여가시간을 가진 보통사람들이 취미로 하는 예술이 증가할 것이며 전문가 솜씨보다 나은 작품들을 여러 매체를 통해 보급시킬 수 있기 때문이다. 예술 공연은 라이브(Live)보다 방송과 인터넷 그리고 뉴미디어(New Media)와 같은 다양한 미디어를 통해서 보급될 것이고 질적 측면 역시 계속 개선될 것이다.

미래의 외부환경의 변화는 민족주의 또는 공동체주의와 같이 **지역 공동체**에 대한 관심이 증대할 것이다. 이웃의 소중함이 다시 등장하고 공공과 공익이라는 개념이 자연스럽게 생활에 녹아드는 사회문화적 환경을 제공할 것이다. 주민들의 문화적 욕구는 양적으로 질적으로 증가할 것이며 주민들의 문화적 경험을 위해서 그리고 지역경제의 활성화를 위해서 지역의 심미적 디자인이 중요하게 될 것이다. 예술조직은 지역 문화예술의 특성을 살리고 보존하며 안전과 매력으로 관광객을 유치하려는 노력도 하게 될 것이다.

제8장

전략적 기획과 리더십

기획

전략적 기획을 이해하기 위해서 우선 기획의 기초적 개념을 이해할 필요가 있다. 기획이란 언제(When), 어디서(Where), 누가(Who), 무엇을(What), 어떻게(How), 왜(Why) 할 것인가에 대한 구체적인 계획이라고 할 수 있다.

01. 01. 기획기간

전략적 기획은 기획기간에 따라서 단기(Short-range), 중기(Intermediate-range), 장기(Long-range) 기획으로 나눌 수 있다. 1 년 이하인 경우는 **단기기획**, 2-4 년 정도는 **중기기획**, 5 년 이상이면 **장기기획**이라고 한다. 중장기기획은 기본계획적 성격이며 단기기획은 실행계획 또는 집행계획이다. 장기기획은 미래 예측이 어려운 불확실한 변수들이 너무 많기 때문에 예술조직의 경우 잘 사용하지 않는다. 그러나 박물관 건립과 같은 대규모 프로젝트의 경우에는 장기기획이 필요하다. 대체로 예술조직은 사업시작 전 3 개월에서 6 개월 정도 미리 기획을 시작한다.

01.02. 기획범위

기획의 범위에 따라서 전략적(Strategic) 기획과 집행적(Operational) 기획으로 나눌 수 있다. **전략적 기획**이란 추상적으로 결정된 목적을 달성하기 위한 전 자원을 동원한 종합기획이라고 할 수 있고, **집행적 기획**이란 매일의 구체적 활동을 위한 기획이라고 할 수 있다. 전략적 기획은 조직 사명과 목적을 달성하기 위한 종합적이며 포괄적이고 미래지향적인 계획이며, 최고관리자가 외부환경의 변화에 대응하는 전략을 수립하는 기획이다. 따라서 외부환경의 변화를 예측하고 거시적 범위에서 조직의 방향성을 제시하는 최고관리자의 질적이며 영감적인 의사결정을 포함한다. 집행적 기획은 전략적 기획에서 제시된 방향에 따라 미시적 범위에서 부문별로 자원을 배분하고 세부적으로 운영방법을 마련한 것이다. 따라서 공연, 자원봉사, 마케팅, 재원조성, 홍보 등의 부문별 중간관리자가 집행적 기획을 담당한다.

01.03. 기획의 반복성

기획은 반복하여 사용되는가의 여부에 따라 일회성(Single-use) 기획과 영구적(Standing-use) 기획으로 나눌 수 있다. **일회성 기획**의 대표적 예로는 예산, 생산일정표, 사업계획 일정표 등이 있고, **영구적 기획**의 대표적 예로는 정책, 운영절차, 규칙 등이 있다. 일회성 기획의 대표적인 예산은 매년 작성해야 하며 예술조직의 자원의 배분과 목표 달성을 위한 조직 결정 등을 잘 보여 준다. 사업계획 일정표는 보통 스케줄(Schedule)이라고 부르며 예술조직은 대개 주 단위로 일정계획을 짠다.[01] 영구적 기획은 인사원칙과 같은 정

01) 규모가 큰 예술조직은 월 단위로 일정표를 짜기도 한다.

책에 속하는 것과 매일 반복되는 업무처리의 운영절차 등을 정해 놓는 것으로 한 번 정하면 거의 바뀌지 않는 것이다.

01.04. 기획의 방법론

기획을 위한 다양한 방법론이 있다. **하향식 기획**(Top-down Planning)은 최고관리자가 계획을 세우고 하급자들이 이를 실행하는 것이다. 대부분의 예술조직은 하향식 기획을 원칙으로 하고 있다. **상향식 기획**(Bottom-up Planning)은 하위직 운영층에서 계획을 세워 중간관리자와 최고관리자에게 올라가는 것이다. 예술조직의 경우 상향식 기획은 거의 없으며 대개는 하향식 기획인데 이 경우에도 일방적인 최고관리자의 계획이 아니라 운영층과 중간관리자의 보고를 바탕으로 이루어진다는 점에서 하향식과 상향식의 중간적 기획의 성격을 갖는다고 하겠다.

예술조직의 경우 일반기업과 같이 급격한 상황변화는 없기 때문에 **상황기획**(Contingency Planning)은 거의 사용되지 않는다고 하겠다. 예술조직은 대부분 일정 수의 회원을 확보하고 있으며 고정관객과 매니아 층을 갖고 있는 경우가 많다. 따라서 고유가와 같은 급격한 경제상황의 변화에 큰 영향을 받지는 않는다. 그러나 최근 세계화와 함께 한 국가의 금융위기가 전 세계적으로 파급되는 경향이 있는 것처럼 예술조직도 상황기획을 고려해야 될지도 모른다. 예술조직은 심각한 상황인 경우 위기기획(Crisis Planning)을 사용하기도 한다. 급작스런 불황의 경우나 예술조직 직원의 거액의 횡령사건이 발생한 경우 등에는 위기기획을 사용한다.

모든 것은 계획대로 이루어지지 않는다. 기획이 매일의 일상적 운영과 결합되지 않으면 문제가 발생한다. 기획이 실패하는 경우는 최고관리자의 의도가 기획에 반영되었지만 실행계획에 반영되지 않거나 운영층의 업무와 동떨어진 경우, 기획에 사용된 자료가 부정확하거나 잘못 수집된 경우, 기획안을 실행할 수 있는 예산이 부족한 경우, 기획이 요구하는 기술과 능력을 가진 인력이 없는 경우, 외부환경이나 내부여건이 전혀 예측하지 못한 상황으로 급작스레 변화한 경우, 예술조직 구성원들이 기획에 반대하여 움직이지 않는 경우 등이다. 이처럼 **기획이 실패**하는 경우 매몰비용(Sunk Cost)의 법칙이 적용될 수도 있다. 한 번 기획을 실행하면 잘못된 것을 알면서도 지금까지 들어간 비용이 아까워 빠져나오지 못하는 것이다.

기획이란 궁극적으로 예술조직이 무엇을 할 것인가에 대한 **의사결정**의 연속이다. 어디에 중점을 두고 무엇을 할 것인가에 대한 의사결정인 것이다. 이러한 의사결정은 대체로 문제해결을 위한 단계로 i) 문제의 인지, ii) 대안의 탐구, iii) 대안의 비교와 최적 대안의 선택, iv) 대안의 실행, v) 결과의 평가와 수정 등으로 진행된다. 이처럼 기획은 문제해결을 잘 할 수 있는 기술도 중요하다. 문제의 정의를 정확히 해야 하고 섣부른 결정을 내리지 않아야 하며, 위험을 고려해야 한다. 문제를 제대로 인식해야 하고 문제해결을 위한 대안을 즉시 실행하지 않으며, 문제해결의 방법들을 비교하여 신중하게 결론짓고 실행해야 할 것이다.

02 전략적 기획

02.01. 전략적 기획의 필요성

예술조직을 개인이 소유하던 시대와는 달리 이제 고도의 책임성을 요구하게 되었고 개인 및 기업의 기부 그리고 정부의 보조금을 지원받으면서 더욱 투명성 있는 경영이 요구되었다. 그 결과 매년 보고서를 작성하여 공중에게 알리는 것은 투명성 제고와 함께 예술조직의 미래 발전을 위해서도 바람직한 일이다. 정기적인 정부지원과 후원에 의해 유지되었던 예술조직은 경영관리에 관해 크게 신경 쓸 이유가 없었다. 때가 되면 보조금과 지원금이 들어오기 때문이다. 물론 정부정책에 따라 또는 경기에 따라 그 액수가 달라져 매년 예산이 들쑥날쑥하지만 예술조직 자체의 존립을 흔들 만큼 심각한 것은 아니었다. 그러나 정부지원과 후원을 받으려는 예술조직이 늘어나면서 **경쟁**이 치열해지고 예술조직의 규모가 커지고 복잡해지면서 전략적 기획(Strategic Planning)의 중요성이 대두한 것이다. 이처럼 예술조직의 외부환경은 급속도로 변화하고 있고 예술조직은 이에 대응해야만 한다. 정보화와 세계화는 이러한 변화를 더욱 예측하기 힘들게 하고 거**대하고 복잡해진 예술조직**이 그들의 외부환경을 통제하기도 어렵다. 전략적 기획은 효율적인 운영을 위한 경영관리의 기법으로서 예술조직이 필요로 하는 절차와 도구를 제공해 주는 것이다.

02. 02. 전략적 기획의 정의

전략적 기획(Strategic Planning)이란 예술조직이 새로운 **외부환경에 효율적으로 대응**할 수 있도록 예술조직 활동의 성격과 방향을 제시하는 것이다. 전략적 기획은 개혁과 혁신으로 규정되기도 한다. 전략적 기획이 예술조직의 경영구조를 바꾸어 새로운 미래로 인도하기 때문이다. 따라서 전략적 기획은 미래기획이며 경영전반에 광범위한 영향을 미치고 예술조직의 최고관리자의 경영방침과 리더십에 의해 직접 지휘된다.

전략적 기획은 예술조직 외부환경의 변화에 대응하기 위한 전략이며, 예술조직의 사명 또는 목적달성을 위한 체계적 과정이며, 중장기적 구체적 목표에 따른 수단과 우선순위를 결정하는 합리적으로 구조화된 절차라고 할 수 있다. 전략적 기획에서 가장 중요한 것은 예술조직의 **사명**(Mission Statement)[02]이다. 즉 예술조직의 목적이 무엇인가가 가장 중요한 것이다. 여기서 목적(Goal)이란 바람직한 결과이며 목표(Objective)란 바람직한 결과를 달성하기 위한 구체적인 수단들을 말한다.

02. 03. 전략적 기획의 방법론

전략적 기획의 방법으로는 안정전략(Stability Strategy), 성장전략

02) 사명이란 예술조직의 설립과 운영의 기본방향을 제시한 것이다. 특히 사회적 공헌을 위한 목표가 중요하다.

(Growth Strategy), 축소전략(Retrenchment Strategy) 등이 있으며 예술조직은 이러한 전략을 시기별로 적절히 혼합하여 사용한다. **안정전략**이란 현재 상황에 만족하며 안정을 추구하는 전략으로서 새로운 프로그램이나 사업을 계획하지 않는다. 이는 지역민의 절대적인 신임을 받는 역사와 전통이 오래된 예술조직의 경우에 해당된다. 뉴욕의 필하모니 오케스트라, 메트로폴리탄 박물관이 재정위기로 문을 닫는다면 시민들이 용납하지 않을 것이다. **성장전략**은 새로운 프로그램으로 도약과 성장을 꾀할 때 사용한다. 예를 들어 박물관이 새로운 예술학교를 개설하고 지역의 어린이들을 모집하는 사업을 시작했을 때 사용하는 전략이다.

축소전략이란 예술조직의 사업규모를 줄이는 것이다. 경기불황이거나 정부 보조금 획득의 실패 또는 후원금의 감소 등이 있을 경우 예술조직은 존립을 위해 최소한의 운영유지를 위한 사업 이외 기존의 사업을 폐지하거나 축소해야 하는 것이다. 물론 실제에 있어서 예술조직은 이러한 전략 모두를 각기 혼합하여 적절히 사용한다. 예를 들어 한 사업은 폐지하고 다른 사업은 성장전략을 사용하는 것이다. 실제 정치적 이유나 후원자의 의지 때문에 이러한 전략을 사용해야 되는 경우가 있다.

02.04. 전략적 기획의 단계

전략적 기획의 단계는 목적분석(Mission Statement Analysis), 조직환경분석(Organization Situation Analysis) 또는 SWOT분석, 내부자원 분석으로 나누어진다.

02.04.01. 목적 분석

전략적 기획의 단계는 예술조직의 목적을 분석하는 것이다. 예술조직의 목적은 정관에 사명(Mission Statement)으로 기술되기도 한다. **사명**은 예술조직의 목적을 잘 표현하고 있으므로 기획에 앞서 그 예술조직의 정관의 사명을 면밀히 검토할 필요가 있다. 정관의 목적은 예술조직을 외부 세계에 알리는 중요한 역할을 하므로 현실과 동떨어진 너무 낡은 것이라면 정관개정을 통해 목적부터 바꾸어야 할 것이다.

급변하는 외부환경과의 상호작용을 고려할 때 사명이 제대로 기술되어 있지 않으면 조직과 업무가 조직화되기 어려운 것이다. 예술조직의 기본목표와 방향이 정해지고 최고관리자의 지휘 하에 중간관리자의 집행적 기획이 실행될 수 있기 위해 **명확한 목적**이 기술되어야 하는 것이다. 예술조직의 목적은 모든 의사결정의 판단 기준이 되는 것으로 글자 하나씩 신중하게 작성해야 한다. 예술조직의 사명을 기술하는데 있어 중요한 요소로서는 i) 예술조직의 존재이유, ii) 예술조직의 미래 비전, iii) 예술조직의 지역 내 위상, iv) 예술조직의 활동과 그 범위 등이 있다.

02. 04. 02. 조직환경 분석

전략적 기획은 환경의 변화에 대응하기 위한 것이므로 예술조직은 자신이 처해 있는 외부환경에 대한 분석이 필요하다. 그런데 예술조직은 스스로의 결점을 잘 모를 수도 있다. 따라서 예술조직이 외부환경에 적극적으로 대응하기 위해서는 자기 자신부터 알아야 하는 것이며 이는 냉철하고 객관적으로 조직의 단점 파악부터 시작하여야 한다. 조직 내부의 장단점과 외부환경과 관계를 함께 파악하여 조직의 강점을 최대한 이용하고 약점은 최대한 보완하여 외부환경에 대처하는 전략을 수립할 수 있는 기법으로 **SWOT 분석**이 있다.

조직의 **내부여건을 분석**하기 위해서 조직구조, 인력, 재정, 시설과 장비, 사업, 경험의 차원에서 조직의 장점과 단점을 파악한다. 예술조직의 목적 달성을 위해 스스로 조직구조가 체계적인가? 전문성을 갖춘 인력을 충분히 확보하고 있는가? 재정은 충분하며 적시에 투입될 수 있는가? 시설과 장비는 적절하며 충분한가? 사업은 질적 · 양적 측면에서 충분한가? 등의 질문으로 조직의 장점과 단점을 파악해야 한다. 특히 다른 예술조직과의 비교를 통해 특이할만한 사항 등을 빠트리지 않도록 주의해야 한다.

조직의 **외부환경을 분석**하기 위해서 정치, 경제, 사회, 문화, 기술 등이 예술조직에게 미치는 영향을 파악하고, 이러한 영향이 예술조직에게 기회를 제공하는 것인지 아니면 위협을 가하게 될 것인지를 분석해야 한다. 정치적 사건과 단체장의 교체, 그리고 법령의 제 · 개정 등은 예술조직에게 기회가 될 수도 있고 위협이 될 수도 있다. 경제적으로 호황이면 예술조직에게 유리하지만 불황이면 위협이 될 확률이 많으며, 인구학적 요인들의 변화로 사회적 문화 수요가 달라질 수도 있고, 새로운 장르의 탄생과 같은 문화적 변화와 뉴미디어와 같은 과학기술의 발전 역시 예술조직에 기회와 위협으로 작용할 수 있는 것이다. 예술조직의 외부환경에서 무엇보다 중요한 것은 이러한 요인들이 다른 예술조직 특히 경쟁관계에 있는 예술조직에 어떤 영향을 주는가를 파악하는 것이다.

02. 04. 03. 내부자원 분석

전략적 기획은 최고관리자의 기획이지만 예술조직의 목적 달성을 위해서는 전략적 기획이 집행적 기획으로 연결되어야 한다. SWOT 분석에서 조직의 내부여건을 분석하였지만 이는 개략적인 것이므로 **집행적 기획**을 위해서는 부문별과 활동별로 정확한 내부자원의 분석이 요구된다.[03] 예술조직 자체의 활동별 분석으로 조직의 내부 인력, 시설, 기술, 운영 시스템 등을 평가하는 것으로 조직의 목적을 위해 필요한 능력을 가진 인력을 보유하고 있는지의 여부, 사업을 실행하기 위한 시설, 자금, 장비, 다른 자원들을 확보하고 있는지의 여부, 진행 중인 사업을 감독 · 통제하고 수정하는 능력을 가지고 있는지의 여부 등을 중점적으로 분석한다.

03) 내부자원의 분석 결과를 취합하여 SWOT 분석의 자료로 활용할 수도 있을 것이다.

기획안의 작성

03.01. 기획안의 중요성

구체적 목표가 결정되고 예술조직 내부여건의 장단점과 외부환경의 기회와 위협요소가 파악되고 부문별 활동 · 내부자원이 분석된 후에는 기획안이 만들어진다. 예술조직의 전반적인 **활동은 기획으로 표현**되므로 기획안 작성과 이를 나타내는 프리젠테이션(Presentation) 기술이 중요하다. 따라서 기획안은 간결한 문장으로 명료하게 작성되어야 하고 이미지와 텍스트 구성에 있어 가독성을 고려해야 한다. 기획안은 정확한 자료수집과 조사분석에 근거한 타당성 있는 내용으로 구성하고 기획의 목적 실현과정에 대한 논리적이고 체계적인 전략으로 구성해야 한다. 또한 기획안 작성을 위해 현실 가능한 범위 내에서 예산계획을 세우고 구체적 사업의 추진과정을 위해 정확한 일정계획을 세워야 할 것이다.

03. 02. 기획안의 선정기준

기획안은 여러 사람의 공동 노력으로 만들거나 다수의 기획안을 비교 평가하여 최적의 기획안을 선정하는 방법 등이 있다. 공동의 노력으로 만들기 위한 방법으로는 브레인스토밍(Brainstorming)과 벤치마킹(Benchmarking) 등을 들 수 있다. 비교 평가를 위해서는 먼저 최적의 기획안의 기준이 마련되어야 한다. 기준으로는 목적성, 효율성, 예산성, 자원성, 정치성 등이 있다. **목적성**이란 예술조직이 추구하는 목적에 부합하는 것이어야 한다는 의미이다. **효율성**이란 예술조직이 추구하는 목적 달성을 최소의 비용으로 최대의 효과를 내는 방식으로 이룰 수 있는가의 의미이다. **예산성**이란 예술조직의 예산의 범위 내에서 실현가능한 것인지의 의미이다. 이 기획안의 실행으로 조직 전체 예산에 부담을 주고 사업이 실패하는 경우 조직의 존립 자체를 위험하게 할 수 있기 때문이다. **자원성**이란 현재 시점에서의 예술조직의 자원이 충분한가의 의미이다. 인적, 물적, 지적 능력을 비롯하여 정보자원이 충분한가의 의미이다. **정치성**이란 예술조직의 사업이 정치적 지지를 획득할 수 있는가의 의미이다. 또한 법적 문제는 없는지 검토해 보아야 한다.

03. 03. 기획안의 순서

기획안의 작성에 있어서 목적(Goals), 목표(Objectives), 실행계획(Action plans), 평가(Evaluation) 등을 직접 기술해 보는 것이 중요하다. 직접 기술해 보면 뜻이 더욱 명료해지기 때문이다. 기획안은 다음의 같은 순서로 구성된다. 첫째, 조직분석(Organization Analysis)이다. **조직분석**에 목적분석(Mission Analysis), 조직환경 분석(Situation Analysis) 또는 SWOT 분석, 자원분석(Resources Analysis) 등이 있다. 자원분석에는 인력(People), 재정(Financial), 물리적(Physical) 자원과 지원체계(Support System), 평가체계(Assessment System) 등이 포함된다.

둘째, 목표를 설정하고 전략을 정한다. 목적달성을 위한 구체적 **세부 목**

표를 정한다. 그리고 각 목표와 사업에 대한 **전략을 결정**한다. 안정전략, 성장전략, 축소전략, 이들을 혼합한 혼합전략 중 어떤 전략을 사용할 것인지 그리고 그 이유는 무엇인지 상세히 기록한다. 예를 들어 바람직한 결과인 목표가 관객 수 증가라면 이를 달성하기 위한 전략은 성장전략을 사용하여 가족음악회를 5 번 더 늘리는 것이다.

셋째, **실행계획**(Action Plan)을 마련한다. 목표에 따른 구체적 과업에 자원을 할당한다. 성장전략에 따라 과업계획 일정표를 새로 작성한다. 물론 예산지원으로 재원을 할당하고 인력을 충원하고 마케팅 방법 등을 마련해야 한다.

넷째, **실행계획을 평가**한다. 평가(Evaluation)는 사전평가와 사후평가가 있는데 사전평가인 경우 기획안들의 비교 평가의 결과들로 구성할 수 있고, 사후평가인 경우 그 방법론과 예측되는 평가결과 등으로 구성한다. 성장전략의 가족음악회 5 번이 관객을 얼마나 동원하였으며 또 그들의 반응은 어떠했는지 조사함으로써 사업을 평가할 수 있는 것이다.

공연기획안의 실제

공연을 위한 실제 기획안은 다음과 같은 순서로 구성된다. 첫째, **표지**이다. 표지에는 공연관련 핵심정보를 적는다. 공연기획의 제목, 메인 슬로건, 주최단체 및 연락처 등을 명기한다. 둘째, **목차**이다. 기획안의 내용을 한 눈에 알아보기 쉽게 소제목으로 순서대로 명기한다. 셋째, **공연목적과 개요**이다. 공연의 특징을 파악할 수 있도록 주요 사실 위주로 구성한다. 공연제목, 일시, 장소, 주 프로그램, 주최, 주관, 후원, 티켓 가격, 공연목적 등을 명기한다. 특히 공연기획의 목적과 컨셉 그리고 특징 등을 상세히 기술하고 수집된 자료들을 이용하여 공연의 중요성과 필요성 등을 강조할 수 있도록 한다. 넷째, **공연내용**이다. 공연을 담당하는 예술조직의 현황과 장점을 명기한다. 공연에 참여하는 단체와 공연 프로그램의 내용과 선정의 당위성 등을 지적한다. 공연 제작진과 캐스트들의 프로필을 명기하고 그들의 전문성과 다른 단체와의 차별성을 강조한다. 다섯째, **예산계획**이다. 예산의 재원조달을 위한 방법을 구체적으로 명기한다. 또한 손익분기점을 바탕으로 한 수입계획과

항목별 정확한 비용의 집행계획을 작성한다. 여섯째, **마케팅 계획**이다. 공연의 주 대상은 누구인가? 목표 관람객을 어떻게 유인할 것인가? 홍보전략은 무엇인가? 어떻게 언론과 매체를 이용할 것인가? 등에 관한 계획을 명기한다. 일곱째, **추진계획**이다. 공연기획의 일정에 따른 업무별 추진 일정표를 작성한다. 여덟째, **주최자와 주관자**의 소개이다. 주최자는 자기 이름으로 자기 책임 아래 공연을 개최하는 사람이나 단체를 말한다. 주최자는 주관자를 따로 두어 공연의 실행을 맡아 관리하도록 위임할 수 있는데, 이 경우 주관자는 그 위임의 범위 안에서 주최자가 되는 것이다. 아홉째, **첨부자료**이다. 공연기획의 이해도와 신뢰도를 높이기 위한 세부자료들로서 언론 매체 보도내용, 캐스트 세부 프로필, 공연내용, 세부 예산계획 등이 첨부될 수 있다.

문화정책과 예술경영 05

리더십

05.01. 리더십의 정의

리더십(Leadership)이란 다른 사람들의 행동에 영향을 미치도록 관리자가 권력을 사용하는 것을 말한다. 여기서 권력이란 다른 사람에게 내가 원하는 것을 하게 하는 능력이다. 대개의 사람들은 그들이 존경하는 사람에게 복종하고 따른다. 결국 **권력**이란 사람이 다른 사람을 움직이는 원동력인데 천부적으로 물려받은 가부장적 권력도 있고, 지적 능력이 뛰어나고 지혜로워서 다른 사람이 저절로 따르는 카리스마적 권력도 있고, 강압과 폭력으로 공포를 조장하여 복종하게 하는 강압적 권력도 있으며, 돈을 주고 산 금전적 권력도 있다.

예술조직에 있어 리더십이 중요하게 된 것은, 전략적 기획이 **최고관리자**의 철학에 바탕을 둔 사명의 완수를 위한 예술조직의 기본방향을 제시한 것이라면, 이는 운영자층의 일상 업무에 결합되어야 실행될 수 있기 때문이다.

최고관리자는 예술조직의 비전(Vision)을 제시하고 조직구성원이 목표달성을 위해 주어진 업무를 제대로 수행하게끔 이끌어 나가야 할 필요가 있다. 이는 예술감독이 바뀌면 전혀 다른 팀인 것처럼 활활 살아나는 경우와 같고, 똑같은 오케스트라가 똑같은 곡을 연주하는데 지휘자가 바뀌면 전혀 다른 느낌의 곡이 되는 것과 같은 이치이다. 아무리 훌륭한 전략적 기획안을 갖고 있더라도 조직 구성원을 이끌고 나갈 수 있는 리더십이 없다면 아무 소용이 없는 것이다. 리더십은 최고관리자뿐 아니라 중간관리자에게도 해당된다. 예술조직의 관리자는 관리기술뿐 아니라 리더십 기술까지 갖추어야 하는 것이다.

05. 02. 리더십의 유형

권력은 다른 사람들을 내가 원하는 방향으로 움직이게 하기 위해서 꼭 필요하다. 그러나 권력에 복종하는 것은 순전히 복종하려는 사람들의 마음에 달려 있다. 즉 내가 권력을 갖는다는 것은 복종하는 사람들이 권력을 인정할 때이다. 리더십에는 공식적 리더십과 비공식적 리더십이 있다. **공식적** 리더십이란 공식적 권위를 부여받은 관리자에 의한 리더십이며 명령권을 가진다. 예술조직의 이사장 또는 경영진의 사무국장이 공식적 리더십을 가진다. **비공식적** 리더십이란 공식적 권위 없이도 다른 사람들의 행동에 영향을 미치는 리더십이다. 공연 배우들이 예술감독보다 고참 배우의 명령을 더 따르는 경우와 같다.

공식적 리더십을 제공하는 권력에는 지위적 권력, 보상적 권력, 강제적 권력, 합법적 권력이 있다. **지위적 권력**(Position Power)이란 직책에 따른 권력을 말한다. 조직의 피라미드 계층의 수직적 관계로서 하급자는 상급자에게 복종한다. **보상적 권력**(Reward Power)이란 복종의 대가로 보상을 해주는 것이다. 칭찬을 하거나 돈과 같은 금전적 보상 그리고 승진과 특별대우 등이 모두 보상적 권력을 제공할 수 있다. **강제적 권력**(Coercive Power)이란 복종하지 않으면 벌을 주는 것이다. 잘못하게 되면 호되게 꾸짖는다든가,

정직이나 해고 등의 벌을 주므로 복종하지 않을 수 없는 것이다.

이러한 권력이론은 동기부여 이론과도 연결되는데 **맥그리거**(McGregor)는 인간형을 X 이론과 Y 이론으로 나누어, X 이론의 인간은 일하기 싫어하고 책임감이 없으며 변화를 두려워하고 수동적이기 때문에 보상을 제공하거나 강제하지 않으면 일하지 않는다는 것이다. 반면 Y 이론의 인간은 일하기 좋아하고 책임감이 있으며 스스로 통제가 가능하고 야망이 있으며 똑똑하고 창조적이고 능동적이기 때문에 스스로 동기부여하여 일한다는 것이다. 따라서 간섭하지 않아도 스스로 알아서 일한다는 것인데, 평생 이렇게 사는 사람을 없을 것 같다.

합법적 권력(Legitimate Power)이란 조직의 법적 정통성에 의해서 복종하는 것이다. 이는 법과 정관에 규정된 의무를 다하기 위해 권력에 복종하는 것이다. 지위에 의한 권력도 정관에 규정되어 있기 때문에 상급자에게 복종하는 것이다. 즉 규정된 사항 이외에는 개인적으로 복종할 이유가 없다. 업무에 관한 명령에는 복종해야 하지만 퇴근 후 데이트하자는 개인적 명령에는 복종할 필요가 없는 것이다.

비공식적 리더십은 개인적 권력(Personal Power)에 의해 발휘된다. 개인적 권력의 원천은 전문가적 권력과 카리스마적 권력이다. **전문가적 권력**(Expert Power)이란 어느 분야의 전문지식이 많거나 많은 경험을 쌓은 사람들로 입문자나 초보자들로부터 경외에 가까운 존경을 받는다.

카리스마적 권력(Charismatic Power)이란 개인적인 인간성에 반해서 또는 카리스마에 의해서 복종하는 것이다. 조직의 최고관리자를 닮고자 하는 열망이나 전설처럼 내려오는 이야기의 주인공을 존경하기 때문에 복종하는 것이다. 실제 예술조직에서의 권력은 이러한 5 가지 권력이 복합적으로 얽혀서 적용된다고 할 것이다.

05. 03. 리더십의 한계

예술조직의 리더십에는 한계가 있다. 예술조직의 경우 다양한 집단의 협동으로 일이 진행되는 경우가 많은 만큼 리더십의 발휘에 어려움이 있다. 이사회와 경영진이라는 **지배구조**가 때로는 리더십의 혼란을 야기하기도 한다. 이사장과 최고경영자인 사무국장과의 역할 분담이 되지 않은 경우 갈등을 일으키고 예술조직의 존립마저 위태롭게 한다. 경영진의 일반 매니저와 예술감독의 대립이 있는 경우 리더십의 문제가 발생한다. 예술감독은 예술의 심미성 추구를 위하여 필요한 모든 요구를 하겠지만 예산을 생각하는 일반 매니저는 무조건 비용을 절감하는 쪽으로 유도하려 하기 때문이다.

예술조직에서 리더십 발휘가 어려운 것은 **무차별 지역**(Zone of Indifference)을 규정하기 쉽지 않기 때문이다. 무차별 지역이란 직무와 관련하여 당연한 명령이라면 자동적으로 복종할 수밖에 없는 영역을 말한다. 그런데 예술조직에서는 무차별 지역을 설정하는 것이 쉽지 않다. 그것은 예술조직의 성격상 다양한 업무가 동시다발적으로 이루어져야 하고 직무의 구분이 모호한 경우가 많기 때문이다. 특히 소규모의 예술조직은 업무분장이 이루어지지 않고 있어 1 인 3 역을 해야 하는 경우도 종종 있기 때문이다. 공연예술의 경우에는 업무시간이 정해져 있지 않고 밤을 새고 함께 일을 하는 특수한 상황이 발생하므로 무엇이 업무적 명령이고 무엇이 개인적 명령인지 구분할 수 없는 상황이 많은 것이다.

이러한 리더십의 한계를 극복하기 위한 노력들이 있다. **카터**(Kotter)는 권력을 사용하는 지침을 제시하고 리더의 공식적 권위를 부정하지 않으면서 부하들에게 의무감을 갖도록 하고, 종속감을 갖도록 하며, 리더의 전문성을 믿게 하고 리더의 인간성을 보여주어 따르게 하라고 충고한다. **바나드**(Chester I. Barnard)는 수용이론(Acceptance Theory)에서 사람들은 그들이 명령을 수용할 때만 복종한다는 것을 밝혔는데, 명령을 수용하는 조건은 i) 명령을 진실로 이해할 때, ii) 명령을 실행할 수 있다고 느낄 때, iii) 명령이 조직의 이익에 최선이라고 믿을 때, iv)명령이 그들의 가치와 일치한다고 믿을 때라고 한다.

05. 04. 리더십 연구

05. 04. 01. 특성이론

리더십 연구는 누가 더 나은 리더인가를 밝히기 위한 것이다. 대표적 리더십 연구로는 특성이론(Trait Theory), 행동이론(Behavioral Theory), 상황이론(Contingency Theory)으로 나눌 수 있다. 특성이론은 리더의 신체적 정신적 특성에 근거한 초기 리더십 이론이라고 할 수 있다. 즉 어떤 사람이 리더가 되는가를 연구하였다. 처음에는 리더와 인구학적 특성과의 연관성을 조사하였는데 큰 연관이 없었다. 오히려 개인의 지능, 지배성, 적극성, 결단성 등이 리더가 갖추어야 할 자질인 것으로 나타났다. 리더라는 사람들은 대체로 강한 책임감과 좌절과 실패를 극복할 수 있는 의지력, 그리고 사람들과 친해지는 친화력 등을 가진 것으로 나타났다.

05. 04. 02. 행동이론

행동이론(Behavioral Theory)이란 리더십은 특성의 문제가 아니라 그들의 실제 행동과 관련이 있다는 주장이다. 리더의 되풀이되는 행태를 관찰하여 특성을 파악하고 어떤 유형이 효과적인지 이를 일반화한 것이다. 행동이론의 리더의 유형은 크게 두 가지로 과업 위주(Job-oriented)의 리더와 종업원 위주(Employee-oriented)의 리더이다. **과업 위주의 리더**는 과업의 기획과 정의, 업무 할당, 표준의 확정, 감독과 감시 등을 주장하고, **종업원 위주의 리더**는 사회적 라포르(Rapport)의 개발, 타인 행태의 존중, 작업환경의 개선 등을 주장한다. 행동이론은 과업에 대한 관심이 큰 정도와 종업원에 대한 관심이 큰 정도를 결합하여 4 가지 리더의 타입으로 구분한다. 과업에 대한 관심은 적으나 종업원에 대한 관심은 큰 인간관계적 리더, 과업에 대한 관심과 종업원에 대한 관심 모두 적은 자유방임적 리더, 과업에 대한 관심은 높으나 종업원에 대한 관심은 적은 지시적 리더, 과업에 대한 관심과 종업원에 대한 관심이 모두 높은 민주적 리더로 나눌 수 있다.

05. 04. 03. 상황이론

상황이론(Contingency Theory)이란 상황은 변화하고 변화한 상황은 새로운 리더십을 요구한다는 것이다. 즉 리더란 그 특성이 존재하는 것이 아니며 특정 유형의 행동으로 규정지을 수도 없으며 단지 **상황에 적절한 행동**을 취할 수 있어야 한다는 것이다. 이는 모든 상황에서 효과적인 리더십은 존재하지 않으며 그 때 그 때 상황에 따라 다를 수밖에 없다는 것이다. 상황이론의 시초는 피들러(Fred E. Fielder)로서 그는 1967년 그의 저서 《리더십 효과이론(Theory of Leadership Effectiveness)》에서 과업과 종업원위주의 접근법을 상황에 따라 적절히 사용할 것을 주장하였다.

05. 04. 04. 기타 이론

그 외에도 리더십 연구에는 다양한 이론이 있는데, 허쉬와 블랜차드(Paul Hersey and Ken Blanchard)는 상황이론을 발전시켜 리더는 행태이론의 **과업과 관계** 어느 쪽에 더 관심을 두는가에 따라 과업 위주의 상황적 리더와 관계 위주의 상황적 리더로 구분하였다. 과업 위주의 상황적 리더는 언제 어디서 누가 무엇을 어떻게 할 것인지를 정확하게 명령한다. 관계 위주의 상황적 리더는 사람과의 관계를 중시하여 의사소통과정을 통해 결정을 유도한다는 것이다.

브룸과 예톤(Victor Broom and Phillip Yetton)은 **규범적 리더십**(Normative Leadership Style)을 주장하여 권위적(Autocratic) 리더, 상담적(Consultative) 리더, 집단 의사결정(Group Decision-making Style) 리더로 구분하였다. 권위적 리더는 부하의 조언을 듣고 스스로 정보를 구하여 문제를 해결하고 결정을 내리는 스타일이다. 상담적 리더는 부하들로부터 아이디어를 취합하여 결정을 내리는 스타일이다. 집단 의사결정 리더는 집단의 의사결정을 그대로 받아들이는 스타일이다.

하우스와 미첼(Robert J. House and Terence R. Mitchell)은 **목표경로이론**(Path-goal Theory)을 제기하였다. 목표경로이론이란 리더가 부하의 조직적 · 개인적 목표 달성의 길을 닦는데 어떤 영향을 주는가에 주목하는 것이다. 즉 부하들이 개인적으로 노력하는 과정에서 발생하는 여러 장애요인들을 제거해 주는 리더가 진정한 리더라는 것이다. 이런 목표경로 역할은 다음의 4 가지 행동유형을 적절히 섞어 사용할 때 더 효과적이라고 한다. 부하의 상황에 따른 4 가지 스타일이란 명령적(Directive) 리더, 지원적(Supportive) 리더, 참여적(Participative) 리더, 성취지향적(Achievement-oriented) 리더 등이다.

바스(Bernard M. Bass)는 거래적(Transactional) 리더와 변형적(Transformational) 리더로 구분한다. **거래적 리더**란 어느 한 과업을 철저히 완성하도록 동기부여하는 리더를 말한다. **변형적 리더**란 주어진 과업 그 이상의 것을 해 내도록 동기부여하고 이를 유도하고 고무하는 리더이다. 결국 관리자와 리더는 구분되어야 하는데, 관리자는 사람들이 계속해서 과업을 올바르게 완수하게 하는 거래적 리더인 반면에, 전략적 기획을 담당하는 최고관리자는 사람들이 과업을 올바르게 수행함으로써 그것을 바탕으로 혁신하고 변화하고 영감을 갖도록 동기부여하는 변형적 리더인 것이다.

05. 05. 예술조직에 적합한 리더십

예술조직에 적합한 리더십은 따로 있는가? 예술조직의 형태에 따라 리더십은 달라야 하는가? 예술조직 내의 부서에 따라 리더십은 다른가? 초기 예술조직에서는 사재를 털어 설립한 초대 이사장이 막강한 권력을 가지고 리더십을 발휘하기도 하였다. 그러나 사회가 발달하고 급변하는 환경 속에서 예술조직도 치열한 경쟁에 내몰리게 되면서 예술경영의 필요성이 대두하였다. 그리하여 이 예술조직도 이사장은 지원과 후원의 역할만 하고 **전문 경영인**이 관리를 맡아 실질적 권한을 사용하도록 해야 하는 것이다. 그러나 여전히 **이사장**의 입김이 센 예술조직이 많이 있다. 설립자의 강력한 리더십에 의존하였던 많은 기존의 예술조직들이 새로운 환경에 의해 새로운 리더십으로 변화할 것인지는 아직 확실하지 않다.

경영의 중요성이 대두하면서 많은 예술조직들이 전열을 정비하고 전문

경영인에 의한 경영이 이루어져야 한다고 주장하고 있지만, 자칫 잘못하면 이는 예술의 **미학적 가치**를 훼손할 수 있으며 예술의 공공성을 추구하지 못하는 어려움이 있다는 반대 입장도 만만찮은 것이다. 비록 설립자들의 독재적이고 비관리적 운영방식은 비난을 받지만 그들 개인의 카리스마적 리더십에 대한 중요성은 아직도 인정을 받고 있다. 따라서 예술조직에 적합한 리더십은 없으며 예술조직의 규모와 성격에 따라서 그리고 설립자의 취지에 따라서 다를 수밖에 없다. 특정 리더십이 예술조직의 만병통치약은 아니며 여러 리더십의 혼합적 형태가 조제약과 같이 처방되어야 할 것이다.

06

동기부여

06. 01. 동기부여의 중요성

리더십은 필연적으로 동기부여 이론과 의사소통 이론이 함께 다루어져야 한다. 다른 사람을 이끌기 위해서는 다른 사람에게 동기를 부여할 수 있어야 하고 정확한 의사전달이 필수적이기 때문이다. 상부에서 계획한 목표달성을 위해서는 하부에서 구체적 수단을 동원해야 하고 이를 위해 **동기부여와 의사소통**이 필요하다. 예술조직의 종사자들은 실제로 스스로 동기부여되었고 스스로 좋아서 그 일을 시작하였다고 하지만, 예술조직의 입장에서는 항상 그들이 더 열심히 일하도록 동기부여할 필요가 있는 것이다.

동기부여 이론에는 욕구이론(Need Theory), 인지이론(Cognitive Theory), 강화이론(Reinforcement Theory), 사회적 학습이론(Social Learning Theory) 등이 있다. **욕구이론**이란 필요에 의해서 즉 욕구를 충족시키기 위해 일하는 것이다. **인지이론**은 어떤 특정 방식으로 움직이는 것이 아니라 심리적 변화에 따라 일한다는 것이다. **강화이론**은 효과에 대한 작용으로서 긍정적이고 즐거운 결과의 일은 반복하려 하기 때문에 동기부여된다는 것이다. **사회적 학습이론**은 조직구성원의 행태, 인간적 특성, 환경적 요소 등이 계속 상호작용하면서 그 결과를 학습해 나가기 때문에 동기부여된다는 것이다. 이러한 동기부여 이론들은 모두 적절히 혼합되어 예술조직에 적용될 수 있을 것이다. 결국 예술경영의 관리자는 조직의 목표를 달성하기 위해 효율적으로 사람들을 움직여야 하므로, 다양한 상황에서 다양한 리더십 기술과 동기부여 이론들을 적용할 필요가 있는 것이다.

06. 02. 욕구이론

욕구이론의 창시자는 **매슬로우**(Abraham H. Maslow)이다. 그는 인간의 욕구를 생리적 욕구(Physiological Needs), 안전 욕구(Safety Needs), 사회적 욕구(Social Needs), 존경 욕구(Self-esteem Needs), 자아실현 욕구(Self actualization)의 5 단계로 구분하였다. 가장 하위단계인 **생리적 욕구**(Physiological Needs)는 인간의 본능적 욕구로서 식욕과 성욕과 같이 인간의 가장 원초적인 욕구이다. 생리적 욕구가 충족되면 다음 단계인 안전욕구(Needs)를 희구하게 된다. **안전 욕구**는 위험으로부터 자신을 보호하려는 욕구이다. 자신의 몸을 보호하기 위해 옷을 입는다든가 집을 짓는 것 등이다. 안정된 수입을 위해 회사에서 일하는 것은 생리적 욕구와 안전 욕구를 충족시키기 위해서이다. 먹고 사는 것만이 인간의 전부는 아니다. 인간은 사회적 동물이라고 아리스토텔레스가 얘기한 것처럼 인간은 사람들과의 관계 속에서 살아간다. 친구를 사귀고 사랑하는 사람과 결혼하여 가족을 구성하며, 같은 취미를 가진 사람들과 동호회를 만들기도 하고, 정치를 위해 정당에 가입하기도 한다. 이처럼 인간이 다른 사람들과의 관계를 갖고 싶어 하는 욕구를 **사회적 욕구**(Social Needs)라고 한다. 사회적 관계를 갖게 되면 사람들 가운데서 자신의 존재를 부각시키고 싶어 하는 것이 인간이다. 자신의 능력을 다른 사람들이 인정해 준다든가 높은 지위나 명예로 남의 존경을 받고 싶어 하는 욕구를 **존경 욕구**(Self-esteem Needs)라고 한다. 마지막은 **자아실현 욕구**(Self-actualization Needs)로 자신의 능력과 잠재력을 발휘해 인류의 발전에 이바지하려는 욕구이다. 슈바이처 박사가 아프리카에 가서 원주민의 병 치료에 평생을 바친 것은 바로 자아실현의 욕구를 성취하기 위한 것이라고 할 수 있다. 낮은 욕구층은 생리적 욕구, 안전 욕구, 사회적 욕구이며 높은 욕구층은 존경 욕구, 자아실현 욕구이다. 인간은 성취되지 못한 욕구를 충족시키기 위해 동기부여되고, 낮은 욕구가 성취되면 다음의 높은 욕구가 나타난다고 하였다. 그러나 매슬로우의 욕구 단계설은 인간의 욕구를 지나치게 단순화 했다는 비판을 받는다. 실제로 낮은 욕구를 무시하고 높은 욕구를 충족시키려는 사람도 있다. 특히 예술분야에서는 밥은 먹지 못해도 사회와는 고립되어도 자신의 미술 창작품을 완성하려는 자아실현 욕구 충족형이 많은 것이다. 또한 인간의 욕구는 끊임없이 변화한다. 다양한 욕구가 한꺼번에 나타나기도 하는 것이다.

앨더퍼(Clayton Alderfer)의 ERG이론은 생존(Existence) · 관계(Relatedness) · 성장(Growth)의 3 단계의 첫 자를 딴 것이다. **생존 욕구**는 매슬로우의 생리적 욕구와 안전 욕구의 일부를 포함한다. 즉 임금과 안전한 작업환경 등이 생존 욕구를 충족시킨다. **관계 욕구**는 매슬로우의 사회적 욕구와 같은 것으로 직무와 관련한 사람과의 관계를 통해 충족되는 욕구를 말한다. 직무를 통해 타인에게 인정받는 점에서 매슬로우의 존경 욕구의 일부분도 포함한다. **성장 욕구**는 창조성과 혁신성의 개인 능력을 발휘하려는 욕구로서 매슬로우의 존경 욕구와 자아실현 욕구에 해당된다. 그러나 성장 욕구가 충족되지 않고 좌절이 반복되면 욕구를 포기하는 경우도 있다.

허즈버그(Frederick Herzberg)의 **위생(Hygiene) 요인**은 매슬로우의 생리적 욕구, 안전 욕구, 사회적 욕구에 해당되는 것으로, 만족감은 주지만 직무에 대한 동기를 부여하지는 않는다는 것이다. 예를 들면 보수의 경우 봉급을 올려 준다고 해서 더 열심히 일하지는 않으며, 만약 봉급을 깎으면 전보다 일을 덜하게 될 것이다. 회사 정책이 마음에 들지 않으면 일을 열심히 하지 않는다는 것이다. 따라서 병이 발생하지 않도록 위생에 신경을 써야 한다는 것이다. **동기부여(Motivation)** 요인은 매슬로우의 존경 욕구와 자아실현 욕구에 해당되는 것으로서 직무에 대한 책임감, 성취감, 승진 등이다. 허즈버그는 봉급을 인상하고 직무환경을 개선하더라도 근로자는 동기부여되지 않으며, 근로자가 자신의 일에 몰입하고 성취감을 갖게 하는 것이 더 중요하다고 하였다. 허즈버그의 동기부여 이론은 2 요인 이론(Two-factor Theory)으로도 알려져 있는데 이는 위생 요인을 불만족 요인으로 동기부여 요인을 만족 요인으로 보았기 때문이다. 그러나 2 요인 이론은 예술조직에 적용되기 어려운 점이 있다. 예술조직의 경우 자원봉사자 또는 시간 계약직 근로자를 사용하는 경우가 많은데 이러한 경우 위생 요인과 동기부여 요인의 구분이 가능할까? 허즈버그의 이론은 동기부여 요인이 어느 정도 생산성에 공헌하였는지 실증적인 결과가 검증되지 않았다는 비판을 받는다.

맥클러랜드(David C. McClelland)의 욕구 이론은 성취 욕구(Achivement Need: nAch), 권력 욕구(Power Need: nPow), 제휴 욕구(Affiliation Need: nAff)로 설명된다. **성취 욕구**란 탁월해지고자 하는 욕망이나 평균을 초과한 결과를 내고 싶어 하는 욕망을 말한다. 도전적인 일을 완성하려는 욕구이며 성공하고자 하는 욕구이다. **권력 욕구**란 타인의 행동에 영향을 미쳐 변화를 일으키고 싶어 하는 욕구이다. **제휴 욕구**란 개인적 친밀함과 우정에 대한 욕구이다. 결국 예술조직의 관리자의 리더십은 그가 제휴 욕구와 권력 욕구 둘 중 어느 것을 어느 정도 필요로 하는가의 선택에 의해 결정되는 것이며 이는 어떤 예술조직인가에 따라 달라질 수 있다.

06. 03. 인지이론

인지이론(Cognitive Theories)은 사람들이 자신의 일과 직업에 대해 어떤 생각을 하는가를 연구하는 것으로 형평성 이론(Equity Theory)과 기대이론(Expectancy Theory)이 있다. **형평성 이론**은 애덤스(J. Stacy Adams)에 의해 주장된 것으로 사람들에 인지된 불평등이 동기부여로 기능한다는 것이다. 사람들은 불평등을 인지하면 불평등을 시정하기 위한 노력을 하도록 동기부여되는데, 다른 사람과 똑같은 일을 하는데도 적은 보수를 받는다면 그 사람만큼만 일하려 하는 동기부여가 작동한다. 따라서 불평등을 시정하기 위해서는 일하는 방법을 바꾸든가 아니면 봉급의 증액을 요구하든가 또는 불평등을 정당화하든가 아니면 직장을 떠나든가 등으로 동기부여 된다는 것이다.

기대이론(Expectancy Theory)은 브룸(Victor Vroom)이 주장한 것으로 사람들은 그들의 노력에 합당한 보상을 받을 것이라는 기대가 있을 때 동기부여된다는 것이다. 기대이론에는 노력(Effort), 성과(Performance), 결과(Outcome)의 3 요소가 혼합되어 있다. **노력-성과 기대치**(Effort-performance Expectancy)는 요구되는 수준에 나의 능력으로 가능한지를 가늠해 보는 것이다. **성과-결과 기대치**(Performance-outcome Expectancy)는 성공적인 성과는 특정 결과를 만들어 낼 것이라는 기대이다. 따라서 과업 완수의 가능성이 낮거나 예견되는 결과와 보상이 낮다면 동기부여되지 않는다.

기대이론에서는 동기부여를 위한 다양한 방법을 동원하는데 외부적 보상과 내부적 보상이 있다. **외부적 보상**(Extrinsic Rewards)은 휴가, 금전적 보상, 승진 등 눈에 보이는 보상이고, **내부적 보상**(Intrinsic Rewards)은 칭찬, 도전감, 성취감 등 무형의 보상이다. 기대이론은 보상 또는 결과의 기대되는 가치를 평가하는 것이 중요한데 이는 모든 사람의 기대가 똑같지 않기 때문이다. 예술조직의 경우 전략적 기획과 같은 역할을 담당하는 최고관리층에는 성과-결과 기대치가 중요하지만 중간관리자에게는 노력-성과 기대치가 더 중요할 것이다. 또한 예술조직의 한정된 자원을 고려한다면 유형의 보상보다는 무형의 보상을 잘 이용하는 것이 중요할 것이다. 예술조직은 자원봉사자를 비롯해 많은 종류의 사람들이 섞여 있으므로 항상 차이를 인식하는 것이 필요하다. 다른 사람들이 당신과 똑같이 인지한다고 생각하지 않아야 하고 모든 사람이 같은 가치를 부여하고 같은 우선순위를 가진다고 생각하지 않아야 한다.

06. 04. 강화이론

강화이론(Reinforcement Theory)은 사람들의 행태나 결과에 집중하고 행태 뒤에 무엇이 있는가는 중요하게 생각하지 않는다. 동기부여 학자들이 사람들이 어떻게 일의 가치를 인식하고 욕구를 만족시키며 불평등을 해소하는가를 다룬 것과는 달리 강화이론은 사람들의 **직접적 행동**을 강조한 것이다. 즉 부하 직원들의 심리적 상황에 신경을 쓰기보다는 리더로서 상사로서 어떻게 할 것인가를 먼저 생각해야 한다는 것이다.

스키너(B. F. Skinner)의 행태 연구에 의하면 자발적 조절(Operant Conditioning)이 중요하며 결과를 가지고 행태를 통제할 수 있다고 한다. 긍정적 또는 부정적 강화로 바람직한 행태를 증대시키거나 불필요한 행태를 제거할 수 있다는 것이다. **상황적 강화의 법칙**(Law of Contingent Reinforcement)은 바람직한 행태를 보이는 경우에만 최대한의 보상이 가능하다는 것을 암시함으로써 동기부여 할 수 있다고 한다. 또한 **즉시적 강화의 법칙**(Law of Immediate Reinforcement)에 의하면 바람직한 행태 이후에 보상이 빠를수록 강화의 가치가 증대한다고 한다.

마지막으로 **ABC 법칙**은 선행(Antecedent), 행동(Behavior), 결과(Consequences)의 앞 글자를 딴 것으로 선행되는 행동이 있었을 때 이에 대한 보상(또는 처벌)이 즉각적으로 주어지지 않으면 결과는 바람직하지 못한 행태가 계속된다는 것이다. 예술조직은 부정적인 강화나 긍정적인 강화를 적절히 사용할 수 있어야 하는데, 부정적 강화로는 행태의 변화를 개선하기는 어렵다는 사실을 알아야 한다. 특히 예술조직의 구성원 중 스스로 좋아서 일을 택한 종사자의 경우—자원봉사자를 포함해서—부정적 강화은 오히려 부작용을 초래할 수 있는 것이다.

06. 05. 사회적 학습 이론

사회적 학습이론(Social Learning Theory)은 인지이론(Cognitive

Theory)과 강화이론(Reinforcement Theory)을 결합한 것이라고 볼 수 있다. 학습은 개인의 행태, 인간의 특성, 환경적 요인과의 계속적인 상호작용의 결과이다. 학습은 상징과정(Symbolic Process), 관찰적 학습(Vicarious Learning), 자기통제(Self-control)의 3 단계를 통해 행태에 영향을 미친다. **상징 과정**(Symbolic Process)은 언어와 이미지로서 상징화하는 것이다. 우리는 스스로 목표와 결과를 상상하는 자기 효능감(Self-efficacy)[04]이 있다. 사람은 일을 착수하기 전에 완성된 작품이나 결과를 상상하면서 동기부여되는 것이다. 관찰적 학습(Vicarious Learning)은 새로운 행태를 배우는 것이고 다른 사람을 관찰하여 기대되는 결과를 평가하는 것이다. 사람들은 기존의 일 잘하는 사람의 행태를 통해 그들을 모델로 만들고 본받으려 함으로써 동기부여되는 것이다. 인간은 스스로 **자기통제**(Self-control)를 한다. 스스로 통제하고 스스로 보상한다. 하나의 일이 완수되면 스스로 축하하고 뿌듯해하지 않는가? 그리고 맛있는 저녁을 먹든지 자신에게 이제 푹 쉬라고 할 것이다.

04) 자기 효능감은 주어진 일이나 과업을 성공적으로 완수할 수 있다는 자신감 또는 개인의 가능성에 대한 신념이다.

문화정책과 예술경영 07

의사소통

07.01. 의사소통의 개념

의사소통이란 신호(Signal)와 상징(Symbol)의 사용으로 의미(Meaning)를 창조하는 것이다. 또는 기호의 전달과 수신을 통해서 송수신자 간에 의미가 전달되고 이를 공유하는 과정이라고 정의된다. 결국 의사소통은 정보의 상호교류 과정으로 송신자와 수신자 간에 사실이나 의견이 전달되어 상호간의 행동이나 의사결정에 영향을 미치는 것이다. 예술조직의 경우 조직의 비전을 추상적 가치로 나타내는 경우가 많아 상부의 목표 달성에 대한 하부의 정확한 이해가 급선무이며 이를 위한 의사소통(Communication)의 중요성이 대두한다. **의사소통의 문제**는 어느 조직이나 가지고 있다. 일심동체라고 하는 부부 간에도 의사소통의 문제가 있는데, 수많은 개인과 집단의 조직에서는 의사소통의 문제가 당연히 존재한다. 결국 효율적 리더십을 위해서는 대화와 경청의 기술이 전제되어야 하는 것이다.

07.02. 의사소통의 유형

의사소통의 유형으로는 스스로 얼마나 독단적인가 또는 사교적인가의 정도로 구분한 감정형(Emotive Style), 지휘형(Dirctor Style), 사려형(Reflective Style), 지원형(Supportive Style)의 네 가지가 있다. **감정형**(Emotive Style)이란 열정적이고 솔직담백하게 의사소통하는 사람이다. **지휘형**(Dirctor Style)은 솔직하지만 엄격하고 독단적으로 의사소통하는 사람이다. **사려형**(Reflective Style)은 대체로 혼자 조용히 있기를 좋아하여 자기 의견을 쉽게 말하지 않는 사람이다. **지원형**(Supportive Style)은 민감하지만 참을성이 많아 남의 말을 끝까지 열심히 듣는 사람이다.

07.03. 조직의 의사소통

조직의 의사소통이란 조직 구성원 사이에 어떤 결정을 하기 위한 메시지, 아이디어, 혹은 태도를 공유하는 것이다. 조직 내 의사소통은 **사람 간의 과정**이며 의사소통을 통해서 사람과의 관계가 형성된다. 의사소통은 조직의 목적달성을 위한 것이므로 리더는 항상 의사소통 관계가 잘 형성되고 있는가를 평가하고 개선해야 한다. 의사소통은 조직의 조정 및 통제를 위한 수단이다. 계층적 구조의 명령에 따른 일사불란한 행동과 질서가 유지되고 책임과 권한의 소재를 명확히 규정할 수 있다. 의사소통은 합리적 의사결정의 수단이다. 조직의 의사결정 과정에서 내용의 정확성 · 신속성 · 적절성 등으로 정보의 질을 좌우한다. 의사소통은 조직 통솔과 리더십의 수단으로서 조직구성원의 사기 앙양 및 동기 부여에 이용되며 그들의 협동과 조직 몰입을 이끌어 조직의 목적을 달성한다.

조직 내 **의사소통의 원칙**으로는 다음의 8 가지가 있다. 첫째, 명료성의 원칙으로서 전달내용이 분명하고 정확하게 이해되어야 한다. 둘째, 일관성의 원칙으로서 전달내용은 전후가 일치되어야 한다. 셋째, 적시성의 원칙으로서 필요한 시기에 적절히 입수되어야 한다. 넷째, 적량성의 원칙으로서 전달하려는 정보의 양이 적절해야 한다. 다섯째, 분포성의 원칙으로서 전달내용은 누구나 알기 쉽게 공개되어야 한다. 여섯째, 수용성의 원칙으로서 수신자가 수용 가능해야 한다. 일곱째, 적응성의 원칙으로서 전달내용이 상황에 따라 융통성과 신축성을 가져야 한다. 여덟째, 통일성의 원칙으로서 조직 전체에 똑같이 수용될 수 있는 표현이어야 한다.

의사소통의 수단으로는 말과 글의 텍스트를 비롯하여 그림, 동영상 등의 멀티미디어를 모두 사용할 수 있다. 때로는 몸짓(Body Language)과 느낌(Nuance)이 더 중요한 의사소통 수단이 되기도 한다. 의사소통은 그 과정에서 왜곡되는 경우가 많은데 이는 의사소통 과정의 송신자, 채널, 수신자 측면에서 살펴볼 수 있다. 먼저 **송신자**의 경우 의사소통에 문제를 일으키는 것은 정확히 정의되지 않는 단어의 사용이다. 특히 상급자가 하급자에게 얘기하는 일방적인 관계인 경우 부하를 고려하지 않고 자신만의 생각과 용어로 얘기하기 때문에 오해와 해석의 차이가 발생하는 것이다.

수신자의 경우 열심히 경청하지 않을 때 의사소통의 문제가 발생한다. 끝까지 듣지 않고 지레짐작하거나 고정관념에 의해 판단할 때 의사소통은 단절되는 것이다. **채널**의 경우는 미디어의 종류에 따라 다르겠지만 대체로 기술적 문제로 인해 의사전달이 끊기거나 지연되는 경우와 악의적인 왜곡과 변조의 경우를 생각할 수 있다. 특히 인터넷을 통한 의사전달이 보편화되어 있는 현재 해킹(Hacking) 방지와 같은 보안에 신경을 써야 할 것이다.

07.04. 의사소통의 장애요인과 극복방안

의사소통의 장애요인은 송신자와 수신자의 관계에 의한 요인과 수단에 의한 요인 그리고 조직구조에 의한 요인으로 나누어 볼 수 있다. 첫째, 송신자와 수신자의 관계에 의한 의사소통 장애요인에는 i) 가치관의 차이로 다른 해석을 하는 경우. ii) 명령계통의 여러 단계를 거치면서 내용이 왜곡되는 경우, iii) 송신자가 자신에게 불리한 것을 은폐하는 경우, iv) 원만하지 못한 인간관계로 송신자가 감추려 하는 경우, v) 송신자의 전달 능력이 부족한 경우, vi) 수신자가 송신자를 불신하는 경우 등이 있다.

둘째, 수단에 의한 장애요인에는 i) 너무 많은 내용을 한꺼번에 전달하는 경우, ii) 미디어의 한계로 의사소통이 불완전한 경우, iii) 전달과정에서의 정보의 유실로 내용파악이 어려운 경우 등이 있다.

셋째, 조직구조에 의한 장애요인에는 i) 계층적 수직구조로 의사소통이 어려운 경우, ii) 비공식 조직의 역기능으로 의사소통이 왜곡되는 경우, iii) 조직 내 집단이기주의로 수평적 의사소통이 어려운 경우, iv) 의사소통 채널 부족으로 언로가 막힌 경우 등이 있다.

의사소통의 장애요인을 극복하기 위한 방안은 개인 수준과 조직 수준으로 나누어 설명할 수 있다. **개인 수준**에서의 장애 극복을 위한 방법으로는 i) 같은 내용의 메시지를 여러 경로를 통해 반복 전달하는 반복, ii) 수신자의 반응을 예측하는 감정이입, iii) 문자와 면대면 의사소통을 함께 사용하여 대답을 듣는 피드백 등이 있다.

조직 수준에서의 장애 극복 방법으로는 i) 조직구조의 측면에서 계층의 단계가 많은 조직의 경우 정보의 흐름이 비효율적이고 왜곡될 가능성이 많으므로 횡적 의사소통을 주로 사용하고, ii) 계층이 적은 조직의 경우는 상급자가 하급자와 직접 의사소통 하도록 하고, iii) 지위의 차이가 있는 경우 수직적 의사소통은 자유롭게 이루어지지 않으므로 전자우편과 같은 다른 수단을 함께 사용하는 것이 좋고, iv) 조직 내 통신망의 구축으로 의사소통을 촉진하고 다양한 의견을 듣기 위한 제안제도 등을 실시하는 것 등을 들 수 있다.

집단 역학

조직 내에는 여러 종류의 집단이 있다. 공식 · 비공식적 집단은 그 나름대로의 특성이 있으며 리더는 그러한 집단들의 특성을 파악하고 적절히 대처할 수 있어야 한다. 특히 예술조직의 경우 일반 기업과 달리 다양한 집단이 혼재해 있는 경우가 많으므로 리더는 집단 역학(Group Dynamics)에 관심을 기울여야 한다.

조직은 **다양한 집단**으로 구성된다. 조직의 집단은 공식적 집단과 비공식적 집단으로 나눌 수 있다. 공식적 집단으로는 계층적 구조에 따른 부서별 집단이 있으며 조직 내 집단의 대부분은 여기에 속한다. **비공식적 집단**은 조직구조와 관련 없이 조직 내 친근한 사람끼리 모이는 자생적 집단으로서 취미 동호회 정도이다. 공식적 집단에는 명령집단, 과업집단, 이익집단, 위원회 집단 등이 있는데, 명령집단(Command Group)이란 조직도 속의 상하관계로 이루어진 집단이고, 과업집단(Task Group)이란 사업별 목표 달성을 위해 정해진 기간 동안 함께 일하는 집단이고, 이익집단(Interest Group)이란 특정 이슈에 대해 관심을 갖는 노동조합과 같은 집단이고, 위원회 집단(Committee Group)이란 조직의 계층에 속하지 않고 막료의 전문가로 구성된 집단이다.

조직의 집단은 구성원 간의 결속력으로 뭉치고 사고방식과 가치관을 공유하는 경우가 많다. 집단은 나름대로의 규범을 가지게 되고 이것이 집단의 행동을 이끌게 되는 것이다. 이러한 **집단규범**에 따르지 않으면 그 집단에 속하지 못할 것이고 따라서 집단규범은 그 집단에 소속되기를 원하는 사람들이 응집력을 갖게 하는 것이다. 이러한 집단규범은 조직문화의 바탕이 되는 것이다. 그러나 집단규범은 집단사고의 역기능을 초래하기도 한다.

집단사고(Groupthink)의 역기능이란 고도의 응집된 집단이 비판적 평가능력을 상실하게 되는 경향을 말한다. 즉 스스로 아니라고 생각하면서도 비판하지 못하고 동료집단의 압력으로 무조건 동의하게 되는 것이다. 자신이 틀린 것을 알고 있으면서도 자료의 합법화와 정당화를 시도하고, 기대되는 것과 반대의 결과가 나타나고, 만장일치로 결정하고, 논의가 갑자기 중단되는 등의 징후는 집단사고가 작용한다는 신호라고 할 수 있다.

집단이 모일 때 특히 **회의**에 있어서 집단사고의 역기능이 잘 나타난다. 예를 들면 i) 한 사람이 공격적 어조로 토론을 지배하려 할 때, ii) 발언이 회의 주제와 관련 없는 논의로 흐를 때, iii) 개인적 감정에 의존해 발언할 때, iv) 서로의 주장이 채택되기 위해 경쟁할 때, v) 의제와 관련 없이 자신의 어려움을 토로할 때, vi) 의제와 관련 없이 자신에게 무언가를 해달라고 요구할 때, vii) 웃고 놀리고 흉내 내고 유치하게 굴 때, viii) 극단적 아이디어나 토론을 통해 자신의 지위를 각인시키려 할 때, ix) 수동적이고 토론에 참여하지 않을 때, x) 공상에 빠지거나 옆 사람과 귓속말로 속삭일 때 등이다.

샤인(Edgar H. Schein)은 이러한 역기능을 제거하기 위해 회의에 앞서 원칙을 정할 것을 주장하였다. 우선 회의 의제를 결정하고 아이디어를 제공하고 문제를 정확히 정의하고 해결책까지도 제시하여 회의에 참가한 사람들에게 충분한 시간을 주어 미리 생각하게 한다. 회의에서는 문제와 관련한 정보를 제공하고 각자 어떤 생각인지 질문한다. 아이디어를 구하고 아이디어를 명확히 하기 위해서 사례를 들어 설명하도록 한다. 회의의 주요 내용을 요약 정리하여 발표한다. 또한 회의에서는 모든 참가자가 말하게 하고, 한 사람이 논의를 이끌지 않도록 한다. 다른 사람의 의견 중 동의하는 부분이 있으면 적극적으로 지지를 표명하도록 독려한다. 분위기가 감정적으로 대립되면 유머를 사용하여 긴장을 누그러뜨릴 방법을 미리 준비한다. 소모적인 논쟁을 피하기 위해 필요한 경우 차이를 확인하고 인정하도록 하며 협상을 통해 공통 목표를 추구하게 한다. 예술조직의 경우 이사회와 경영진의 대립이 회의에서 문제가 되는 경우가 많은데 이는 항상 경계해야 하며 양자 모두 한 발 물러서 예술조직 초기의 설립취지를 뒤돌아 볼 필요가 있으며 공동의 목적이 무엇인가를 생각해야 할 것이다. 더구나 예술조직의 경우 리더십의 분산이 필요한 경우가 많으므로 여러 집단으로 나누어져 일이 진행되고 그 결과 집단사고의 역기능이 발생할 확률이 높은 것이다. 예를 들면 공연의 예술감독과 조직관리의 일반 매니저와의 대립이 발생할 수 있으며 양자가 독특한 집단규범을 갖고 있으므로 타협과 협상으로 이끄는 것이 쉽지 않다는 것이다.

제 9 장

조직관리와 정보체계

조직관리

01.01. 조직관리의 개념

조직은 인간과의 관계를 형성하는 것이다. 인간과의 관계를 형성하는 것은 조직의 목적 달성을 위해서이다. 즉 여러 사람의 협동적 노력에 의해 조직의 목적이 달성될 수 있는 것이다. 전략적 기획 다음의 단계가 조직관리이다. 조직관리란 특정 목적에 필요한 작업을 관리하고 조정할 수 있는 부분들로 **일을 나누는 과정**이다. 또한 조직관리란 목적 달성을 위한 기능의 마련과 이를 집행하기 위한 권한과 책임을 부여하는 것이다. 예술조직의 경우 지금까지 체계적 조직관리 없이 단체장이 모든 결정을 하며 특별히 조직관리에 신경을 쓰지 않았지만, 예술조직의 규모가 커지고 업무가 복잡해지면서 조직관리가 필요하게 되었다.

조직관리는 누가 어떤 일을 할 것인지를 명확히 하고 누가 누구에게 책임을 지는지를 명확히 하며, 의사소통의 채널을 명확히 하고 결정된 구체적 목표에 자원을 효율적으로 배분할 수 있게 한다. 조직관리에 있어 관리자의 역할은 부하들에게 그들이 관리할 수 있을 정도의 작업분량을 나누어 배분하는 것이다. 그리고 그 작업을 완전히 완수할 수 있도록 필요한 자원을 제공하고 지시한다. 이러한 조직관리의 내용은 이미 전략적 기획에서 방향을 결정하고 집행적 기획에서 구체적 수단을 결정하고 조정하는 것이다.

01. 02. 예술조직의 조직관리

예술조직에 있어 가장 적합한 조직관리는 무엇인가? 예술조직은 예술가들과 함께 일함으로써 일반 기업조직과 같은 관료제 모형이 적용되기 어렵다. 예를 들면 공연을 위해서는 예술감독을 정점으로 하는 스탭진의 수평적 조직구조와 일반 매니저의 명령계통의 수직적 조직구조가 공존할 수 있는 것이다. **예술조직**은 대부분 관객을 대상으로 하여 공연과 전시를 하고 처해 있는 외부환경이 비슷하기 때문에 인력과 재원 마련에 있어서도 유사하게 조직관리를 할 수 있을 것이다. 예술조직은 예술의 분야에 따라 다양한 조직관리 방법을 사용할 수 있으므로 조직관리의 다양한 이론을 살펴보도록 하자. 조직관리는 대체로 조직구조와 조직행태로 나누어 설명할 수 있다.

문화정책과 예술경영 02

조직구조

02.01. 조직구조의 중요성

조직구조란 조직의 목표를 효과적으로 달성하기 위한 **조직자원을 배치**하는 일이다. 좀 더 자세히 말하면 개인과 부서의 직무관계를 명확히 하고 직무수행에 필요한 권한, 직위, 책임을 기준으로 조직의 체계를 갖추는 것이라고 할 수 있다. 조직구조의 역할로는 i) 계획된 목표를 달성하는데 필요한 구체적 활동을 확정하는 것, ii) 관련성이 있는 활동들을 묶어 부문화하는 것, iii) 구조화된 활동을 일정 직위에 할당하고 그 직위간의 책임, 권한관계를 확정하는 것이라고 할 수 있다. 따라서 효율적인 조직구조는 i) 누가 무엇을 해야 하는지를 명확히 하고, ii) 누가 누구에게 책임을 지는가를 명확히 하고, iii) 누가 누구에게 의사소통을 해야 하는지를 명확히 하고, iv) 수행사업에 대한 자원배분을 명확히 하는 것이다.

조직구조란 목표 달성을 위해 작업과 사람들의 일하는 관계의 공식적 체계로 정의할 수 있다. 조직구조는 **조직도표**에 의해 가장 잘 나타나는데 조직도표는 조직 내 직위 그리고 부서별 업무와 사람과의 관계를 잘 보여준다. 조직도표는 조직구성도 차트(Chart)라고도 하는데 대체로 다음의 6 요소를 내용에 포함하고 있다.

첫째, 작업 또는 **과업**(Division of Work)이다. 작업분야에 따라 개인과 집단을 배정한다. 예를 들면 마케팅부서에서 홍보를 담당하고 있는 것이다. 둘째, **직위**(Type of Work Performed)이다. 그 부서에서 어떤 직책을 가지고 있는가를 결정한다. 예를 들면 마케팅부장, 조명감독 등이다. 셋째, **업무관계**(Working Relationships)이다. 한 직위의 사람이 수직적으로는 누구와 어떤 업무관계에 연결되는지 또 수평적으로 어떻게 연결되는지 사람과 업무와의 관계를 보여준다. 넷째, **부문**(Departments or Work Groups)이다. 마케팅부서, 판매부서 등으로 구분된다. 다섯째, **계층**(Levels of Management)이다. 일상적 업무를 하는 운영층인지, 인사와 예산을 담당하는 중간관리층인지, 외부환경에 대응하고 전략적 기획을 담당하는 최고관리자인지 알 수 있다. 조직이 커지면 조직의 수준도 달라진다. 조직이 작을 때는 중간관리층이 운영층의 업무도 해야 하지만 조직이 커지만 중간관리자의 일만 하기에도 바쁘게 된다. 여섯째, **의사소통의 경로**(Lines of Communication)이다. 계층을 통해 의사소통이 어떻게 이루어지는지 알 수 있다

02. 02. 조직구조의 관점

02. 02. 01. 전통적 관점

전통적 관점에서의 조직구조는 조직을 폐쇄체계의 관점에서 본 것이다. 베버(Weber)의 이상적 조직모형으로서의 **관료제**(Bureaucracy)는 폐쇄체계의 효율적 조직구조로서 대표적인 것이다. 관료제는 i) 분업과 전문화, ii) 규칙과 규제, iii) 계층제, iv) 비인정성 v) 경력주의의 특징을 갖는 것으로, 가능한 최대의 관리통제가 가능한 방향으로 조직을 설계하고, 조직 내 문제를 최

소화할 수 있도록 규칙과 규제를 강화하며, 개인적 자유재량권을 축소하고 공식적 구조에 의존하도록 조직구조를 설계하는 것이다.

관료제는 **기계적 조직**(Mechanistic Organization)과 비슷하다. 기계적 조직은 집중화, 많은 규칙, 정확한 분업, 좁은 통솔범위(Span of Control), 공식적이고 비인정적인 조정 등을 특징으로 하기 때문이다. 관료제가 명확한 계층적 권위를 가지고 전문화된 분야에 투입된 잘 훈련된 인력이 있으며, 공정하고 사심을 떠난 규칙과 규제의 체계적인 적용이라는 점에서 예술조직에 있어 적용 가능성이 매우 높다. 그러나 예술조직의 특성상 필요한 부문의 조직관리에 한정적으로 적용할 필요가 있는데, 예를 들면 매표소의 운영은 관료제 조직구조로 하는 것이 효율적일지도 모른다.

그러나 관료제에 대해서는 부정적 시각도 존재한다.[01] 관료제화가 계속되면 **역기능이 발생**할 수도 있다. 관료제의 특징인 분업화, 계층제, 규칙과 규제, 비인정성, 경력주의 등이 증대되면서 역기능이 나타나는 것이다. 첫째, 지나친 분업화와 전문화는 직무에 대한 흥미를 잃게 한다. 반복적인 지루한 일이 계속되면 인간은 오히려 **생산성**이 떨어진다. 또 한 사람이라도 실수하

---

01) 그러나 관료제는 1930 년대 말 미국의 경험주의 사회학자에 의해 비판을 받는다. 베버의 근대적 관료제 모형은 공식적 측면만 강조하고 비공식적 측면을 무시하였으며 경우에 따라 역기능적 측면이 있다. 이해관계의 상충에 따른 갈등으로 조직 내외의 권력현상이 있으며, 폐쇄체계적 관점에서 조직이 외부환경과 상호작용 하는 측면을 무시했다는 것이다. 또한 관료제는 1960 년대 발전행정론자들에 의해 역시 비판을 받는다. 베버의 관료제 모형이 관료의 권한을 자세한 법규로 규정하는 데만 급급하여 변화하는 사회의 속도를 따라가지 못한다는 것이다. 또한 관료제는 계층제의 지휘감독 체계보다는 수직적 분업체계로 파악되어야 하며, 전문지식이 오히려 발전지향성을 가로막는 경우가 있음을 지적하고, 베버의 경력주의도 현대사회의 복잡성에 따라 임시직과 계약직으로 필요한 인력을 활용해야 한다고 비판하였다. 이후, 베버의 관료제는 1970 년대 들어서면서 조직론자들과 후기관료론자들에 의해 비판을 받게 된다. 그들은 탈관료제 또는 후기관료제(Post-bureaucracy)의 모형을 고안하였는데, 베니스(W. Bennis)는 관료제가 유연한 구조, 환경변화에 신속한 적응, 인간적 가치의 존중 등을 중시하여야 한다고 하였다, 맥커디(H. E. McCurdy)는 계층제적 권한체계가 아닌 문제해결 능력을 가진 자의 권한체계가 중요하며, 문서화된 공식적 법규보다는 상황에 따른 규칙과 절차의 유연성이 필요하다, 비계층적 구조를 택하며, 비밀주의보다 공개주의를 택하고, 분업보다 집단적 사고를 중시하며 경력주의보다 직업상의 이동을 보장하고, 관료제의 구조를 임시적인 것으로 보아야 한다고 하였다.

면 전체 조직의 목표에 영향을 주어 조직실패를 야기하기도 한다.

둘째, 계층제가 지나치면 **비대응성**(Irresponsibility)이 나타난다. 관료제 내에서는 모두 일정 범위에 대해서만 책임이 있으므로 다른 사람의 범위를 침범할 수 없고 또 관심도 가지지 않는다. 따라서 모두의 관심사는 아무의 관심사도 아니다. 즉 전체를 생각하지 않고 부분만 또는 자기 일만 생각한다. 이것이 심해지면 부서 이기주의가 되는 것이다. 계층이 많아지면 특정 계층의 이익에 반하여 전체 이익을 달성하는 것이 쉽지 않다. 각 계층은 다른 계층과 차별화를 주장하고 상급자에게 줄을 대려 하기 때문이다. 계층제는 의사소통의 문제를 야기한다. 즉 정보, 지식 등의 의사소통 흐름에 문제가 있을 수 있다. 여러 계층을 거침으로써 왜곡, 검열, 차단, 자기 부서에 유리한 것만 전달되는 문제 등이 발생한다. 때로는 지식과 정보의 독점이 권력을 갖게 하므로 전달하지 않으려 한다. 계층이 많으면 서로서로 책임을 미룬다. 또한 거쳐야 할 절차나 상관의 결재가 너무 많게 된다.[02] 계층별로 효율적인 관료제는 전체적인 방향을 설정하는 것이 어렵다. 즉 지나친 계층제는 리더십의 부재와 권력의 분산을 야기하고 책임회피와 문서화와 공식화를 증대시킨다.

셋째, 지나친 내규나 규제는 업무의 혼란, 레드 테이프(Red Tape), 미결재 등의 비효율을 초래한다. 규칙과 규제는 일단 만들어지면 모든 조직구성원들에게 기회인 동시에 제약으로 작용하지만 **법규 만능주의**적 사고와 목표대체라는 역기능을 발생시킨다. 법규 만능주의란 공식적 규칙이 모든 문제를 해결한다는 입장이다. 그러나 상당히 안정적 조직이 아닌 다음에는 급변하는 환경에 적응해야 하는 예술조직에는 전혀 맞지 않는다. **목표대체 현상**이란 목표보다는 수단을 더 중요시하는 것이다.

넷째, 비인정성을 지나치게 강조하면 **비인간적**이 된다. 비인정성을 강조하면 업무수행에 있어 무관심(Indifference), 차별(Discrimination), 학대(Cruelty), 불공평(Injustice), 복수(Vindictiveness) 등을 자행해도 무감각하며 고치려 하지 않는다. 예술조직의 경우 비영리로 운영되는 경우가 많으므

---

02) 이를 Red Tape이라고 한다. 이는 미국 행정부의 결재서류에 빨간 리본을 둘렀다는데서 유래한다.

로 비인정성이 발생할 가능성이 많다. 또 비인정성은 목표달성의 능률을 위해 인간의 존엄성을 훼손하고 인간을 생산과정의 기계적 수단으로 전락하게 한다. 조직 전체의 목표달성을 위한 개인의 집합이 요구될 뿐, 숭고한 정신과 도덕의 소유자로서의 인간이 요구되는 것은 아니기 때문이다(Ramos, 1981; Denhardt, 1981). 그러나 인간은 행위의 주체자이지 피동적인 행위자가 아니다. 개인의 행동은 다른 사람들의 행동과 깊은 연관을 맺고 있으며 또 많은 영향을 준다.

다섯째, 직무에 전념할 수 있도록 신분을 보장해 주는 경력주의는 **창의력**과 혁신을 저해한다. 매일 똑같은 일만 하고 똑같은 사람과 대한다. 다른 조직과 연결이 거의 없고 외부환경과의 경험도 없고 외부환경과 거의 단절된다. 승진은 본인의 능력에 관계없이 무조건 보장되어지므로 열심히 일할 필요가 없다. 결국 승진에 대한 유인책이 없으므로 위험한 일은 무조건 회피하고 책임질 일을 하지 않게 되는 것이다.

02. 02. 현대적 관점

현대적 관점에서의 조직구조는 개방체계의 관점에서 외부환경의 변화를 수용하고 그에 효과적으로 대응할 수 있도록 조직구조를 설계할 것을 주문한다. 따라서 규칙과 규제보다는 자유재량권을 확대시키고 의사결정자의 책임과 의지에 따라 문제해결이 가능토록 조직구조를 설계해야 하는 것이다 현대적 관점의 조직구조는 **유기적 조직**(Organic Organization)의 개념과 관련이 깊다. 유기적 조직은 어느 정도 덜 집중화된 구조와 다소 유연한 규칙과 규제를 가지며, 약간은 모호한 전문화와 분업을 보여준다. 유기적 조직의 통솔범위는 매우 넓으며 다양한 작업과 책임자를 둘 수 있고, 더욱 비공식적이고 인간적인 형태의 조정 역할이 사용된다고 할 수 있다.

현대적 관점의 조직구조는 공식적 조직구조뿐 아니라 **비공식적 조직구조**까지도 고려하는데, 특히 예술조직은 비공식적 조직구조가 공식적 조직구조를 보완하는 경우가 많다. 이는 개별적인 업무와 전문적인 업무가 많기 때문에 그 분야에 뜻을 같이하는 사람들끼리 비공식적으로 모이는 경우가 많기 때문이다. 그러나 비공식 조직구조의 단점도 있는데, 비공식 조직구조는 중요한 목적을 분산시키며 변화와 혁신을 거부한다는 것이다.

유기적 조직과 기계적 조직의 어느 것이 예술조직에 적합한가? 전통적 관점보다는 현대적 관점에서의 조직구조가 예술조직에 더 적합하지 않을까? 이는 예술조직의 규모와 성격에 따라 달라질 수밖에 없다. 예술조직의 규모가 크고 복잡하면 기계적 조직의 장점이 돋보이고 예술조직의 규모가 작고 단순하면 유기적 조직이 더 나은 것 같다. 그러나 똑같은 이유로 외부환경과의 대응을 생각하면 오히려 규모가 크고 복잡할수록 유기적 조직이 되고 규모가 작고 단순하면 기계적 조직이 더 나을 수도 있다고 한다. 또한 예술조직은 다양한 성격의 조직이 결합되어 있으므로 **혼합적 조직구조**를 채택하여 각 부서마다 필요한 조직구조를 따로 정하는 것이 낫다는 입장도 있다. 예를 들어 예술조직에 있어 필요한 부분에는 관료제를 적용하는 것이 효율적인데, 대표적으로 매표소의 운영을 위해서는 관료제 조직구조가 가장 효율적이라고 한다.

02. 03. 조직구조의 설계

02. 03 .01. 직무전문화

조직구조의 설계를 위해서는 직무전문화, 부서화, 명령체계의 구축, 권한의 배분, 조정활동 등이 필요하다. 직무전문화(Job Specialization)란 전체 과업을 작은 요소로 분할하여 각자 업무를 담당하게 하는 것이다. 전문 영역에서 특정과업만 담당하는 것이 생산성을 향상시킨다는 관료제의 **전문화와 분업**의 믿음에서 시작되었다. 그러나 관료제의 역기능에서 보는 것과 같이 지나치면 지루함, 피로, 스트레스, 생산성 저하, 품질저하 등을 초래하게 된다.

02. 03. 02. 부서화

부서화(Deparmentalization)는 서로 유사하거나 관련이 있는 업무를 집단화하는 것이다. 부서화의 방법에는 기능별, 사업별, 지역별 부서화 등이 있다. **기능별** 부서화란 가장 일반적이고 보편적인 부서화 방법이다. 즉 유사한 기능 혹은 유사한 지식이나 기술을 가진 구성원을 하나로 묶는 방법이다. 예를 들면 판매부서, 마케팅부서 등이다. 기능별 부서화의 장점은 부서 내 조정활동이 용이하다는 것이고, 단점은 집단이기주의로 조직 전체의 통찰력을 상실하거나 부서 간 갈등을 초래할 수 있다는 것이다.

사업별 부서화란 산출물을 중심으로 부서화하는 방법이다. 공연별, 프로그램별 사업부서를 조직하는 것이다. 따라서 각 사업부서는 판매와 마케팅 등 필요한 기능을 모두 갖고 있어야 한다. 사업별 부서화의 장점으로는 독립채산체로 운영할 수 있다는 것이고, 단점으로는 조직 전체의 효율성보다는 사업별 효율성을 추구한다는 것이다.

지역별 부서화란 특정 지역 내 업무를 한 부서 내에서 가능하게 한 조직구조이다. 지방 장기공연과 같이 그 지역에 상주하면서 그 지역에서 모든 기능을 운영할 수 있어야 한다. 지역별 부서화의 장점은 지역 특정고객에 신속히 대응할 수 있다는 점이고, 단점은 관리인력을 파견해야 하는 등의 경비부담이 있다는 것이다.

02. 03. 03. 명령체계의 구축

명령체계의 구축이란 조직 계층 각각의 직위 간의 보고관계를 설계하는 것이다. 명령체계의 구축에는 몇 가지의 원칙이 있다. 첫째, **명령일원화의 원칙**이다. 부하는 직무라인에 따라 1 인의 상사로부터만 명령을 받고 그 사람에게만 보고하는 명확한 계선 관계를 갖는다. 둘째, **계층구조 명확성의 원칙**이다. 조직은 공식적 의사소통 체계를 명확히 함으로써 명령과 수용에 대한 혼선을 막고 감독의 범위를 분명히 한다. 이를 위해 조직은 일반적으로 피라미드형이다. 셋째, **통솔범위의 원칙**이다. 1 인의 관리자가 능률적으로 통제할 수 있는 부하직원 수는 어느 정도 정해져 있다. 조직에 따라 6 명

또는 20-30 명이라는 다양한 의견이 존재하는데 예술조직의 경우에도 규모와 성격에 따라 통솔의 범위는 다를 것이다. 넷째, **계층구조 단축화의 원칙**이다. 조직의 능률을 높이기 위해서는 조직의 계층구조를 가능한 축소시켜야 한다.

02. 03. 04. 권한의 배분

명령계통은 필히 권한의 배분 문제를 야기한다. 즉 직위 간의 권한을 어떻게 배분할 것인지를 결정하는 것이다. 권한(Authority)은 조직에 의해 합법적으로 부여된 공식적인 권력(Power)으로서 직무수행의 근거가 되며 권한이 생기면 반드시 책임도 동시에 부여되어야 한다. 권한의 **집권화**는 내부통제력을 확보하기 위한 것이고 **분권화**는 환경변화에 신속 대응하기 위한 것이다. 권한의 이양과 위임으로 재량권이 생김으로써 환경변화에 신속히 대응하는 결정을 내릴 수 있기 때문이다.

02. 03. 05. 조정

조정활동이란 조직의 목표 달성을 위한 각 부문들의 다양한 활동들을 체계적으로 연계시키는 과정이다. 조정활동은 조직 내에 존재하는 하위부문들이 조직의 유효성보다는 능률의 원칙을 따르기 때문에 발생한다. 최근 조직의 업무 간의 **상호의존성**과 부문 및 집단 간의 이질화 현상이 증대하여 이러한 조정활동의 중요성이 강조되고 있다. 조직 규모가 작고 단순한 경우의 조정의 방법으로는 조직의 계층구조를 이용하거나 규칙과 절차를 이용하고, 대규모의 복잡한 조직의 경우라면 수직적 정보체계를 이용하거나 수평적 관계향상을 이용하는 것이 낫다. 또 동일한 문제나 상황을 처리해야 할 사람들 간에 직접적인 접촉을 권장하는 방법, 즉 두 부서의 업무에 익숙한 사람으로 하여금 두 부서의 연결기능을 전담시키는 방법이 있다. 이 외에도 특정한 문제해결을 위하여 다양한 부서의 구성원들을 포함하는 위원회나 태스크포스(Task Force) 등도 조직의 수평적 관계 향상을 위한 방법이다.

02. 04. 조직구조의 결정요인

02. 04. 01. 기술수준의 정도

조직구조를 결정하는 요인에는 기술수준의 정도, 조직규모, 환경에 대한 적응 여부, 조직구성원의 정치, 전략 등이 있다. 기술수준의 정도가 조직구조에 영향을 미치는 것은 기술이 복잡해지면 관리자의 계층과 수가 많아지기 때문이다. 단순하고 반복적인 기술의 경우 하위관리자들이 감독해야 할 근로자의 수가 많아지지만, **복잡한 기술**의 경우 생산과 관련 없는 업무량이 늘어나 비생산직 근로자의 비율이 높아지는 것이다.

02. 04. 02. 조직규모

조직의 규모 역시 조직구조에 영향을 준다. 조직규모가 클수록 조직 내 직무전문화 정도가 높다. 규모가 커지는 가장 큰 이유는 **업무량이** 늘어나기 때문인데 늘어난 업무를 효과적으로 처리하기 위해서는 더 많은 직무를 전문화시켜야 한다. 조직의 규모가 클수록 몇 사람이 모든 의사결정을 도맡아 할 수 없게 되어 권한의 분산 정도도 커지게 된다.

02. 04. 03. 환경에 대한 적응

환경(Environment)에 대한 적응여부가 조직 생존에까지 영향을 미친다. 번스와 스토커(T. Burns & G. M. Stalker)의 미국 내 20 개의 기업을 대상으로 한 조직의 구조와 환경과의 관계에 대한 조사연구가 있다. 생산활동에 중점을 두는 기계적 시스템과 환경변화에 대한 적응에 중점을 두는 유기적 시스템이 있는데, 역동적 환경에서는 **유기적 시스템**이, 안정적 산업에 있어서는 **기계적 시스템**이 능력이 뛰어났다고 한다.

02. 04. 04. 정치적 변수

조직구성원 간의 권력이나 정략 등과 같은 정치적 변수들이 조직구조에 영향을 미친다. 조직구조는 조직 내에서 서로 자기의 이익을 많이 차지하려는 내부 구성원들의 **권력투쟁**의 결과이다. 조직에서 권력을 지니고 있는 사람들은 자신의 통제권을 행사하기 쉬운 방식으로 조직구조를 결정하게 된다.

02. 04. 05. 전략

챈들러(Chandler)는 1962 년에 미국 내 1,000 여 개 기업을 대상으로 한 연구에서 조직구조는 전략을 따른다고 결론지었다. 챈들러는 대부분의 기업이 창업 초기에는 단일제품에서 출발하기 때문에 전략은 단순성을 띠고 조직구조는 느슨하다. 그런데 기업이 성장함에 따라 전략은 더욱 확대되고 복잡성을 띠게 되는데 이는 생산하는 제품계열이 많아지고 활동내용도 확대됨에 따라 업무내용이 증가되고 단위부서 간의 상호의존성이 증대되기 때문이라고 하였다.

02. 05. 조직구조의 형태

02. 05. 01. 전통적 조직구조

전통적 조직구조에는 직계식 조직, 기능식 조직, 사업부제 조직, 행렬조직, 프로젝트 조직 등이 있다. **직계식 조직**은 라인조직 또는 계선조직이라고도 한다. 권한과 명령관계가 직선적으로 구축된 가장 단순한 조직을 말한다. 직속 상사에 대하여 지휘와 감독을 받는 수직적 관계이며 주로 군대식 조직(Military Organization)이 대표적 예이다. 직계식 조직은 책임과 권한이 명확하고 조직이 안정적이며 통솔이 용이한 장점이 있다. 그러나 감독과 감시의 독단성 문제와 조정의 어려움이 있다는 단점도 있다.

기능식 조직은 직능식 조직이라고도 한다. 기능식 조직은 전문관리자를 두고 작업자들을 전문적으로 지휘하고 감독한다. 즉 기능식 조직은 관리자의 감시하에 사람과 활동을 함께 집단으로 묶는 것이 중요하다. 관리의 전문화라는 장점은 있으나 여러 명의 지휘감독으로 혼선과 세력 다툼이 발생할 가능성이 있고 서로 책임을 전가하는 등의 문제점이 있다.

사업부제 조직이란 경영활동을 제품별, 지역별, 고객별로 분화한 후 사업본부장에게 모든 권한과 책임을 위양하여 운영하는 것이다. 급성장 전략과 다각화 전략을 추구하는 조직의 경우 유리한 조직구조이다. 예를 들면 예약, 생산, 전시, 음식 등에 따라 사업부를 별도로 조직하는 것이다. 각각은 전혀 다른 운영조건이며 전문화된 감독과 전문화된 인력이 필요한 경우가 많다.

행렬조직(Matrix Organization)이란 기능에 따라 부서화한 다음 특정 사업이나 프로젝트별로 다시 집단화한 조직을 말한다. 즉 기능조직과 사업부제 조직이 결합된 형태이다. 의사결정이 프로젝트팀 내에서 이루어지도록 권한을 위임해 주는 것이 필요하고 이는 환경변화에 신속히 대응하는 장점이 있다. 그러나 2 인 관리자의 통제로 혼선을 야기할 수도 있는 단점이 있다.

프로젝트 조직이란 일시적인 조직이다. 위원회 조직은 상시성이 있으나 프로젝트 조직은 문제 해결 뒤에는 바로 없어지는 일과성의 조직이다. 프로젝트 조직이란 특정 사업을 달성하기 위한 한시적이며 자율적 조직으로서 사업에 적합한 전문가 위주로 모여 신속한 변화와 적응이 가능한 조직다.[03)]

02. 05. 02. 새로운 조직구조

다양한 형태의 새로운 조직구조들이 등장하고 있는데 대표적인 것으로는 팀제 조직과 네트워크 조직을 들 수 있다. **팀제 조직**이란 글로벌 경영환경하에서 급격한 환경변화에 대응하기 위해 의사결정 구조를 단축시키고 조직을 더욱 역동적으로, 또 과업중심적으로 설계하여 탄력적 조직운영을 꾀하는 것이다. 조직구조가 팀장을 중심으로 수평적 조직으로 전환한다. 팀장은 팀의 대표자, 지원자, 책임자로서 업무의 분배와 역할배분 그리고 인사권

03) 프로젝트 조직의 최고관리자를 프로젝트 담당자(Project Manager) 또는 프로젝트 리더(Project Leader)라고 한다.

과 결재권을 지니고 팀원의 육성 및 평가의 역할을 수행한다. 팀 구성원은 스스로 목표를 설정하고 할당된 과업을 수행하며, 자신의 능력개발과 업무상의 권한을 행사한다. 팀 구성원에 대한 동기부여와 신속한 의사결정 그리고 업무 성과에 대한 평가가 쉬운 장점이 있다. **네트워크 조직**은 인터넷의 급속한 확산으로 나타난 조직구조로서 네트워크 형태의 그물형 조직구조이다. 조직환경의 변화에 유연하게 대응하기 위한 무경계 조직구조이며 개방형 시스템 성격을 가진다.

02. 06. 예술조직의 조직구조

02. 06. 01. 조직구조 결정의 고려사항

예술조직의 조직구조를 결정하는데 고려해야 할 5 요소가 있다. 예술조직의 조직구조는 조직의 전략, 구성원, 규모, 기술, 외부환경 등과 관련 있다.

첫째, 예술조직은 사명이 중요하고 이를 달성하기 위한 **전략**(Strategy)을 수립해야 하며 조직구조는 이러한 전략을 전반적으로 지원할 수 있도록 구성되어야 한다.

둘째, **조직구성원**(People)의 성격에 따른 조직구조가 필요하다. 예술조직의 구성원들은 자기 효능감(Self-efficacy)과 자아존중감이 강하고 자아실현을 위해 노력하는 사람이 있는가 하면 매일 반복적인 업무에 종사하는 사람도 있다. 박물관의 큐레이터(Curator)는 자신의 창조성을 발휘하려 하지만 박물관 경비원은 엄격한 규칙을 지킬 윤리가 필요한 것이다.

셋째, 초기 예술조직의 **규모**(Size)가 작을 때는 몇 사람이 모든 일을 다 하게 되지만 조직이 커지게 되면 단순했던 조직 차트와 의사소통 채널이 갑자기 복잡해진다. 즉 한 사람의 보스에게 보고하고 이 보스가 모든 조정을 담당하는 예전의 에이전시(Agency)에서 기능적 부서(Functional Department)로 바뀌어야 하는 것이다.

넷째, **기술**(Technology)은 조직구조에 영향을 미친다. 새로운 기술로 예술의 생산, 유통, 소비의 과정이 달라진다면 조직구조 역시 달라져야 한다. 컴퓨터의 등장으로 조직구조는 더 수평적으로 연결되고 그리고 네트워크화되고 있는 것이다.

다섯째, **외부환경**(External Environments)에 따라 조직구조가 변경될 수 있다. 정치적, 법적 환경은 새로운 법을 제정하고 그 결과 예술조직의 직원 고용과 훈련에 영향을 미친다. 예를 들면 비정규직법 또는 의료보험법 등의 제정과 개정으로 예술조직의 많은 계약직 직원들의 수에 큰 변동이 초래될 수 있다.

02. 06. 02. 조정활동

예술조직의 조직구조는 다양하게 구성되는데 조직구조가 구성된 이후의 조정(Coordination) 역시 중요하다. 조정에는 수직적 조정(Vertical Coordination)과 수평적 조정(Horizontal Coordination)이 있는데, **수직적 조정**이란 한 조직 내 다양한 부서와 사업 프로그램의 활동을 통합하는 계층적 권위의 과정이라고 할 수 있고, **수평적 조정**이란 조직을 가로질러 활동을 통합하는 과정이라고 할 수 있다.

수직적 조정의 경우 명령계통(Chain of Command)은 높은 계급의 권위로서 명확하며 끊어지지 않고 이어져야만 한다. 예술조직에서는 사무국장이 이사장이나 대표이사보다 더 많은 일을 하고 더 권위를 갖는 경향이 있다. 수직적 조정에 있어서는 얼마나 많은 부하를 거느릴 수 있는가의 통솔의 범위, 어느 정도까지 재량권을 줄 것인가의 위임, 어느 정도 권력을 집중시킬 것인가의 집권화와 분권화 정도까지 고려해야 한다. **예술조직**의 경우 특히 수평적 조정이 중요한데, 생산, 콘서트, 전시 등은 여러 부서의 기능이 통합적으로 필요하며 서로의 의사소통이 중요하기 때문이다. 또한 매트릭스 조직에서는 수평적 조정이 절대로 필요하다.

02. 06. 03. 조직의 비대화

예술조직의 조직구조에 있어서 지적할 것은 조직의 비대화 문제이다. 관료제의 비대화를 지적한 **파킨슨(Parkinson)의 법칙**은 조직구성원이 업무가 많으면 동료와 업무를 나누려 하기보다는 부하직원을 거느려 자기 일을 돕게 하고, 부하가 늘어남에 따라 파생적인 업무, 예를 들면 지시 · 감독 · 보고 · 결재 등과 같이 업무 이외의 일이 늘어나게 되고, 이는 다시 업무의 과중으로 부하직원을 늘려달라는 요구로 이어지게 된다는 것이다.[04)]

예술조직의 비영리 특성상 이러한 파킨슨의 법칙이 나타날 가능성이 있다. 정부지원의 보조금이 예상 외로 많거나 후원자에게서 거액의 기부를 받는 경우 이러한 비대화 문제가 발생할 수도 있을 것이므로 주의해야 한다. 또한 니스카넨(Niskanen)은 **예산극대화 모형**을 주장하여 관료 조직의 비대화를 비판하였다. 예산극대화 모형이란 관료들은 자기 이익의 극대화를 위해 항상 예산을 극대화한다는 것이다. 즉 자기가 속한 부서의 예산을 증액시키기 위해 최대한 노력한다는 것인데 예술조직의 경우에도 이러한 이론을 할 수 있다. 따라서 예술조직은 부서의 성장을 계속 기록하여 조직의 성장과 함께 감독할 필요가 있는 것이다.

---

04) 이러한 현상을 파킨슨은 업무배증의 원리와 부하배증의 원리로 설명하였다.

조직행태

03. 01. 개인의 신상특징

조직관리는 조직 속에서의 인간의 행동 즉 조직 내 인간의 본질을 파악하고 그들을 어떻게 움직일 것인지 결정하는 것이다. 이를 위해 조직행태학의 다양한 이론들을 적용한다. 조직행태는 조직 내 개인의 행동에 영향을 미치는 개인의 신상특징, 동기부여, 리더십, 갈등관리, 조직문화 등을 연구한다. 개인의 신상특징으로는 **성격과 태도**를 주로 연구한다. 권위주의적 성격, 권력지향적 성격, 지위의 차이, 권력 등이 조직구성원의 행동에 어떤 영향을 주는지 연구한다. 태도는 직무만족과 조직 몰입 등에 관한 연구가 주로 이루어진다. 직무만족은 봉급, 승진 가능성, 근무조건, 상사, 동료 등에 의하여 영향받고 조직 몰입은 조직에 대한 충성심과 헌신도에 의해 영향 받는다.

03. 02. 동기부여이론

동기부여이론에는 매슬로우(Maslow)의 생리적, 안전, 사회적, 존경, 자아실현 욕구의 욕구 5 단계설, 앨더퍼(Alderfer)의 생존, 관계, 성장 욕구의 ERG 이론, 허즈버그(Herzberg)의 만족요인과 불만족 요인의 욕구충족 요인, 이원론의 **위생이론**, 맥클러랜드(McClelland)의 개인마다 욕구가 다르며 학습에 의해 차이가 난다는 성취, 권력, 친교 욕구의 성취동기 이론, 맥그리거(McGregor)의 강제, 통제, 명령, 처벌의 X 이론보다 스스로 일하고 책임지려 하는 Y 이론 인간형을 강조한 X Y 이론, 샤인(Schein)의 인간의 욕구체계는 복잡하고 변화한다는 복잡한 인간이론, 핵크만과 올드햄(Hackman & Oldham)의 직무가 성장욕구와 부합할 때 동기유발 한다는 **직무특성 이론** 등이 있다.

03. 03. 리더십이론

리더십이론은 전략적 기획과 함께 제 8 장에서 상세히 설명했으므로 여기서는 생략한다. 다만 예술조직의 경우 전통적 리더십과 변혁적 리더십의 혼합적 리더십이 요구되며 조직구조의 규모와 성격에 따라서 각기 다른 리더십이 요구된다는 것을 지적하고자 한다. 특히 예술조직의 경우 **변혁적 리더십**이 요구되는 경우도 많은데 예술조직의 심미성 추구를 위한 카리스마적 리더십이나 영감적 리더십이 필요하다. 정부지원과 기업후원을 위한 개별적 배려의 리더십, 그리고 변화하는 외부환경에 적극적으로 대응할 수 있는 학습하는 지적 자극의 리더십 등이 요구되는 것이다.

03. 04. 갈등

권력이란 한 사람이 다른 사람에게 영향력을 미칠 수 있는 능력인데, 의지를 가진 두 사람의 권력이 대립할 때 갈등이 발생한다. 갈등은 주로 자신의 이익이나 관심사가 다른 사람에 의해 좌절되는 경우에 발생하는 것이다. 따라서 갈등의 원인을 파악하여 제거함으로써 조직의 성과를 개선해야 한다. 예술조직의 경우도 이사장과 경영진, 일반 매니저와 예술감독의 갈등이 항상 존재한다. 예술조직에는 많은 다양한 배경의 구성원들이 있으므로 갈등이 일어나기 쉬운 것이다. 때로는 갈등을 부정적으로만 보지 않고 성과 향상에 연결시키려는 노력을 하기도 한다. 이는 조직구성원 간의 갈등을 **경쟁으로 승화**시켜 조직발전에 도움이 되는 것이다.

03. 05. 조직문화

조직은 사회적 시스템이다. 이 시스템에서 구성원은 가치와 신념 그리고 의식과 언어를 공유한다. 한 조직에 속하는 그들만의 공통점이 있는 것이다. 이를 **조직문화**라고 한다. 조직문화의 요소에는 조직의 명성, 가치, 영웅들, 의식, 문화 네트워크 등이 있다. 조직의 명성은 그 조직의 특성을 가장 잘 대변하는 것이다. 가장 보수적인 예술조직이라든가 가장 전위적 · 실험적 예술조직이라는 것이 명성이다.

조직의 가치는 주로 조직의 표어(Slogan)에서 발견된다. 예를 들면 포드자동차의 '품질이 최고'와 같이 조직구성원들이 함께 공유하는 가치이다. **영웅**들은 어느 조직에나 존재한다. 최근 애플사의 영웅 스티븐 잡스(Steven Jobs)가 애플에 다시 합류하였다. 영웅은 조직의 역할 모델로서 조직의 목적과 가치를 표현한다. 조직의 영웅이란 강력한 리더십으로 성과기준을 정하고 인력을 동기부여하고 조직의 역사를 창조하는 조직 전설의 사람이다. 조직의 가치와 신념을 끌어내는 심볼릭 액션(Symbolic Action)이 필요한데 **의식과 언어**가 주로 사용된다. 그들만의 의식과 그들만의 언어를 사용함으로써 일체감과 조직원의 긍지를 느낄 수 있다. 이러한 의식과 행사가 없으면 그 조직의 신념과 가치는 희석되는 것이다. 예술조직은 상황에 따라서 이러한 조직문화가 혼합적으로 나타난다. 조직문화는 정적인 것이 아니라 내부여건과 외부환경의 변화에 대응해 나가며 끊임없이 변화하고 발전하는 것이다.

04 조직통제

04.01. 통제의 개념

통제란 무엇인가? 통제의 개념을 이해하기 위해 다음의 예를 생각해 보자. 한 조직의 목적이 어떤 재화나 서비스를 만드는 것이라면 **최종 산출물에 대한 기준**이 있을 것이다. 만약 그 기준에 합당하지 못한 산출물이 생산된다면 이는 조직의 목적에 부합하지 못하므로 그 기준에 합당한 산출물이 나오도록 불량품을 버리고 새로 생산해야 할 필요가 있는 것이다. 이처럼 통제는 조직의 활동을 측정하고 기대치와 비교하여 허용할 수 있는 한계 내에서 유지되도록 하는 경영활동의 한 측면이라고 할 수 있다.

통제라는 단어는 다소 부정적이다. 누군가에 의해 통제된다는 의미는 간섭으로 비치기 때문이다. 그러나 조직에서 일이 제대로 진행되기 위해서는 통제가 필수적이다. 통제란 **조직의 성과를 감시**하는 과정과 목표 달성에 필요한 행동을 취하는 것이다. 불확실성, 복잡성, 인간의 제약성, 집중화의 정도 때문에 조직의 통제가 필요하다. 미래는 불확실하기 때문에 항상 현재의 성과를 측정하여 목표 달성에 가까이 가고 있는지 통제할 필요가 있다. 조직의 여러 부서와 여러 과업들은 복잡하게 얽혀 있으므로 통제해야 하고, 인간은 항상 실수하기 때문에 통제되어야 하고, 조직의 집중화 또는 분산화 정도에 따라 다른 통제방식을 사용해야 하는 것이다.

04. 02. 조직과 통제

이러한 통제는 조직 계층에 따라 그 방법에 조금씩 차이가 있다. **최고관리층**의 경우 조직구조와 상벌제도, 위원회 등을 통해 통제를 한다. 예를 들면 조직구조를 수평적으로 분권화하여 지역별 관리자에게 산출물에 대한 책임을 지게 하는 것이다. 또는 반대로 중앙집권적인 수직적 구조로 만들어 최고관리자의 통제 하에 두는 방법을 사용할 수도 있다. 산출물의 결과가 기준에 부합되면 상을 주고 부합되지 않으면 벌을 주는 방법도 있으며, 은행의 대출위원회와 같은 협의에 의한 통제를 할 수도 있다.[05)]

중간관리층은 예산, 감독, 관리계층제, 검열위원회 등을 통해 통제를 한다. 예산은 중간관리층에서 가장 쉽게 사용하는 통제의 방법이다. 목적을 달성한 부서에는 예산을 배정해 주고 성과가 없는 부서에는 예산을 배정해 주지 않는 것이다. 중간관리층은 직접적인 감독으로 산출을 통제할 수 있으며, 또 여러 계층을 통해 계속적으로 통제를 할 수도 있다. 또한 최고관리층과 마찬가지로 위원회제도를 이용하기도 한다.

하위관리층은 절차, 회계감사, 감독, 관리계층제 등을 통해 통제를 한다. 절차란 그 작업이 어떻게 이루어져야 하는지 또는 그 거래가 어떻게 처리되어야 하는지를 정해둔 것을 말한다. 따라서 그 절차대로 이루어지지 않은 작

---

05) 즉 일정한 대출기준이 정해져 있고 이에 부합되지 않으면 대출신청은 기각되는 것이다. 이처럼 위원회를 이용한 통제는 은행의 대출승인이 금융 전문가들의 검토에 의한 합의로 이루어지므로 은행장의 독선이나 정치권의 영향력이 개입될 소지가 없다는 장점이 있다.

업과 거래는 통제되는 것이다. 회계감사를 통해 잘못된 업무처리를 밝혀낼 수 있으며, 직접적인 업무 감독과 관리계층제를 사용해 계속적으로 통제할 수도 있다. 이러한 통제가 실패하게 되면 정상적인 조직의 기능을 수행할 수 없게 될 것이다.

04. 03. 통제과정

04. 03. 01. 통제과정의 순서

통제과정은 다음과 같은 순서로 이루어진다. 첫째, 통제를 하기 위해서는 먼저 달성해야 할 성과를 목표치와 기간 등을 사용하여 구체적으로 정해야 한다. 둘째, 달성된 것을 측정하고 목표치와 비교해 본다. 셋째, 실제 달성한 것과 목표치의 차이가 무엇 때문인지 원인을 규명한다. 넷째, 차이를 야기한 원인을 제거하여 개선책을 실행한다. 그러나 예술조직의 경우 **성과의 측정**이 쉽지 않다. 이는 문화예술 경제학의 수요와 공급 특성에서 볼 수 있는 것처럼 계량적으로 또 수치로 표현될 수 있는 목표가 아닌 추상적 가치 또는 무형(Intangible)의 가치로 표현되는 목표가 많기 때문이다.

04. 03. 02. 목표관리

조직의 통제를 위한 방법으로는 목표관리(Management by Objectives: MBO)가 대표적이다. 목표관리는 **기획과 통제**가 결합된 형태로서 정해진 기간 내의 성과 목표를 수립하고 이 목표를 달성하기 위한 기획을 한다. 여기서 성과를 측정하는 방법에 대해서 통제자와 작업자 사이에 동의하고 성과를 비교하는 절차에 대해서도 통제자와 작업자 사이에 동의가 확립되어야 한다. 목표관리는 예술조직의 전반적 · 전략적 기획의 한 형태로 고려할 수 있지만 예술조직의 경우 집단별로 목표 달성 기간이 다른 경우가 많아 시간이 많이 걸리는 목표관리가 적용되기 어려운 단점도 있다.

성공적인 목표관리를 위해서는 목표의 명확성, 실현성, 현실성, 수용성 등이 요구된다. **명확성**이란 목표가 명확하게 설정되어야 한다는 것이다. 작업자들이 명확한 목표가 무엇인지 모른다면 제대로 일이 진행될 수 없을 것이다. 목표를 명확하게 하기 위해서는 목표를 검증할 수 있는 방법으로 진술하고 추상적 의미를 배제한 계량적 척도 위주로 기술할 필요가 있다. 세계 최고의 공연이 아니라 관객 10 만 돌파 공연이 목표가 되어야 하는 것이다.

실현성이란 달성 가능한 목표를 설정해야 한다는 것이다. 실현 불가능한 목표는 일할 의욕을 상실하게 한다. 실현가능한 목표를 설정하기 위한 방법으로는 실질적인 목표를 설정하고 기획자와 작업자가 공동으로 목표를 개발하고 목표가 작업자의 업무 성취에 동기부여를 할 수 있도록 한다.

현실성이란 조직의 내부여건과 외부환경을 고려한 목표이어야 한다. 조직 자원이 부족한 상황이거나 또는 법령의 개정으로 문제가 발생할 수도 있는 상황이라면 목표달성을 할 수가 없는 것이다. 또한 최고관리자가 목표달성 위한 작업을 지원하지 않거나 작업자가 자신의 신념과 다르다고 하여 제대로 일하지 않는 문제가 발생할 수도 있다. 목표관리 계약과 같은 방법을 이용하여 목표와 수행업무를 문서로 작성하고 서명하게 함으로서 목표관리의 현실성을 보장할 수 있을 것이다.

수용성이란 목표가 작업자의 관심을 유도하고 동기부여할 수 있는 것이어야 한다는 것이다. 목표가 경영자만을 위하고 작업자의 관심을 반영하지 못한 것이거나 작업자를 위협하는 것이라면 저항을 받게 된다.

04. 03. 03. 예외관리

성과기준을 명확히 확립한 다음 여기에 **예외**가 되는 경우에는 따로 통제한다. 이를 예외관리(Management by Exception)라고 한다. 만일 성과기준을 훨씬 초과한다면 이는 기회로 간주되고 이를 충분히 활용할 수 있도록 그 원인을 찾아본다. 반대로 성과보다 못하다면 다양한 동기부여 방법들을 동원하여 성과를 올릴 수 있도록 한다. 공연이나 사업 프로그램을 진행하다 보면 계획과 실제 사이의 차이가 발생하는데 이 경우에도 어느 정도까지 차이를 허용할 것인가를 결정해야 하는데 이를 예외관리라고 한다.

04.04. 예술조직의 통제

예술조직의 경우 통제는 공식적으로 정기적으로 이루어져야 하고 개개인의 성과를 평가하는 시스템이 확립되고 피드백을 통해 성과를 향상시키도록 한다. 예술조직의 경우 스스로 좋아서 일하는 사람이 있는 만큼 그들을 통제한다는 것은 쉽지 않다. 그들은 통제받는다고 느끼는 순간 직장을 그만둘 수도 있기 때문이다. 예술가들은 심미성을 추구하며 창조적 작업을 하는 사람이므로 통제를 좋아하지 않는다. 따라서 다소 **유연한 통제 방식**을 사용하도록 해야 할 것이다. 이처럼 예술조직의 통제는 개개인에 따라 달리 적용될 수밖에 없다.

정보체계

05. 01. 정보의 개념

조직의 가장 중요한 업무는 의사결정이다. 그런데 이와 같은 의사결정을 하기 위해서는 **정보**가 필요하다. 정보는 자료처리 과정을 거쳐 특정 의사결정에 도움이 될 수 있도록 영향을 줌으로써 가치가 인정되는 것, 즉 가공처리된 자료라고 할 수 있다.[06] 특정한 목적이나 상황에서 불확실성을 없애 의

06) 와이너(N. Weiner)에 의하면 정보란 외계 즉 환경에 적응하려고 행동하고, 그 조절 행동의 결과를 감지할 때 인간이 외계와 교환하는 어떤 내용이다. 샤논(C. Shannon)은 정보를 불확실성을 감소시키는 것으로 그 최소 측정단위는 메지지 송신에 필요한 비트(Bit)라고 한다. 이것은 정보개념에 대한 일종의 수학적 정의로서 정보를 양적인 단위로 나타낸 것이다. 맥도노(A. McDonough)에 의하면 정보란 특정 상황에 있어서의 가치가 평가된 데이터이며, 개인이나 조직의 문제해결과 결정을 위하여 유용한 것이라고 한다. 데이비드와 올슨(David & Olson)의 정의에 따르면, 정보란 받아들이는 사람에게 의미 있는 형태로 처리된 데이터이며, 현재 또는 장래의 의사결정에 있어서 가치를 인정받은 것이다. 루카스(Lucas, Jr.)는 정보를 어떤 사건에 대한 불확실성을 감소시키는 유 · 무형의 실체라고 한다.

사결정을 하는 데 도움이 되어야 하고, 다양한 종류의 데이터에 의미가 부여되어져 가치를 지니고 있는 것이어야만 정보라고 할 수 있을 것이다.

정보와 비슷한 의미로 사용하는 많은 유사한 개념들이 있다. 먼저 정보와 **데이터**(또는 자료)의 차이에 대해 살펴보자. 정보를 구성하는 것은 데이터이다. 데이터가 일정한 목적에 맞게 처리 · 가공되면 이를 **정보**라고 할 수 있다. 정보와 지식도 구분되는 개념이다. **지식**은 행동이나 의사결정에 지침을 제공하는 본능, 아이디어, 규칙 및 절차 혹은 정보가 축적되어 그 의미가 정보보다 더욱 명확하고 모든 사람에게 가치가 인정되는 내용을 의미한다. 즉 의미 없는 숫자 또는 기호(자료)에 의미를 부여한 정보를 의미 있는 형태로 배열한 규칙 또는 정리를 지식이라고 할 수 있다. 따라서 지식은 특정 상황에서 평가된 자료가 일반적 상황에서도 같은 의미를 가질 수 있을 때 그 가치를 인정받는다. 즉 언제 어디서나 그 가치를 인정받는 정보만이 지식이라고 할 수 있다.[07] 정보는 특정 상황에서 의미가 있지만 지식은 일반 상황에서 보편적으로 의미를 가진다.

05. 02. 정보체계

05. 02. 01. 정보체계의 정의

정보체계는 흔히 **경영정보체계**(Management Information Systems)로 알려져 있는데 줄여서 MIS라고도 한다. MIS는 데이타의 수집, 결합, 비교, 분석, 분배를 제공하는 기계적 장치이다. MIS는 예술조직의 관리에도 중요하다. MIS는 민감도 분석 등 관리적 측면뿐 아니라 무대 시뮬레이션에 이르기까지 예술조직의 모든 의사결정 과정에 활용될 수 있기 때문이다. 예술조직의 정보체계는 정보통신기술을 이용하여 정보를 생성, 처리, 전달, 저장하

07) 한편, 지식과 유사한 개념으로는 지혜가 있는데 참고적으로 지혜는 가치의 타당성이 일반화되고 보편화되어 있는 지식을 개인의 암묵적 지식으로 승화시키는 것을 의미한다.

기 위해 인간과 기계가 결합된 것이라고 할 수 있다.

정보체계는 학자들마다 나름대로 여러 가지 정의를 내리고 있다. 그 대표적인 정의만 살펴보면, 루카스(Henry C. Lucas, Jr., 1994)는 정보체계를 조직에 필요한 정보를 제공하기 위한 일련의 조직화된 절차라고 하며, 알다그와 스티언스(Aldag and Stearns, 1991)는 정보체계를 효율적 의사결정을 진작시키는 정보흐름의 통합체계라고 하고, 스토너와 프리만(Stoner and Freeman, 1989)은 정보체계를 의사결정과 조직 기능을 효과적으로 수행하기 위해 필요하고 정확한 적시의 정보를 관리하는 공식적인 방법이라고 정의한다. 결국 정보체계란 조직의 운영 및 의사결정과 통제 · 관리를 지원하기 위해 정보를 수집 · 검색하고, 필요한 목적에 맞게 처리하여 필요한 사람에게 제공하여 주는 일련의 공식적 시스템들의 조직화된 집합이라고 할 수 있다.

05. 02. 02. 정보처리의 개념

정보처리는 자료를 의사결정에 유용한 정보로 변형시키기 위해 자료를 수집 · 저장 · 전달하는 것이다. 즉 필요로 하는 자료를 수집하여 속성에 따라 분류, 정리하여 축적해 두었다가, 필요할 때 필요한 형태의 정보로 생성하여 전달하는 것을 말한다. 정보처리의 목적은 **불확실성의 감소와 다의성의 감소**이다. 우리는 미래의 불확실성과 그로 인한 위험의 감소를 위해 혹은 문제의 명확한 정의와 이를 통한 효과적인 문제해결을 위해 정보를 처리한다고 할 수 있다.

우리는 자신에게 유리한 의사결정을 하기 위해 가능한 많은 정보를 구하려 한다. 그러나 인간은 i) 의사결정을 내려야 하는 문제의 성격에 따라서, ii) 자신이 처한 개인적 상황에 따라서, iii) 개인적 인식형태에 따라서, iv) 조직환경에 따라서 정보를 달리 해석한다(Mason and Mitroff, 1973). 인간과 마찬가지로 조직도 의사결정을 한다. 그런데 조직의 **의사결정**도 근본적으로 인간의 의사결정과 크게 다르지 않다. 다만 조직은 많은 인간이 모인 집단이라는 점에서 각 계층에 따라 의사결정의 형태가 달라질 수 있다.

05.02.03. 조직의 의사결정 모형

사이몬(Herbert A. Simon)은 조직의 의사결정을 크게 정형적(Programmed) 의사결정과 비정형적(Nonprogrammed) 의사결정으로 나누어 설명하였다. **정형적 의사결정**은 일정한 규칙 또는 절차에 의해 의사결정 과정이 항상 일정하게 이루어지는 것을 말한다. 따라서 누가 의사결정을 하여 문제를 해결하더라도 똑같은 결과를 가져온다. 일상적이고 반복되는 업무를 담당하는 운영층에서 이와 같은 정형적 의사결정을 적용하기 쉽다. 이러한 정형적 의사결정은 확실성 하에서 합리적 판단이 가능하므로 대안의 평가와 선택에 시간이 걸리지 않는다. **비정형적 의사결정**은 문제가 반복적으로 발생하지 않고 의사결정 환경과 조건이 매번 달라지는 경우에 사용되는 의사결정모형이다.[08] 이러한 유형의 의사결정은 특히 최고위층에서 많이 일어나는데 의사결정을 설계하는데 많은 시간이 소요된다.

앤소니(Anthony, 1965)는 조직의 의사결정을 다음과 같은 세 가지 유형으로 구분하였다. 첫째, **전략적 기획**(Strategic Planning)의 의사결정이다. 전략적 기획은 최고관리층의 의사결정 형태이다. 최고관리층은 조직의 목표를 선정하고 목표실현을 위한 자원배분의 결정을 하며, 단기적보다는 장기적인 문제에 대한 의사결정을 한다. 최고관리층은 조직의 비전(Vision)을 제시하고 변화하는 조직환경에 따라 새로운 의사결정을 해야 한다. 둘째, **관리통제**(Managerial Control)의 의사결정이다. 관리통제는 중간관리자들에 의한 의사결정의 형태라고 할 수 있다. 대개 조직 자원의 사용이나 인사와 재정적 문제를 다루는 의사결정을 한다. 셋째. **운영통제**(Operational Control)의 의사결정이다. 운영통제는 하위직 또는 운영층의 의사결정이다. 대체로 반복적이고 일상적인 업무처리를 하는데 사용되는 의사결정이라고 할 수 있다.

---

08) 의사결정 환경은 불확실성, 복잡성, 갈등으로 대변된다. 불확실성이란 대안을 선택했을 때 나타날 현상을 예측할 수 없을 때를 말한다. 복잡성은 의사결정 환경이 너무 크거나, 이질적, 추상적, 다른 조직 체계와 연결되어 있을 경우이며, 갈등은 여러 조직 구성원 간에 목적, 자원배분에 대한 선호가 다를 때 나타난다.

05. 03. 조직계층에 따른 정보의 특색

의사결정이 조직의 어떤 계층에서 이루어지느냐에 따라 필요한 정보가 다르다. 즉 의사결정 형태에 따라 정보의 특색은 달라진다고 할 수 있다. 조직의 의사결정 형태를 앤소니(Anthoy)의 최고관리층, 중간관리층, 운영층으로 나누면, 정보의 특색은 시간성, 기대성, 근원성, 범위성, 빈도성, 조직성, 정확성 등으로 나누어 설명할 수 있다.

정보의 **시간성**이란 역사성이라고도 할 수 있다. 의사결정에 필요한 정보가 과거의 자료에 근거한 것인가 아니면 최근의 자료에 근거한 것인가의 문제이다. 최고관리층의 경우는 가장 최신의 정보를 요구한다. 최고관리층은 거시적 측면에서 조직목표를 달성하기 위해 노력하므로, 미래의 변화를 예측하는 전망적 자료를 선호하는 것이다. 반면 운영층에서는 역사적인 자료에 바탕을 둔 정보를 요구한다. 중간관리층은 시간성에 있어서 최고관리층과 운영층의 중간적 위치라고 할 수 있다. 예를 들어 중간관리층에서는 부서의 생산성을 향상하기 위해 과거 5 년간의 업무자료를 통해 내년 업무량을 예측할 수 있을 것이다.

정보의 **기대성**이란 예측성을 의미한다. 주어진 정보가 얼마나 미래의 결과를 잘 예측하는가의 문제이다. 최고관리층은 장기적 안목에서 계획을 세워야 하고 따라서 미래에 대한 예측을 할 수 있는 정보를 기대한다. 급변하는 환경에 대응하기 위해서는 미래의 예측이 가장 중요한 것이다. 그러나 운영층으로 내려갈수록 이러한 미래 예측성을 위한 정보는 그 필요성이 떨어진다. 운영층은 현재의 작업이 더욱 중요하므로 정보를 예측할 필요가 없는 것이다. 중간관리층은 최고관리층과 운영층의 중간 정도의 기대성을 요구한다고 할 수 있다.

정보의 **근원성**(Source)은 어디서 그 정보를 구했는가의 문제이다. 최고관리층의 경우는 대부분 조직외부로부터 정보를 구한다. 세계정치 또는 세계경제의 흐름과 같은 정보는 조직외부로부터 수집 가능한 것이기 때문이다. 반면 운영층에서는 조직내부에서 정보를 구하는 경우가 많다. 작업에 필요한 정보는 조직 내에서 역사적 자료에 바탕을 두고 있기 때문이다. 중간관리층은 조직외부와 조직내부에서 자료를 구한다.

정보의 **범위성**은 정보의 양적, 질적 측면이다. 최고관리층의 경우 양적으로는 적고 질적으로는 비밀을 요하는 정보를 취급한다. 최고관리층에서는 중요한 내용을 위주로 요약된 간략한 정보를 요구한다. 반대로 운영층에서는 양적으로는 많고, 질적으로는 덜 중요한 정보를 다룬다. 예를 들면 작업지시서는 외부로 유출되어도 상관없으며, 작업에 관한 자세한 설명이 적혀 있어 많은 분량이다. 중간관리층의 경우는 최고관리층과 운영층의 중간 정도의 양과 질의 정보를 사용한다. 개인별 작업평가의 요약이나 부서의 금전출납에 관한 정보 등을 예로 들 수 있을 것이다.

정보의 **빈도성**은 정보요구의 시기와 관련된 특색이다. 즉 정보가 얼마나 자주 필요한가에 대한 문제인 것이다. 최고관리층에서는 매일의 작업에 관한 자세한 내용은 필요 없으며, 월별 또는 분기별로 작업결과를 총괄해서 요약된 정보를 받으면 될 것이다. 그러나 운영층에서는 매일의 작업결과에 대한 상세한 정보가 필요하다. 중간관리층은 상황에 따라서 주별 또는 월별 정보가 필요할 것이다.

정보의 **조직성**은 정보가 어떻게 구조화되어 있는가를 말한다. 최고관리층의 정보는 구체적으로 조직화되어 있을 필요는 없으며, 오히려 다소 엉성하게 구조화되어 있을 것이다. 반면 운영층에서의 정보는 구체적으로 구조화되어 있어야 하고, 자세한 내용을 체계적으로 담고 있어야 할 것이다. 즉 운영층에서 필요한 정보가 분석적 성격을 가진 것이라면, 최고관리층에서 요구되는 정보는 직관적 성격을 가진 것이라고 할 수 있다. 그리고 중간관리층에서의 정보는 중간 정도로 구조화되어 있다고 하겠다.

정보의 **정확성**은 정보의 신뢰성과 같은 의미이다. 최고관리층에서의 정보는 다소 정확도가 떨어진다. 그것은 미래를 전망하기 위해 다소 엉성하게 구조화되고 간결하게 요약된 정보이기 때문이다. 반대로 운영층에서의 정보는 매우 정확하고 신뢰할 수 있는 것이어야 한다. 그것은 일상적으로 반복되는 업무에 사용되기 위한 정보는 구체적으로 조직화되고 자세한 내용을 포함하고 있어야 하기 때문이다. 중간관리층은 정확한 분석적 성격의 정보와 정확성이 떨어지는 직관적 정보의 중간적 정확성을 가지고 있다고 하겠다. 이상에서 논의한 조직 의사결정 형태에 따른 정보의 특색을 정리하면 <표 9-1>과 같다.

표 9-1 • 조직계층에 따른 정보의 특색

정보의 특색	조직계층		
	운영층 Opertional Control	중간관리층 Managerial Control	최고관리층 Strategic Planning
시간성	역사적	→	전망적
기대성	예측가능	→	예상외(급변)
근원성	주로 내부에서	→	주로 외부에서
범위성	자세한 내용	→	요약
빈도성	실시간	→	시기별
조직성	구체적으로 구조화된	→	엉성하게 구조화된
정확성, 신뢰성	매우 정확한	→	완벽히 정확하지 않음

출처: 정철현(2006), 신행정정보체계.

05. 04. 정보체계 모형

정보체계의 개념적 모형으로는 **고리-모턴**(Gorry-Scott Morton)의 모형이 있다. 이 모형은 앤소니(Anthony)와 사이몬(Simon)의 이론을 합성한 것이라고 할 수 있는데,[09] <표 9-2>를 보면 의사결정을 구조적 의사결정과 준구조적 의사결정, 그리고 비구조적 의사결정으로 나누고, 조직의 계층을 운영통제와 관리통제 그리고 전략기획으로 나누어 정보체계가 수행하는 역할을 각기 제시하고 있음을 알 수 있다.[10] 이 모형에서 구조적 의사결정을 위

09) 앤소니(Anthony)의 모형이 의사결정 활동의 목적에 중점을 두었다면 사이몬(Simon)의 모형은 의사결정 방법과 기술에 중점을 두었다고 할 수 있다.

10) 여기서 전략기획은 앤소니(Anthony)의 최고관리층을, 관리통제는 중간관리층을, 그리고 운영통제는 운영층을 가리키는 것이다. 구조적 의사결정(Structured Decision Making)은 사이몬(Simom)의 정형적 의사결정(Programmed Decision Making)과 유사한 것이며, 비구조적 의사결정(Unstructured Decision Making)은 비정형적 의사결정(Non-programmed Decision Making)과 비슷하고, 준구조적 의사결정(Semistructured Decision Making)은 정형적 의사결정과 비정형적 의사결정의 중간적 성격을 갖는 것이라고 할 수 있다.

표 9-2 · 고리-모턴 모형

분류	운영통제 (운영층)	관리통제 (중간관리층)	전략기획 (최고관리층)
구조적(Structured) (정형적 의사결정)	거리철리 회계부 작성	예산보고서	부처조직 입지 선정
준구조적 (Semistructured)	재고통제	비교분석	새 정책 도입 계획
비구조적(Unstructured) (비정형적 의사결정)	현금관리	인사관리	연구개발계획

출처: 정철현(2006), 신행정정보체계.

한 정보체계의 목적은 정보처리 방법을 향상시키는 데 있으며, 비구조적 의사결정을 위한 정보체계의 목적은 최고관리층에 보내는 정보를 효율적으로 그리고 보기 좋게 작성하는데 있다. 준구조적 의사결정을 위한 정보체계의 목적은 정보의 관리와 분석에 있다.

스토와 콘신스키(Stohr and Konsynski)는 1992 년 조직의 개념을 도입하여 정보체계의 개념적 모형을 완성하였다. 이 모형의 가장 중요한 특징은 정보통신기술이 조직의 모든 부분을 연결하는데 중추적 역할을 한다는 것이다. 정보통신기술은 조직의 전 과정에서 과업 수행을 도우며 조직 내 모든 요소들은 정보통신기술과 연결되어 있으므로, 한 요소의 변화는 다른 요소의 필연적 변화를 수반한다.

05.05. 조직 계층별 정보체계

정보체계가 조직의 목표를 달성하기 위한 컴퓨터의 효율적인 이용 방법이라는 점에서 정보체계는 조직관리와 필연적으로 연계되어 구축되어야 한다. 조직관리는 3 가지 수준, 즉 전략수준(Strategic Level), 관리수준(Management Level), 운영수준(Operation Level)에서 각각 최고관리층(Senior Managers), 중간관리층(Middle Managers), 운영층(Operational Managers)에 의해 이루어진다고 할 수 있는데 각 계층에 따라 관리방법이 다르므로 사용하는 정보체계도 다르다. 또한 최근에는 모든 계층에서 적시에 전문지식을 지원받기 위해 정보체계를 활용하고 있는데 지식업무 지원체계가 바로 그것이다. 이 지식업무지원체계는 특히 지식근로자(Knowledge Worker)나 데이터 근로자(Data Worker)와 같은 막료(Staff)를 지원하고 있다.

05. 05. 01. 운영층 정보체계

조직의 운영층에서는 매일의 일상적이고 반복적인 업무가 계속된다. 서류 작성과 보고 그리고 결재, 물품관리와 재무관리 등 기본적인 업무가 수행되는 것이다. 이와 같은 기초적 업무는 사소하지만 조직의 목적을 달성하기 위해서 절대적으로 필요하다. 거래(Transaction)란 업무를 위해 발생하는 사건의 기록이라고 할 수 있다. 이러한 거래처리를 지원하는 시스템이 바로 거래처리체계(TPS: Transaction Processing System)이다. 대부분의 거래에 대한 수학적 조작은 간단하고 그 처리량은 매우 많으며 반복적이기 때문에 이러한 거래를 컴퓨터화하는 것은 상당히 쉬운 일이다. 거래처리체계는 조직 정보체계의 핵심적인 요소이며, 일상적인 모든 **거래에 대한 정보**를 조사, 수집, 저장, 처리, 분배한다.

거래처리체계는 관리지식이 없는 운영층의 업무를 지원하는데 주로 사용된다. 따라서 그들이 쉽게 사용할 수 있도록 단순하게 **업무 위주**로 구축되어야 할 것이다. 거래처리체계의 데이터는 중간관리층 또는 최고관리층에 유용한 정보를 제공하는 **하위 시스템**의 역할을 할 수도 있다. 운영층에서 취급하는 거래의 기록들은 모두 거래처리체계에 의해 저장되고 이는 합산되고 정리되어 중간관리층이 필요로 하는 정보로 가공될 수 있다. 중간관리층은 이러한 정보를 바탕으로 의사결정지원 체계를 이용하여 인사관리와 재무관리에 관한 문제를 해결할 수 있는 것이다. 또한 이 정보들은 최고관리층의 정보보고체계에서 다시 요약되어 다른 정보들과 결합되어 새로운 정보를 창출할 수도 있을 것이다.

최근의 거래처리체계는 주로 온**라인**(On-line)으로 연결되는 경우가 많다. 온라인 거래처리(OLTP: On-line Transaction Processing)는 네트워크상의 여러 이용자가 실시간으로 데이터베이스의 데이터를 갱신하거나 조회하는 등의 단위 작업을 처리하는 방식을 말한다. 온라인 거래처리는 수많은 거래가 중앙 컴퓨터에서 동시에 즉각적으로 이루어져야 한다. 따라서 중앙 컴퓨터가 멈추게 되면 큰 혼란이 발생하게 된다. 이러한 문제를 해결하기 위해 온라인거래처리가 요구되는 경우에는 **전산장애허용체계**(Fault-tolerant Computer System)를 사용한다. 전산장애허용체계란 부가적인 하드웨어와 소프트웨어 그리고 전력장치를 구비하여 전산장애가 있는 경우에도 정상적으로 거래처리체계가 작동할 수 있도록 백업장치를 가진 시스템이다. 전산장애허용체계는 별도의 중앙처리장치(CPU), 메모리 칩, 하드디스크 등을 장치해 두고, 소프트웨어 프로그램을 사용하여 전산장애를 일으키는 하드웨어를 조기에 발견하거나 정기적으로 점검하고 이상이 발견되는 경우 여분의 하드웨어를 사용하게 조치를 취하는 것이다.

05. 05. 02. 중간관리층 정보체계

중간관리층은 운영층과 최고관리층을 연결하는 역할을 할 뿐 아니라 재량권이 있는 범위 내에서 최고관리자를 대신하여 의사결정을 한다. 중간관리층 정보체계는 일상적이고 반복적인 업무에 대한 **통제와 관리**를 주로 하는데, 인력관리와 예산통제 등이 대표적이다. 또한 중간관리층 정보체계는 조직의 기본적인 운영에 관해 **요약하고 보고**하는 것을 목적으로 하는데 거래처리체계로부터 얻은 기본적인 거래처리 데이터를 압축하고 일반적인 보고서 형태로 보여준다.

중간관리층 정보체계의 기능은 크게 정보의 수집, 정보의 처리, 정보의 제공 세 가지로 나눌 수 있다. 첫째, 정보의 수집은 관리자의 의사결정을 지원하는 것이라는 점에서 매우 중요하다. 정보의 수집은 중복을 피하고 한정된 비용 내에서 효율적으로 이루어지는 것이 중요하다. 둘째, 정보의 처리이다. 수집된 자료는 자체로는 의미가 없으므로 일정한 규칙에 맞게 축적되거나 분석, 가공되어야 한다. 셋째, 정보의 제공이다. 수집되고 처리된 정보는 사용자가 활동의 결과를 보고 싶은 경우, 보고서가 필요한 경우, 조회를 요구하는 경우, 또는 문제해결을 하고 싶은 경우에 모니터의 화면이나 프린터의 출력물로 제공된다.

중간관리층 정보체계의 대표적 예로서 **의사결정지원체계**(DSS: Decision Support System)[11]는 인간의 의사결정과정을 컴퓨터로 하여금 지원하도록 하는 정보체계로서 의사결정자가 직면하고 있는 문제를 해결하는데 필요한 대안의 선택, 행동노선의 결정 등을 도와주는 시스템이다. 의사결정지원체계는 전통적인 데이터 처리와 계량적 분석기법을 통합하여 의사결정자가 더욱 손쉽고 정확하게, 그리고 신속하고 다양하게 문제를 해결할 수 있는 정보체계 환경을 제공한다. 알터(Alter, 1980)는 이러한 의사결정지원체계가 어떤 목적으로 구성되는가에 따라 자료지향적(Data-oriented)과 모형지향적(Model-oriented)으로 나눌 수 있다고 하였다. 자료지향적이란 의사결정에 필요한 정보를 적절히 가공하여 적시에 제공해 주는 역할이 중요시되는 체계이다. 모형지향적이란 의사결정을 위해 개발된 다양한 수학적 모형을 이용해 최적 대안을 결정하는 역할이 중시되는 체계이다.

의사결정지원체계를 사용하여 중간관리자는 다음과 같은 **업무**를 담당할 수 있다. 첫째, What-if 분석을 한다. What-if 분석은 특정문제와 관련하여 변수 간의 관계를 설명할 수 있는 모형을 만들고 미래에 그와 같은 상황에서 모형을 이용할 수 있게 하는 것이다. 즉 의사결정의 전제 또는 가정의 변화에 따른 영향을 분석하는 것을 말한다. 둘째, What-if 분석의 특별한 경우로서 민감도 분석을 한다. 민감도 분석이란 단지 한 개의 변수만 계속적으로 변경되고 그 결과로 발생하는 다른 변수들의 변화를 관찰하는 것이다.[12] 셋째, 최고관리자의 비전을 실현하기 위해 목표를 체계화 · 구체화 · 계량화한다. 이것을 목표추구(Goal-seeking) 분석이라고 하는데 이는 한 변수의 변화

---

11) 1970 년대 초에 스캇 모턴(M. Scott Morton)은 의사결정지원에 대한 개념으로 'Management Decision System' 이라는 용어를 사용하였다. 그 후 1978 년에 킨(P. Keen)과 스캇 모턴의 저서에서 ' Decision Support System' 이라는 용어가 처음으로 사용되었다(정창덕 외, 2003).

12) 예를 들면 이자율의 변동에 의해 수익이 어떻게 달라지는가를 분석하여 투자를 결정하게 도와준다. 이처럼 민감도 분석은 미래의 불확실한 상황에 대한 위험을 회피할 수 있는 확률을 제공하기 때문에 위험도 분석이라고도 한다.

가 어떻게 다른 변수에 영향을 미치는 가를 관찰하는 대신, 목표치를 설정하고 그 목표치를 달성할 수 있는 관련 변수의 값을 찾는 분석 방법을 말한다. 넷째, 최적화 분석을 한다. 최적화 분석은 목표추구 분석과 비슷하나 더욱 복잡한 범주에 속한다. 즉 목표추구 분석은 구체적인 목표치를 설정하는 반면, 최적화 분석은 특정 제약식이 주어졌을 때 하나 이상의 목표변수의 최적값을 구하는 것이다.[13]

05. 05. 03. 최고관리층 정보체계

조직의 최고관리자는 미래에 대한 비전을 제시하고 전략을 수립하여 조직을 이끌고 나가는 리더이다. 따라서 최고관리자는 미래에 대한 예측이 필요하고 수시로 중요한 결정을 내려야만 한다. 조직내부의 관리와 통제를 위해서 또 조직외부의 환경변화에 대응해 나가기 위해서 최고관리자는 필요한 정보에 즉시 접근할 수 있어야 하고, 조직의 목표 달성을 위한 전략을 수립할 수 있어야 하고, 필요한 전문지식을 지원 받을 수 있어야 하고, 의사결정에 따른 결과를 예측해 볼 수 있어야 한다. 최고관리자는 의사결정을 하기 위해 조직의 전략 수준을 지원하는 최고관리층 정보체계를 사용하는데 이를 일반적으로는 **최고관리자정보체계** 또는 중역정보체계(EIS: Executive Information System)라고 한다.[14]

최고관리층은 정보체계는 경제전망이나 정치적 변수와 같은 외부정보(External Data)를 통합하고 조직의 관리수준의 MIS나 DSS로부터 산출된 내부정보(Internal Data)를 요약하도록 설계되어 있다. 중역정보체계는 최고관리층이 유용한 정보를 얻는데 시간과 노력을 절약할 수 있도록 중요한 자료를 걸러내고 요약하는 것이다. 이런 점에서 중역정보체계는 다분히 자료지향적(Data-oriented) 의사결정지원체계 성격을 가진다고 할 수 있

---

13) 최적화 분석에는 주로 선형계획법(LP: Linear Programming)과 같은 경영과학 기법이 이용되며, 복잡한 문제의 경우 이를 효율적으로 풀기 위한 소프트웨어들이 패키지로 제공되고 있다.

14) 중역정보체계는 1980 년대 초반 미국 MIT의 라카트(Rockart)의 논문에서 처음으로 언급되었다.

다.[15] 이러한 중역정보체계를 사용함으로써 얻는 **조직의 이점**은 첫째, 조직 목표 달성에 필요한 주요정보를 신속, 정확하게 조회할 수 있고, 이를 기초로 다양한 분석과 비교가 가능하다는 점이다. 둘째, 최고관리자가 조직의 전체 업무를 신속하게 파악하고 필요한 정보를 쉽게 얻을 수 있도록 도와줌으로써 최고관리자들의 의사결정 시간을 절약할 수 있다. 셋째, 살아있는 현장 정보가 적시에 정확하게 전달되어 조직성과 향상에 크게 이바지한다. 넷째, 최고관리자로 하여금 조직의 목표와 성과를 실제로 확인할 수 있도록 도와줌으로써 조직 업무 전반에 대한 통제의 폭(Span of Control)을 넓혀준다.

중역정보체계의 **특징**은 첫째, 배우기 쉽고 사용하기 쉬운 그래픽 사용자 인터페이스(Graphical User Interface)를 제공한다는 점이다. 둘째, 최고관리자가 구체적이고 상세한 정보에 쉽게 도달할 수 있도록 지원하기 위한 드릴다운(Drill-down) 기능이 제공되어야 한다. 셋째, 조직의 강점과 약점을 반영하는 재무 및 기타 수치 정보가 제공되어야 한다. 넷째, 데이터베이스를 탐색할 수 있는 쉽고 강력한 도구가 존재해야 한다. 다섯째, 통계분석 도구가 있어야 한다. 여섯째, 임의 질의와 민감도 분석을 위한 기능이 구비되어야 한다. 일곱째, 외부 데이터 풀(Pool)에의 접근이 가능해야 한다. 여덟째, 방대한 비즈니스 문제 해결 능력을 보유하고 있어야 한다. 마지막으로 전체 조직에 영향을 줄 수 있는 활동 결과를 반영한 정보 분석과 지속적 접근이 가능해야 한다.

05. 05. 04. 지식업무체계

지식이론가인 노나카는 지식을 암묵지(Tactic Knowledge)와 형식지(Explicit Knowledge)로 분류하였다. **암묵지**는 대부분 내면화되고 주관적이며 경험을 통해 축적한 지식을 의미한다. **형식지**는 공식화되고 객관적이며

15) 최근의 국내외 정치, 경제, 사회 지표의 변화라든가 조직에 영향을 미치는 중요한 사항에 관한 정보를 중점적으로 정리해서 최고관리자가 원하면 언제든지 볼 수 있도록 해 주기 때문이다.

개인의 경험과 분리된 지식으로 저장 · 전달에 용이하다. 조직의 암묵지로는 조직의 경험, 전문지식, 노하우, 숙련된 기술 등이 있으며 형식지로는 연구보고서나 설계안, 절차 안내, 제품 매뉴얼 등이 있다. 암묵지와 형식지의 차이는 <표 9-3>에 잘 나타난다.

노나카는 지식창조 과정을 **나선형 프로세스**(Spiral Process)로 설명한다. 암묵지와 형식지라는 두 종류의 지식이 암묵지가 또 다른 암묵지로 변하는 과정인 사회화(Socialization), 암묵지가 형식지로 변환하는 과정인 외부화(Externalization), 형식지가 또 다른 형식지로 변하는 과정인 결합화(Combination), 형식지가 암묵지로 변환하는 과정인 내면화(Internalization)라는 네 가지 변환과정을 거쳐 창출된다는 것이다. 그는 이러한 변환과정이 직선적으로 이루어지는 것이 아니라 복합 상승작용하여 나타나는 '나선형 프로세스'로 다이내믹하게 계속된다고 설명하는데 이것이 SECI 모델이다. <그림 9-1>은 나선형 지식창조 과정인 SECI 모델을 잘 보여준다.

지식업무는 수많은 고도의 전문화된 영역으로 분화되어 있고 각 영역에는 그 영역에 종사하는 직원들을 지원하기 위한 차별화된 지식업무체계(KWS: Knowledge Work System)가 있다. 지식업무체계는 **지식 노동자들이 요구하는 부분**을 반영하는 특징들을 가지고 있다. 첫째로 지식업무체계는 지식노동자들에게 그들이 필요로 하는 전문화된 도구를 제공한다. 우수한 그래픽도구와 분석 도구, 의사소통과 문서관리 도구 등을 제공하는데, 시스템은 지식 노동자들에게 이러한 도구를 활용해 세밀한 그래픽이나 복잡한

표 9-3 · 형식지와 암묵지

형식지	암묵지
· 언어로 표현 가능한 객관적 지식	· 언어로 표현할 수 없는 주관적 지식
· 언어를 통해 전달	· 은유를 통한 전달
· 언어를 통해 습득된 지식	· 경험을 통해 몸에 밴 지식
· 전수가 상대적으로 쉬움	· 전수하기 어려움
· 컴퓨터 매뉴얼	· 자전거 타기

출처: 정철현(2006), 신행정정보체계.

그림 9-1 • SECI 모델

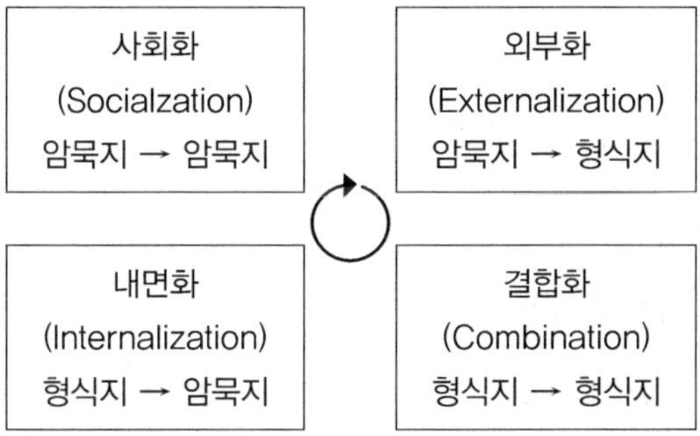

출처: 정철현(2006), 신행정정보체계.

계산 등을 민첩하게 다룰 수 있는 컴퓨팅 능력을 요구한다. 둘째로 지식 노동자들은 외부의 지식에 초점을 두기 때문에 지식업무체계는 반드시 빠르고 접근하기 쉬운 외부 데이터베이스를 제공해 주어야 한다. 셋째로 임금이 비싼 지식노동자들의 시간 절약을 위해 사용자 편의적 인터페이스를 제공해 주어야 한다. 넷째로 지식 워크스테이션[16]은 종종 수행해야 할 특정한 업무를 위해 설계되고 최적화되어 있어야 한다. 예를 들어 디자인 엔지니어들은 재무 분석가들과는 다른 워크스테이션을 요구할 것이다.

전문가체계(ES: Expert System)는 특정지식을 요하는 전문분야에 있어서 문제를 진단하고 해결하도록 도와주는 정보체계이다. 즉 의료, 세무, 법 등 전문분야에서 경험과 지식을 필요로 하는 업무수행을 지원하기 위한 시스템인 것이다. 따라서 전문가 체계는 비구조적인 문제를 다룬다고 할 수 있

16) 워크스테이션(Workstation)은 중형 컴퓨터(Minicomputer)의 처리 능력에 버금가는 고성능의 컴퓨터로서 외형은 개인용 컴퓨터와 비슷하나 운영체제로서 보통 유닉스 계열 또는 윈도우즈 NT를 사용한다. 워크스테이션은 클라이언트/서버 네트워크를 제어할 수 있는 다중 사용자 시스템으로 쓰이기도 하고, 고화질의 그래픽 영상을 생성하거나 일반 사무작업을 처리하는 단독 시스템으로 사용되기도 한다. 다양한 응용 소프트웨어가 개발됨에 따라 그 사용이 증가되고 있으며 고속연산을 요하는 그래픽 처리 분야, 컴퓨터 설계(CAD), 시뮬레이션 분야에 활용된다. 대체로 그래픽 기능을 요구하는 엔지니어, 과학자, 기술자 등이 많이 사용한다. 최근 네트워크가 발전하면서 네트워크 서버로 사용되는 경우도 많이 있다.

지만, 문제영역을 좁게 축소하여 깊이 있게 취급한다는 점에서 의사결정지원체계와 차이가 있다. 전문가체계를 사용함으로써 전문가 없이도 전문분야의 특정문제를 해결할 수 있는 것이다.[17] 전문가 시스템의 목적은 기존 전문가의 지식을 종합 정리하여 축적해 둠으로써 만일 전문가가 없는 경우를 대비하기 위한 것이다.

05. 05. 05. 지식관리체계

지적 자산(Knowledge Asset)은 조직의 업무를 효율적, 효과적으로 수행하고 조직이 가치를 창출할 수 있도록 하는 새로운 제품과 서비스를 창조하는 방법에 관한 조직의 지식이다. 이러한 지적 자산은 외부시장에서 구입할 수 없는 것으로 경쟁우위와 생존을 위해서 기업의 물리적, 재정적 자산만큼이나 중요한 것이다. 따라서 사람과 마찬가지로 조직도 다양한 조직학습 메커니즘을 통해 지식을 창출하고 수집해야 한다.

조직적 학습(Organizational Learning)이란 시행착오, 계획된 활동에 대한 면밀한 측정, 소비자와 환경으로부터의 환류를 통해서 조직이 그들의 경험을 반영하는 새로운 표준운영절차(SOP: Standard Operation Procedure)나 조직 프로세스를 창출하는 것을 의미한다. 대체로 이렇게 환경에 대해 재빠르게 감지하고 대응하는 조직은 부적절한 조직학습 메커니즘을 가진 조직보다 더 오래 생존할 수 있는 것이다.[18]

지식관리(KM: Knowledge Management)란 조직에서 이러한 지식을 창출, 수집, 저장, 운반, 적용시키기 위해 개발한 일단의 프로세스를 의미한다. 이러한 프로세스를 기반으로 한 체계적인 지식관리를 통해 문제해결, 다이내믹한 학습, 전략적 계획수립, 의사결정 등을 효과적이고 효율적으로 수행할 수 있다. 지식관리는 지식이 공유될 수 있는 형태로 지식을 정의하

17) 전문가들의 지식을 모두 시스템에 입력해 둔다면 전문가체계가 오히려 인간 전문가보다 월등한 능력을 발휘할 수도 있을 것이다.

18) 이와 관련하여 학습조직(Learning Organization)이란 용어는 조직의 과거 경험으로부터 무엇인가 배울 수 있는 조직의 능력과 관계된다.

고 명시화함으로써 그리고 지식의 재활용을 통해 지식의 가치를 높이는데 그 핵심이 있다. 일부 조직은 그들이 이미 가지고 있는 지식을 보호하고 분배하기 위해서 또 새로운 지식을 찾아내기 위해서 지식관리 프로그램을 사용한다.

이러한 프로그램은 종종 **최고지식관리자**(CKO: Chief Knowledge Officer)[19]에 의해 주도되는데 최고지식관리자는 조직의 지식관리 프로그램에 대해 책임을 지고 있는 상위 경영자를 의미한다. 이들은 조직적 프로세스에서 새로운 지식의 소스(Source)를 찾고, 기존에 존재하는 지식을 보다 잘 사용하기 위한 프로그램의 설계를 돕는다.

지식관리체계(KMS: Knowledge Management System)[20]는 개인이나 조직 차원의 지식관리 프로세스를 지원하는 시스템으로 쉽게 말하면 조직 내의 인적자원들이 축적하고 있는 개별적인 지식을 체계화하여 공유함으로써 조직의 경쟁력을 향상시키기 위한 시스템이다. 지금까지 정보체계는 기업 내외의 정형화된 정보만을 관리해 왔다. 재무, 생산, 영업 등 조직 활동에서 발생하는 수치 데이터를 저장, 관리하는 것이 정보체계의 역할이었고, 실제로 상황을 판단하고 의사결정을 내리는 것은 기업 내 인적 자원의 역할이었던 것이다. 그러나 의사결정의 주체인 인적 자원이 조직을 떠나면 그가 갖고 있던 지식 자원도 함께 떠나게 된다. 이처럼 조직의 지적 자원이 소실된다는 점에서 지식관리체계는 출발했던 것이다.

인적 자원이 개별적으로 보유하고 있는 지식은 비정형의 형태로 존재한다. 즉 기업 내 각 개인들은 자신의 지식을 스스로의 암묵지 형태로 보유하고 있으며, 이를 바탕으로 관련 업무 담당자와 의사교환을 하고 이러한 활동을 기반으로 최종 판단을 하는 것이다. 따라서 지식관리 체계의 기본 개념은 인적 자원이 소유하고 있는 비정형 데이터인 지적 자산을 조직 내에 축적 · 활용할 수 있도록 하자는 것이다.

---

19) 지식담당중역이라고도 한다.

20) KMS는 원래 미국 카네기멜론대학교의 ZOG 연구결과에 기반을 두고, Knowledge Systems에서 개발한 워크스테이션용 상용 시스템의 이름이었다.

05. 06. 정보자원관리

정보자원관리(IRM: Information Resource Management)는 **정보자원을 효율적으로 관리**하기 위한 방법이다. 정보자원관리의 내용은 크게 5 가지 측면에서 볼 수 있다. 첫째, 전략적 측면이다. 정보자원관리는 기업의 목표와 전략을 달성하는 데 기여할 수 있도록 관리되어야 한다는 것이다. 둘째, 기능적 측면을 들 수 있다. 정보자원관리는 정보통신기술의 관리에도 조직 내의 다른 활동이나 자원의 관리에 적용되는 관리기법이 적용되어야 함을 강조한다. 셋째, 자원관리 측면이다. 정보자원관리는 하드웨어, 소프트웨어, 통신네트워크, 데이터 그리고 정보체계 인력과 같은 자원은 기업 내의 다른 자원들과 함께 조직 전체의 생산성을 위해 관리되어야 한다. 넷째, 기술관리 측면이다. 정보자원관리 개념은 데이터와 정보를 처리하고 저장하는 모든 기술들이 통합된 시스템으로 관리되어야 함을 강조한다. 여기서 대상이 되는 정보통신기술은 크게 자료처리(Data Processing), 원격통신(Telecommunication), 사무자동화(Office Automation)의 3 분야로 나눌 수 있다. 조직의 최고정보관리자(CIO: Chief Information Officer)는 개별적으로 떨어져 있는 이러한 기술들을 연결하여 통합된 시스템으로 관리하는 역할을 한다. 다섯째, 분산관리 측면이 있다. 과거에는 정보부문에 대한 관리 책임은 특정 정보부서 책임자에게 맡겨졌으나, 최근 정보자원관리에 대한 책임은 점차 조직 내의 모든 기능부서의 관리자에게 분산되어지고 있다. 이것은 최종사용자 컴퓨팅(End User Computing), 워크그룹 컴퓨팅(Workgroup Computing), 그리고 분산처리체계(Distributed System)의 확산에 따른 영향이라고 할 수 있다.

05. 07. 최종사용자 컴퓨팅

최종사용자 컴퓨팅(EUC: End-User Computing)이란 정보체계의 사용자가 정보체계를 스스로 개발하여 사용하거나, 타인이 개발한 시스템을 컴퓨터 터미널을 통해 직접 사용하는 것을 말한다. 최종사용자 컴퓨팅은 최종사용자가 **정보체계 개발과정에 적극적으로 참여**할 것을 요구한다. 정보체계의 개발이 정보기술자에 전적으로 의존하게 되는 경우, 최종사용자의 정확한 정보욕구를 파악하기 힘들고, 시스템 개발 이후 실제로 사용자가 실행하는 과정에서의 부적합성을 발견하기도 한다. 따라서 최종사용자가 시스템 개발에 참여함으로써 사용자가 필요로 하는 정보를 정확히 시스템에 반영할 수 있고 시스템 개발의 비용절약과 시간단축이 가능하다. 또한 최종사용자에 의한 운영통제와 관리가 효율적으로 이루어질 수 있다. 사용자의 정보욕구에 바탕을 두고 설계되었기 때문에, 사용자들이 시스템에 애착과 흥미를 가지게 되고 업무 수행에 있어 적절한 정보를 직접 지원 받을 수 있어, 업무수행에 융통성을 발휘할 수 있다. 마지막으로 사용자들이 그들이 직접 시스템을 개발한 경우 시스템에 대한 오류를 즉시 인식하고 수정할 수 있어 시스템의 신뢰성에 크게 공헌하게 된다.

05. 08. 수명주기법

05. 08. 01. 수명주기법의 개념

컴퓨터를 이용하는 정보체계는 살아 있는 생물과 같이 수명이 있다. 즉 탄생에서부터 죽음까지의 각 단계가 순환하는 것이다. 정보체계가 생명을 갖고 있는 것처럼 태어나서 성장하고 죽게 되는 것을 정보체계의 수명주기라고 한다. 즉 조직의 목적에 따라 새로운 시스템이 만들어지고 조직에 적용되어 확산되고 다시 이를 대치할 새로운 시스템이 등장하는 **순환과정**이라고 할 수 있다. 이처럼 시스템 수명주기의 입장에서 정보체계를 구축하는 것을 시스템 수명주기 관리기법이라고 한다.[21] 결국 수명주기법은 시스템이 개발되어 운

---

21) 시스템 수명주기는 'System Life Cycle', 'System Development Lfe Cycle', '수명주기법', '시스템 생명주기법', '시스템 수명주기법', '시스템 수명주기 관리기법' 등 다양한 용어로 사용되는데 그 의미와 내용에 있어 차이는 없다.

영되고 새로운 시스템에 의해 대치될 때까지, 전체적 시스템 구상 하에서 각 단계별로 효율적 관리와 통제를 하기 위한 방법이라고 할 수 있다.

시스템 수명주기 관리기법은 과정이론에 입각하여 합리적 시스템 구축을 강조한다. 또 어떤 조직의 어떤 목적의 정보체계에도 적용할 수 있는 일반이론 기법이라고 할 수 있는데 그 **순서**는 i) 예비조사(Preliminary Survey), ii) 가용성 연구(Feasibility Study), iii) 시스템 분석(System Analysis), iv) 필수조건 분석(Requirements Analysis), v) 설계(Design), vi) 구체화(Specification), vii) 시스템 구축(Building the System), viii) 검사(Testing), ix) 교육훈련(Training), x) 전환과 설치(Conversion and Installation), xi) 운영(Operations)이다.

05. 08. 02. 예비조사

예비조사(Preliminary Survey)는 정보체계 구축의 시작 단계로서 정보체계의 목적을 분명히 하기 위한 단계이다. 주로 기존 **시스템의 문제점**을 파악하는데 중점을 둔다. 현 시스템 하에서 조직의 의사결정이 어떻게 이루어지고 있으며, 거래와 처리에 문제는 없는지, 필요한 정보가 제대로 전달되고 있는지, 조직 구성원들에게 미치는 부정적인 영향은 없는지, 조직과 개인의 의사소통이 제대로 이루어지고 있는지 등을 조사한다. 예비조사는 거시적 차원에서 개략적인 내용으로 구성되며 이의 구체적 내용은 체계분석에서 다룬다.

05. 08. 03. 가용성 조사

예비조사에서 기존 정보체계의 문제점을 분석하였다면, 기존 시스템을 대치할 수 있는 새로운 시스템을 찾아야 한다. 새로운 시스템이 될 수 있는 대안에는 여러 가지가 있는데, 이처럼 여러 대안을 분석하는 것이 가용성 연구이다. 가용성 연구에서 중요한 것은 대안을 비교할 수 있는 **기준**을 정하는 일이다. 평가기준으로는 경제적, 기술적, 운영적 기준이 있다. 경제적 기준에는 시스템 개발비용과 시스템 운영비용 등이 있고, 기술적 기준에는 새로운 시스템이 정보통신기술의 발전을 따라가지 못하는 기술의 낙후성 정도와 실제 운영에 있어서 발생할지도 모르는 소프트웨어의 비호환성 등이 있으며, 운영적 기준에는 새 정보체계가 조직구조나 구성원에게 미치는 영향과 관련한 기준들이 있을 수 있다.

05. 08. 04. 시스템 분석

시스템 분석은 현재 사용하고 있는 정보체계의 분석과 새로 들여올 시스템의 분석을 모두 포함한다. 현재 사용하고 있는 시스템의 분석을 위해서는 우선 현재 조직이 수행하는 **업무의 세부내용**을 분석하여야 한다. 조직의 업무가 어떻게 처리되고 필요한 정보가 어떻게 제공되는가에 대한 면밀한 조사를 통해 업무와 정보의 흐름을 파악하는 것이다. 다음은 업무량과 투입, 산출 방식 등에 관한 **사용자의 요구**를 분석한다. 새 업무에서 요구하는 정보는 어떤 것이며, 시스템에게 요구하는 입출력 방식은 어떤 것이며, 업무의 종류, 업무량, 업무의 구체적 절차에 관한 자료를 조사하는 것이다. 마지막으로 새로운 정보체계의 개념과 절차를 분석한다. 즉 기존 시스템의 활동과 특징을 정리하여 문서화하고 그 장단점을 파악하였다면, 사용자가 필요로 하는 정보수요를 정확히 파악하고 분석하여 전체적 시스템의 개념을 결정하고 시스템의 작동절차를 명확히 해야 한다. 시스템 사양을 결정하고 파일과 자료의 형식을 데이터베이스에 맞게 설정하여 시스템이 효율적으로 운영될 수 있도록 수행절차와 프로그램의 구성을 결정한다.

05. 08. 05. 필수조건 분석

필수조건 분석은 대체로 시스템 분석에 포함된다. 그러나 따로 떼어 설명하는 것은 시스템 분석이 기존시스템과 새 시스템의 전체적 개념과 수행절차를 분석하는데 초점을 두고 있어, 새 시스템에 필요한 사양과 프로그램에 관한 구체적 분석을 소홀히 할 우려가 있기 때문이다. 시스템 분석이 기존 시스템의 분석으로 정보수요에 대응하는 새 시스템을 전체적 · 개념적 · 절차적으로 분석하는 것이라면, 필수조건 분석은 새 시스템에 필수적으로 요구되는 것이 무엇인지를 정확히 그리고 상세히 파악하기 위한 것이라고 할 수 있다. 필수조건 분석은 현 시스템의 분석을 바탕으로 새 시스템에 필수적으로 요구되는 하드웨어와 소프트웨어가 무엇인지 결정하는 것으로서, 흔히 **시스템의 경계**를 확정한다고 한다.

05. 08. 06. 시스템 설계

시스템 설계는 시스템 분석과 필수조건 분석을 바탕으로 새 정보체계를 만들기 위한 **구체적 방안**을 작성하는 것이다. 우선 비용과 관계없이 가장 이상적인 시스템을 설계하고 다시 비용과 시간, 훈련과 교육 등의 제약조건을 따져 수정된 시스템을 설계하는 형식을 취하는 것이 좋다. 시스템 설계는 시스템 분석과 필수조건 분석을 통해 파악한 내용을 새로운 체계에 반영할 준비를 하는 것이다. 시스템 설계의 중요 단계는 새 정보체계가 필요로 하는 입출력 형태와 파일구조의 설계, 업무처리 절차와 프로그램 논리의 설계, 데이터베이스의 설계, 시스템 전환계획의 설계 등이다. 예를 들면 현재 사용하고 있는 PC와 입출력 장치들을 새 정보체계에서도 사용할 수 있는지, 또 얼마나 많은 파일을 전환해야 하는지 등을 조사하는 것이다. 구체적인 시스템 설계의 내용으로는 출력, 입력, 데이터베이스, 처리, 안내서, 오류, 작업계획 등이 있다.

05. 08. 07. 구체화

구체화는 새 정보체계의 세부적 내용을 구체화하는 것으로 프로그래밍 단계라고도 한다.[22] 일반적으로 다음과 같은 사항을 고려한다. 첫째, 세부적 업무를 처리할 논리(Logic)를 결정하고 작성한다. 둘째, 데이터 구조와 파일 형태를 결정하여 입출력 파일을 설계한다. 셋째, 프로그래밍 요건들 즉 논리,

---

22) 프로그래밍(Programming)은 대개 구체화의 결과로 전문가에 의해 진행된다. 최근에는 범용소프트웨어를 사용하여 프로그래밍의 비용을 줄이기도 한다. 예를 들어 DB 관리 시스템이 필요하다면 따로 프로그래밍 하지 않고 시중에 나와 있는 dBASE 프로그램을 사용하는 것이다.

투입과 산출 형태에 따라 실제로 프로그래밍한다. 넷째, 프로그램과 시스템 구축에 필요한 절차와 방법을 명시한 안내서를 작성한다.

05. 08. 08. 시스템 구축

시스템 구체화의 결과로서 프로그래밍이 끝나면 하드웨어를 구입하여 소프트웨어를 설치하고, 조직 내 정보기기들을 **물리적으로 배치**하여 시스템을 구축한다. 서버 컴퓨터를 안전한 장소에 설치한다든가, 업무의 동선에 따라 PC를 배치한다든가 등을 고려하여야 할 것이다.

05. 08. 09. 시험과 교육훈련

구축된 새 정보체계를 시험적으로 가동해 본다. **검사**에는 전체적인 정보체계의 가동과 함께 단위검사(Unit Test)와 모듈검사(Module Tests)를 실시한다. 단위검사란 업무별 단위로 검사하는 것으로, 업무의 처리 논리(Logic)가 제대로 작동하는지를 조사하는 것이다. 모듈검사란 세부업무별 단위로 검사하는 것으로, 세부업무의 처리 논리가 제대로 작동하는지를 조사하는 것이다. 또 모듈검사는 각 세부업무 단위가 결합되었을 때 처리 논리가 제대로 작동하는지도 검사한다. 새 시스템이 세부업무의 모듈검사와 결합검사 그리고 업무의 단위검사를 통과하면, 모든 모듈단위가 결합되어 제대로 작동하는지 즉 전체 정보체계가 제대로 작동하는지를 검사하게 되는데, 이 검사를 적합검사(Acceptance Test)이라고 한다.

새로운 시스템을 조직의 업무에 적용시키기 위해서는 사용자에 대한 **교육훈련**이 필수적이다. 새로운 정보시스템의 사용법과 간단한 기술적 문제에 관한 교육이 필요한 것이다. 최근에는 새 시스템이 교육훈련 기능을 갖고 있는 경우가 많다. 예를 들면 업무처리의 어려움이 있을 때, 사이버 상에서 도우미를 불러 물어볼 수 있는 것이다. 사용자뿐 아니라 최고정보관리자나 정보통신 기술자에게도 새 정보체계의 특징과 운영적 기술에 대한 교육훈련이 요구된다. 또한 새 시스템이 조직과 조직구성원에게 미치는 심리적 영향에 관한 내용도 교육훈련에 포함되어야 할 것이다.

05. 08. 10. 전환과 배치

기존의 업무방식을 새 시스템에 맞게 **전환**하고 물리적 실체[23]를 **설치**하는 단계이다. 기존 시스템에서 사용하던 문서들을 새 시스템 양식에 맞도록 전환하여야 하고 업무처리 방식도 전환하여야 한다. 시스템 전환에 적절한 시기와 소요 시간 등을 고려하여야 하며, 지역과 조직구성원의 특성에 따라 전환이 이루어져야 한다. 전환을 위한 전략적 접근법으로는 병행전환, 직접전환, 단계적 전환, 실험적 전환 등이 있다.

05. 08. 11. 운영과 유지 보수

새 정보체계가 조직에 설치되고 일상적 업무처리를 위해 실제로 **운영**되는 단계이다. 정보체계는 가동을 시작한 이후에도 계속적으로 **유지와 보수**가 요구된다. 새 정보체계에 대한 사용자의 불만이 있을 때는 이를 시정하고, 오류가 발견되었을 때는 즉시 수정하여야 한다. 이를 위해서는 투입 · 산출 검증, 프로그램 검증, 데이터베이스 검증, 기술 검증 등 다양한 방법이 사용된다. 또한 시스템에 대한 평가는 미래의 새 정보체계를 구축하기 위한 밑거름이 될 수 있을 것이다. 평가기준으로는 시스템의 목적 달성 여부와 비용효과분석 등을 이용할 수 있다.

05. 08. 12. 조직구성원의 역할

조직구성원들은 시스템 생명주기에서 각기 적당한 역할을 담당하여야 한다. <표 9-4>에서는 조직의 사용자, 관리자, 정보통신 기술자의 역할을 시스템 생명주기의 각 단계와 연결하여 설명하고 있다.[24] **사용자**의 경우는 세부업무에 따른 절차나 내용을 정보체계 분석가와 설계자에게 제공하고 사용

---

23) 여기서 물리적 실체라고 하는 것은 호스트 컴퓨터, 서버, PC 또는 터미널, 네트워크 연결 회선, 프로그램 등 새 정보체계에 필요한 하드웨어와 소프트웨어 일체를 말한다.

24) 여기서 관리자는 대체로 최고관리층을 그리고 사용자는 운영층을 지칭한다고 볼 수 있다. 그러나 만일 중간관리층이 의사결정지원체계를 요구한다면 관리자는 최고관리층, 사용자는 중간관리층이 될 것이다.

자가 쉽게 업무에 이용할 수 있도록 설계할 것을 요구한다. **관리자**의 경우는 전략적 관점에서 정보체계 구축의 목표와 내용을 조직목표와 통합하고 적절한 자원배분 등이 중요하다. **정보통신 기술자**의 경우 관리자가 배정하는 예산 내에서 가장 효율적인 정보체계의 구축으로 사용자의 효과적인 업무처리

표 9-4 • 시스템 수명주기에 따른 조직구성원의 역할

단계	사용자	관리자	정보통신기술자
예비조사 (Preliminary Survey)	현재 정보처리 절차와 정보요구 파악	적용분야 승인 목표선정	필요기기의 파악 하드웨어 대안열거 대략적 추정으로 평가
가용성 연구 (Feasibility Study)	현재 시스템 평가 대안평가와 대안선택 지원	가용성 조사 제안서 이해 대안 선정	합의된 기준 사용 대안평가
가시스템 분석* (Systems Analysis)	현재 시스템 자료수집 분석과정 설명	자원배분	자료수집 기존체계와 새 시스템 체계분석 실시
설계 (Design)	서용자 위주 디자인 사용자 참여	사용자 참여 권장 조직 영향 연구	사용자 디자인의 장단점 지적과 대안 제시
구체화 (Specification)	구체적 실제절차 개발	시스템 중요 내용 파악	사용자 요구와 정보통신기술의 결합
구축 (Building)	개발단계 점검	점검 가외비용 지급	프로그램 작성
검사(Testing)	실제사용 평가	검토	각 모듈 조사
훈련(Training)	훈련	검토	훈련자료 제공
전환과 설치 (Conversion & Installation)	전환 위한 자원제공 재(후기)평가	관리지침 시달	후기평가
운영 (Operation)	새 시스템 사용 수정과 발전방향 제안	점검	시스템 신뢰성 확보 발전방향 제시

* 필수조건분석은 시스템 분석에 포함시켰다.

출처: 정철현(2006), 신행정정보체계론.

가 가능하게 한다. 정보통신기술자는 조직목표의 달성을 위한 관리자의 의도를 파악하고 효율적 업무를 위한 사용자의 정보체계 이용을 위한 기술적 문제를 담당함으로써 관리자와 사용자를 연결하는 매개체의 기능을 할 수 있다.

05. 09. 예술조직과 정보체계

예술경영의 필요성은 정보체계의 도입을 전제로 한다. 이제 예술조직도 네트워크로 연결되어 **인터넷 비즈니스**(Internet Business)를 해야 한다. 예술조직의 정보체계라고 특별히 다른 것은 없다. 예술조직의 정보체계의 목적도 자료의 공유와 정보의 제공으로 문제해결과 의사결정에 도움을 주어 조직목표 달성에 공헌하는 것이다. 예술조직의 정보체계는 **자료수집과 분석**으로 미래의 수요를 예측할 수 있을 것이다. 특히 회계, 판매, 재원조성(Fund Raising) 등의 재무관리에서 정보체계의 사용이 중요하다. 정보체계는 예술조직이 필요한 1 일, 1 주, 1 개월, 1 분기, 1 년 등의 기간 자료와 정보를 제공하여 **의사결정**에 도움을 줄 수 있는 것이다. 정보체계는 예술조직의 일상 업무의 자동화로 생산성을 향상시키고 자료수집과 분석으로 의사결정에 필요한 정보를 제공하며 네트워크로 내부 **의사소통**을 원활하게 하여 신속한 의사결정을 가능하게 할 것이다.

예술조직의 발전에 따라 정보체계의 발전도 병행되어야 한다. **예술조직의 정보체계 실행**을 위해서 다음의 4 가지 점에 유의해야 한다. 첫째, 정보의 양이 많다고 좋은 것은 아니다. 정보의 질이 중요한 것이다. 둘째, 사람들이 원하는 모든 정보가 꼭 필요한 것은 아니다. 그 사람에게 정말 중요한 정보가 무엇인지 검토해야 한다. 사람들은 업무에 필요한 이상의 정보를 갖고자 하는 경향이 있는 것이다. 셋째, 많은 정보에도 불구하고 의사결정에 도움이 되지 않는 경우도 종종 발생한다. 예술조직의 특성상 정보에 의존하기보다는 직관에 의해 결정해야 할 경우도 많은 것이다. 이런 경우 오히려 너무 많은 정보가 의사결정을 저해할 수도 있다. 넷째, 컴퓨터가 정보관리 문제를 해결할 것이라고 믿지 않는 것이 좋다. 예술조직의 정보는 추상적이고 비계량적인 것이 많아 정보를 일반화하여 지식으로 만들기가 쉽지 않다. 또한 예술조직의 경우 전산요원이 필요한지 기존 인력을 전산훈련시키면 어느 정도 소요되는지 그 편익은 얼마인지 등을 장기적 안목으로 결정해야 한다. 예술조직의 규모와 성격에 맞게 한 단계씩 천천히 올라가는 것이 바람직하다. 엄청난 돈을 들여 인터넷 공연티켓 예매시스템을 구축했는데 예매 실적이 거의 없어 다시 예매 대행사에 맡기게 된다면 그 손해는 어떻게 할 것인가? 급작스레 도입된 잘못된 정보체계는 없는 것보다 못한 것이다.

제 10 장

인력관리와 경력개발

인력관리

01.01. 인력관리의 개념

예술조직의 목적을 달성하기위한 전략적 기획과 운영 계획이 마련되면 그 일을 담당할 인력이 필요하다. 예술조직이 필요로 하는 인력을 조직구성에 따라 발굴, 훈련하여 적재적소에 배치하고 능력 발전과 동기부여 그리고 통제와 경력개발을 통해 조직의 목표 달성에 이바지하게 한다. 직무에 대한 기술과 직무 수행에 있어 동료 구성원들과의 복잡한 관계 등이 조심스럽게 정리되어야 하는 것이다. 특히 예술조직인 경우 일반기업과는 달리 예술가들을 다루어야 한다. 따라서 예술조직의 인력은 크게 작가, 연출자, 연기자, 안무가 등의 **예술관련 인력**과 이들을 지원하는 상시 인력으로 구분되고 이 양자 간의 조화가 인력관리의 핵심이라고 할 수 있다.

예술조직의 경우 인력관리에 특별한 주의가 필요한 것은 직무에 합당한 적합한 사람을 찾는 것이 쉽지 않기 때문이다. 특히 예술관련 **전문인력**을 찾기는 무척 힘들다. 그러나 시간의 제약이 있는 만큼 미리 대상자들을 물색하고 정보체계를 이용한 데이터베이스를 운영하는 등의 방법을 고려해야 한다. 예술조직의 인력관리는 인력을 언제나 교체할 수 있는 단순한 상품으로 생각하지 않고 그 일을 할 수 있는 단 한 사람의 **최고 전문가**라고 생각해야 한다. 또한 예술조직의 경우 예산의 부족으로 필요한 인재를 끌어 들이는 것이 힘든 경우가 많다. 예술조직의 재정은 안정적이지 못하므로 상시 인력의 운영을 최소한으로 하고 필요에 따라 계약직을 고용하는 방법과 자원봉사를 이용하는 방법을 고려해야 한다. 예술조직은 일반기업과는 달리 **공공성**을 지니므로 인력관리에 있어 법적 문제가 어떻게 적용될 것인지 미리 파악해 둘 필요가 있다. 뿐만 아니라 예술조직은 공공조직으로서 윤리와 도덕성의 문제도 신경을 써야 할 것이다.

01.02. 인력관리의 내용

일반적으로 인력관리는 인력계획, 충원과 선발, 교육훈련, 근무성적 평정, 승진과 전보, 사기와 보수, 상벌제도 등으로 구성된다. 예술조직의 경우도 이와 크게 다르지 않지만 충원과 선발이 강조되고 경력개발의 중요성이 더해진다는 측면이 차이가 있다. 예술조직의 인력관리는 기획(Planning), 충원(Recruiting), 선발(Selecting), 교육(Orienting), 훈련(Training), 교체(Replacing)의 6 단계로, 또는 직무분석(Job Analysis), 직무기술(Job Description), 충원과 선발(Recruitment and Selection), 교육훈련(Orientations and Training)의 4 단계로 설명된다. 여기서는 인력계획, 충원과 선발, 교육훈련, 근무성적 평정, 인사이동, 보수와 사기 등으로 구분한다.

01.02.01. 인력계획

우수한 인재를 적시에 안정적으로 확보하여 활용하기 위해서는 인력관리의 목표를 세우고 **중장기 계획**에 따라 추진해야 할 것이다. 인력계획에 포함되는 내용은 크게 네 가지이다. 첫째 적정인원 계획이다. 부서별로 인력이 얼마나 필요하며 적정인원은 몇 명인지 결정한다. 둘째, 인력수급 계획이다. 앞으로 충원해야 할 수요와 현재 은퇴를 앞둔 사람들을 고려하고 조직의 성장과 발전을 염두에 두고 시기에 따른 인력의 수요와 공급을 결정한다. 셋째, 충원계획이다. 직무분석을 통해 인력을 충원하고 선발하는 계획을 세운다.

인력계획은 필요한 인력과 인력이 담당할 활동을 분석하는 것 즉 **직무분석**(Job Analysis)을 필요로 한다. 첫째, 직무분석을 위해서는 먼저 인력이 해야 할 일 즉 업무가 무엇인지 알아야 한다. 오페라 공연을 위한 인력과 오케스트라 공연을 위한 인력은 판이하게 다르다. 업무를 파악하는데 있어서는 개인의 생산성을 가장 높일 수 있도록 직무를 결합하는 것이 중요하다. 둘째, 어떤 작업장비가 요구되는지 파악한다. 업무를 위해서는 개인적 장비가 필요하다. 마케팅 담당자라면 컴퓨터와 통계 프로그램 등이 필요할 것이다. 셋째, 업무의 연관성을 파악한다. 그가 담당하는 역할이 전체 직무와 어떻게 연관되는지를 규정해야 한다. 넷째, 어느 정도 수준의 업무능력을 필요로 하는지 결정해야 한다. 그 사람이 달성해야 하는 직무 성과와 질을 정확히 기술할 필요가 있다. 공인회계사 자격증이 있어야 하는지, 바이올린 연주자는 파가니니를 연주할 수 있어야 하는지 등 업무능력 수준을 정해야 한다. 다섯째, 개인적 특성이나 경험을 요구할 수 있다. 교육수준이나 특정 경험을 필요로 함을 명확히 해야 한다. 예술조직의 경우 봉급수준이 낮아 전문직 충원이 어려운 경우가 많지만 때로는 예술에 대한 신념을 가진 자원자들도 있다.

01. 02. 02. 충원과 선발

충원의 방법에는 외부충원과 내부충원이 있다. **내부충원**은 조직 내 인사이동을 통하여 공석을 보충하는 것이고 수직적 이동인 승진과 수평적 이동인 배치전환 그리고 신규채용이 있다. 내부충원은 채용공고를 하지 않고 내부적으로 필요한 인재를 찾아 승진 또는 배치전환하여 담당자를 구하는 방법이다. **외부충원**은 필요한 인력을 조직 외부에서 충원하는 것이다. 대부분의 예술조직은 내부충원과 외부 충원을 모두 이용하지만 신규채용은 외부채용이 많고 특별한 경우 경력자의 외부채용도 이루어진다. 필요한 인력의 명단을 확보하기 위해서 전문 출판물, 인터넷, 무역잡지, 대학 문의편지 등 다양한 방법을 사용하고 때로는 헤드헌터 회사에 의뢰하기도 한다.

신규채용의 경우 실적주의와 공개성의 원리에 따라 시험 등으로 선발하는 공개경쟁 채용을 원칙으로 한다. 신규채용을 위해서는 **직무기술서**(Job Description)를 작성하는데 대체로 다음의 6 개 요소를 포함한다. 첫째, 노동시장에 공개하는 일반적 내용으로서 직위와 기간, 일하게 될 부서 등을 밝힌다. 둘째, 직무의 범위, 부서 등에 관한 책임의 정도를 명확히 한다. 셋째, 통상적인 직무의 내용을 명확히 한다. 넷째, 요구하는 교육수준, 경험, 특정 지식, 기술, 능력 등을 밝힌다. 다섯째, 어느 정도의 봉급수준인지를 명확히 한다. 보험과 연금에 관한 사항도 명확히 한다. 여섯째, 원서 제출과 관련한 방법 등을 명확히 한다. 예를 들면 원서배부, 제출처, 제출기한, 심사방법, 결과통지에 관한 내용을 기술한다.

예술조직의 인력 충원에 있어 인력을 채용하기 전에 **전체적인 조직의 구조**를 먼저 생각해야 한다. 새로운 사업을 시작할 때 필요한 인력은 기존 인력과의 관계 속에서 생각해야 하기 때문이다. 인력 채용에 소요되는 비용 또한 고려해야 한다. 순전히 충원과 선발에 들어가는 비용도 만만치 않다. 따라서 몇 개 조직이 공동으로 실시한다든가 충원과 선발 시기를 조정하는 방법 등을 고려한다. 인력채용 후 그들에게 필요한 장비 지급과 교육훈련 비용을 합하면 더 큰 비용이 든다는 것을 명심해야 한다. 정부 산하기관의 공무원 신분이라면 공공조직의 직원과는 고용 관련 법 적용이 다르기 때문에 유의해야 한다.

충원과 선발은 채용공고, 심사, 평가, 결과통보의 4 단계로 진행된다. 선발과정만을 따로 구분하여 지원서 제출, 서류심사, 시험, 면접, 채용의 5 단계로 설명하기도 한다. **인력 선발의 방법**으로는 직무의 장점만을 부각시키는 방법과 매일의 일상적 업무를 사실대로 보여주는 방법이 있는데 예술조직은 두 방법을 적절히 섞어서 사용한다. 예술조직은 너무나 다양한 인력을 필요로 한다. 연주가, 배우, 가수가 필요하고, 또한 티켓 판매원과 청소원 그리고 경비원도 필요하기 때문에 각 분야의 전문성을 판단하기가 무척 어렵다. 따라서 예술조직의 인력은 다양한 방법으로 선발해야 한다. 예를 들면 연주자의 경우 주로 오디션에 의해 선발된다. 오디션 과정은 데이터 관리가 필요하다. 후보자마다 사진, 특기 등의 기록을 관리해서 필요할 때 언제든지 꺼내 볼 수 있도록 해야 한다. 또한 예술조직의 낮은 봉급수준은 하급직에서의 높은 이직률로 나타나는데 이는 곧 채용 비용의 증가로 이어지고 예술조직의 재정을 어렵게 한다.

예술조직의 인력 **선발 과정**은 대개 다음의 6 단계로 이루어진다. 첫째, 표준화된 응시원서가 있어야 한다. 데이터 관리를 위해서는 후보자의 특징을 쉽게 찾아내고 서로 비교할 수 있도록 표준화된 원서를 사용해야 한다. 둘째, 초기 스크린을 통해 전혀 관련이 없는 사람과 업무에 적합하지 않은 사람들부터 걸러낸다. 셋째, 시험과 인터뷰를 실시한다. 비용 때문에 응시자 모두를 인터뷰할 수 없으니 서류심사 후 최종 후보자들만 인터뷰한다. 연주자의 경우 오디션이 곧 인터뷰이다. 오디션의 경우에는 시간의 제약이 있으므로 이를 감안하여 후보자 수를 결정해야 한다. 인터뷰 시에는 법적 소송이 제기될 소지가 있는 질문을 하지 않아야 한다. 특히 성차별적 발언이나 개인 프라이버시(Privacy)에 관한 질문을 하지 않도록 한다. 모든 후보자에게 똑같은 질문을 하고 답변 시간도 똑같이 할애하도록 한다. 적성검사 등을 통해 후보자들을 시험해 보기도 한다. 예술조직의 경우 채용비용의 문제와 대규모 인력을 충원하는 경우가 드물어 시험을 보는 경우가 거의 없다. 다만 최종 후보자들에 대한 배경을 조사한다. 그 분야의 전문가들에게 물어보면 최종 후보자의 실력뿐 아니라 성장배경이나 개인적 성품 등을 알 수 있기 때문이다. 그러나 이 경우에도 비용의 문제 때문에 광범위하게 자세한 조사를 할 수는 없을 것이다.

01. 02. 03. 교육훈련

인력을 채용한 후에는 바로 직무에 투입될 수 없고 필요한 훈련을 거쳐야 한다. 대기업의 경우 정해진 기간동안 합숙을 통해 오리엔테이션(Orientation)을 받기도 한다. 대규모 예술조직인 경우에는 새 인력을 조직에 맞게 사회화하는 과정이 필요하다는 점에서 **단체 교육**을 통해 예술조직의 사명과 업무의 중요성 그리고 개별 업무의 자기 효능감(Self-efficacy)을 강조하기도 한다. 그러나 예술조직의 경우 재정적으로 정규 훈련 프로그램을 가지고 있지 않는 경우가 많고 개별적 업무가 많기 때문에 단체교육보다는 다양한 방법의 **개별적 교육**이 효과적이다. 교육훈련은 채용 초기에만 이루어지는 것이 아니라 경력개발 전 생애를 통해 이루어져야 한다. 교육훈련을 위해서는 훈련의 수요, 목적, 내용, 종류, 방법, 평가 방법 등을 미리 마련해야 한다.

예술조직의 개별적 교육훈련에는 **현장교육**(On-the-job Training)이 있다. 현장교육은 작업현장에서 선임자가 시범을 보이고 이를 직접 따라 해 보는 것이다. 실제로 현장교육은 교차훈련, 코치훈련, 도제훈련, 모델훈련 등의 방법으로 진행된다. **교차훈련**(Cross-training)이란 신참자가 특정 활동의 훈련을 위해 각 작업 분야마다 계속 돌아가면서 배우는 것이다. **코치훈련**(Coaching)이란 신참자가 일하는 방식을 익힐 때까지 먼저 들어온 동료나 상급자가 도와주는 것이다. **도제훈련**(Apprenticeships)이란 도제제도와 같이 선배가 책임지고 신참자를 확실히 가르치는 것이다. **모델훈련**(Modeling)이란 선참자가 일하는 모습을 신참자는 옆에서 지켜보면서 배우는 것이다.

01.02.04. 근무성적 평정

근무성적 평정(Performance Appraisal)이란 조직구성원의 능력 가치관 근무실적을 평정자가 체계적이고 정기적으로 평정하는 것으로 승진, 보수, 훈련, 퇴직 등의 인력관리의 기준을 제공한다. **근무성적 평정**은 채용 이후부터 지금까지의 객관적 성적을 평가하는 것으로 다음과 같은 특징을 지닌다. 첫째, 사람을 평가한다. 직무와 관련하여 그 사람의 성격, 적성, 잠재적 능력, 개인적 특성을 평가한다. 둘째, 사람이 판단한다. 직속상관이나 감독자가 평가하기 때문에 평정자의 주관적 요소가 개입될 수 있다. 셋째, 공정한 인력관리의 기초 자료로 활용된다. 평정을 통하여 인사원칙이나 인력관리의 기술을 평가하는 것이다. 사람에 대한 평가로 상당히 민감한 부분이 있으며 평정의 방법과 절차를 연구할 필요가 있다. 즉 평정대상, 평정시기, 서식, 다면평가제도 등을 연구한다.

01.02.05. 인사이동

근무성적 평정에 따른 개인에 대한 평가는 조직 내 **수직적 · 수평적 이**

동의 중요한 근거가 된다. 수직적 이동에는 보상적 차원의 승진과 징계적 차원의 강임이 있으며 수평적 이동의 전근이 있다. 전근이란 동일 등급에 직무내용이 같은 직위로 이동하는 것이다. 예술조직의 경우 때로는 지역이나 타 기관에 파견근무를 가는 경우도 있다. 또한 직위 및 직무내용이 유사하여 직무수행에 지장이 없다고 인정되는 경우, 한 사람이 둘 이상의 직위를 갖는 경우가 있는데 이를 겸임이라고 한다. 채용한 인력이 조직에 적응하지 못하거나 드물지만 능력과다(Overqualified)의 경우 다른 직무를 주거나 해고할 수밖에 없다. 그 외 은퇴, 군대, 사망, 사직, 해고, 파면 등으로 인사이동이 필요하다. 해고의 경우 법적 소송에 휘말릴 경우를 대비하여 신중히 처리해야 한다.

01. 02. 06. 보수와 사기

보수란 근무의 대가로 지불되는 금전적 보상이다. 보수는 **임금과 복리후생**으로 구성되는데 임금은 기본급, 수당, 상여금 등이고 복리후생은 보험, 연금, 경조사, 학비보조 등이다. 기본급은 연공급, 직무급, 직능급으로 구분되는데, 연공급이란 근무연한에 따라 자연히 인상되는 임금수준이다. 직무급이란 주어진 업무의 성격에 따라서 임금의 차이가 있는 것으로서 업무의 난이도와 위험도 등을 감안하여 지급된다. 직능급이란 업무의 특성은 물론 역할 수행 능력의 개인 차이까지 감안하여 임금을 정하는 것이다. **사기**는 근무의욕과 일에 대한 동기를 의미하는 것으로서 동기부여 이론과 관련 있다. 예술조직에서는 사기관리를 위해 회식, 고충처리제도, 제안제도 등을 운영하기도 한다.

01. 03. 예술조직의 인력관리

예술조직의 인력은 크게 이사회가 있고 그 밑에 단체장이 있으며, 단체장은 예술부문의 예술감독과 경영부문의 사무국장을 거느린다. 예술조직의 인력관리는 이사회와 단체장의 문제와 예술감독과 사무국장의 문제로 구분된다. 먼저 이사회와 경영진의 갈등은 아주 오래전부터 있어 왔다. **이사회**는 예술조직의 재원을 마련하고 주요 의사결정을 하며 전문적 지식을 제공하는 역할을 한다. 그런데 우리나라의 경우 예술조직이 법인화되지 못하고 따라서 이사회가 없이 **단체장** 중심으로 구성된 곳이 많다. 이는 이사회가 단체장의 경영권을 침해하여 단체장의 권한이 약해질 것을 두려워하기 때문이다. 따라서 우리나라의 경우 많은 예술조직이 이사장이 단체장을 겸하고 있다. 그러나 이사회의 기능과 경영진의 기능이 다르므로 양자는 구분되어야 한다.

이사회가 본연의 역할을 충실히 하기 위해서는 **이사의 구성**에 신중해야 한다. 예술조직의 사명에 공감하고 발전에 헌신적으로 노력할 자세가 되어 있는 인사들을 우선적으로 이사로 임명해야 한다. 물론 재정적인 보탬이 될 수 있는 자산가도 중요하지만, 재원조달을 할 수 있는 능력이 있는 사람과 전문적 지식이 있는 사람도 중요한 것이다. 이사회의 역할은 첫째 예술조직의 재정 건전성을 유지하는 것이다. 스스로 지원자가 되겠지만 재원조성(Fund-raising) 활동을 전개하여 재정지원을 아끼지 않아야 한다. 둘째, 예술조직의 사명을 달성하기 위한 경영진의 업무활동을 통제하고 방향을 제시해야 한다. 셋째, 지역사회와의 연관성을 강조하고 지역사회의 관심을 예술조직에 반영한다.

다음은 사무국장으로 대표되는 일반 관리부문과 예술감독으로 대표되는 예술 관리부문의 대립에 관한 내용이다. **사무국장**은 예술조직의 재정 형편을 고려하고 규칙과 절차를 지켜야 하며 효율성과 합리성으로 일을 처리하는 반면, **예술감독**은 예술의 심미성 추구를 위한다는 명분으로 예술조직의 재정을 고려하지 않고 규칙과 절차를 지키지 않으며 독선적으로 일을 처리하려는 경향이 있는 것이다. 따라서 양자는 대립할 수밖에 없으며 사무국장이 우위에 서면 예술적 심미성이 훼손 받아 작품성이 떨어질 수 있고, 예술감독이 우위에 서면 재정압박으로 예술조직의 존립이 어려울 수 있는 것이다. 사무국장과 예술감독 중 누구의 손을 들어야 하는가에 대한 질문에는 정답이 없다. 결국은 양자의 의사소통을 통해 해결해야 할 것이다. 사무국장은 예술감독을 지원하는 것이지 명령하는 관계가 아니라는 것을 명심해야 한다. 예술감독은 사무국장이 도움을 주는 사람이지 무조건 심부름하는 사람은 아니라는 생각을 해야 할 것이다.

01.04. 노사관계

노사관계란 경영자와 근로자의 관계가 좋은가 나쁜가의 문제이다. 근로자는 노동조합을 결성하고 노동조합의 대표와 경영자가 **단체교섭**을 통해 근로조건을 정하는 것이다. 예술조직에 있어 노동조합의 정의와 목적은 좋으나 현실적으로 예술조직의 운영상 노동조합의 필요성은 그리 크지 않다고 본다. 낮은 봉급수준에도 불구하고 예술에 대한 신념으로 묵묵히 열심히 일하는 근로자들이 많기 때문이다. 또한 자원봉사자가 많기 때문에 노동조합이 설립되기 어려운 점도 있다 하겠다. 그러나 노사관계가 문제가 되는 경우 예술조직의 경우 훈련된 능숙한 전문인력을 계속 보유하고 있어야 하기 때문에 노사관계의 문제는 미리 잘 대응해야 할 중요한 문제이다.

01.05. 자원봉사

01.05.01. 자원봉사의 중요성

예술조직은 대부분의 재원을 정부의 보조금과 기업의 후원 그리고 시민들의 기부금으로 충당한다. 결국 예술조직의 재정압박은 당연한 것이고 고정적으로 들어가는 **인건비**는 큰 부담이다. 예술조직의 자원봉사자의 활용은 이러한 재정압박을 감소하는 역할을 한다는 점에서 중요한 것이다.

01.05.02. 자원봉사의 동기

자원봉사자 역시 예술조직에 있어 상당한 부분을 차지하는 인력이다. 사람들을 자원봉사에 동참하도록 유도할 필요가 있는데 자원봉사의 동기에 관한 연구에 의하면 사회적 동기, 심리적 동기, 실용적 동기가 있다. **사회적 동기**란 사회적 소속감을 느끼기 위한 자원봉사 참여이다. 다른 사람들이 참여하니 나도 같이 한다는 것이다. **심리적 동기**란 자기 만족감과 보람으로 자아실현을 위하여 자원봉사에 참여하는 것이다. 개인적 신념의 실천으로 다른 사람을 칭찬을 받을 수 있다. **실용적 동기**란 자원봉사가 자기에게 유리하기 때문이다. 전문 분야에 대한 경험이나 지식을 얻을 수 있는 기회, 유명인을 사귈 수 있는 기회, 진학이나 승진에 가산점을 받을 수 있는 기회 등으로 이용하는 것이다. 예술조직의 입장에서는 어떤 유형의 동기이든 참여하여 적극적으로 일할 수 있는 것이 중요하다.

01. 05. 03. 자원봉사의 운영

자원봉사자는 예술조직의 예산을 절감하는 중요한 부분이지만 자원봉사자의 채용, 교육훈련 운영 등의 과정에 소요되는 **비용** 역시 중요한 문제이다. 흔히 "배보다 배꼽이 크다"라는 말이 있는 것처럼 주의해야 할 부분이다. 자원봉사자는 금전적 급부를 제공받지 않기 때문에 일반 인력과 같이 관리될 수 없다. 자원봉사자가 얼마나 제대로 일하는가의 문제도 중요하다. 오히려 일하는 사람들에게 방해가 되면 없는 것이 더 나을 수도 있는 것이다.

따라서 자원봉사의 채용에는 신중해야 하고 맡기는 일도 적절히 주어져야 한다. 중요한 일을 자원봉사자에게 맡기지 않아야 한다. 그들은 아무 책임이 없기 때문이다. 아침에 나올 때는 뿌듯한 가슴으로 웃으며 자원봉사하지만 힘들면 점심 전에 슬그머니 없어져 버리는 사람도 있는 것이다. 경우에 따라서는 자원봉사자를 전체 조직의 운영계획에 통합될 수 있도록 **자원봉사 관리 시스템**을 따로 운영할 수도 있다. 즉 자원봉사자 운영을 위한 별도의 인력관리 체계가 필요한 것이다.

01. 05. 04. 자원봉사의 유형

자원봉사 활동의 유형에는 예술조직 프로그램에 참여, 관객 서비스, 재원과 기금 조성 활동 등이 있다. 첫째, 예술조직의 프로그램에 **직접 참여**하는 것이다. 미술관의 자선 전시회에 작품을 그려 출품한다든가 홍보를 맡아 직접 일하는 것이다. 둘째, 전시장 안내, 주차관리, 도서관 자료 정리, 식음료 제공 서비스 등의 관객 서비스에 참여할 수 있다. **관객 서비스**는 특별한 교육 훈련 없이도 가능하므로 많은 사람들이 자원봉사자로서 참여할 수 있다. 셋째, **재원과 기금의 조성**을 위한 활동에 참가하는 것이다. 스스로 후원자가 되어 기금을 내기도 하고 다른 사람에게 기부를 권유할 수 있다.

01. 05. 05. 자원봉사의 활성화 방안

자원봉사를 활성화하기 위한 방안으로는 2 가지를 들 수 있다. 첫째, 자원봉사를 할 수 있는 **시간대**를 많이 만들 필요가 있다. 누구나 원하는 시간에 자원봉사를 할 수 있도록 하는 것이다. 누구나 자기 시간은 소중하고 자신의 일부터 하고 난 다음 자원봉사 시간을 낼 것이므로 자신의 시간과 상충되면 자원봉사를 하고 싶어도 할 수 없는 것이다.

둘째, 자원봉사 **관련 정보를 제공**하는 곳이 있어야 한다. 언론 매체가 비용 때문에 어렵다고 한다면 인터넷 사이트를 개설하여 누구나 자신의 지식과 능력 그리고 자신의 시간에 맞추어 자원봉사 할 수 있도록 정보를 제공해 줄 수 있을 것이다. 이는 정부 사이트나 상업적 포털 사이트에서 충분히 할 수 있을 것이다.

01. 06. 예술조직의 전문인력

공연극장과 박물관의 예를 들어 어떤 인력들이 있는지 알아보기로 하자. **공연극장**의 경우 **극장장**이 최고관리자이다. 극장장은 공연기획, 인력관리, 예산관리, 투자계획 등을 총괄하며 이사회와 관계기관에 보고하는 업무를 수행한다. **예술감독**은 극장의 경영관리와는 관계 없이 공연만을 책임진다. 따라서 공연을 위한 스탭진 섭외와 배우의 캐스팅 등의 역할을 한다.

선발감독은 지방공연에 앞서 숙소와 홍보 등을 담당하는 감독이다. **무대**

감독은 무대의 모든 일을 전담하는 감독이다. 연습 중에는 연출을 돕기도 한다. **기술감독**은 조명 디자이너, 전기기사, 목수 등 기술적 부문을 담당한다. 무대감독과 기술감독의 역할을 모두 하는 경우는 제작감독이라고 한다.

사무국장은 일반 매니저로서 극장의 전반적 구체적 업무를 총괄한다. 사무국장은 극장운영을 위한 총무, 인사, 경리, 회계, 매표, 지적재산권, 건물관리 등 다양한 업무를 위한 직원을 거느린다. 또한 경비원, 수위, 안전관리 담당자를 따로 두기도 한다. **홍보담당자**는 언론매체에 기사를 보내주고 자체 홍보물을 제작하는 역할을 한다.

박물관의 최고관리자는 **박물관장**이다. 박물관의 총책임을 맡으며 조직, 인사, 재무, 투자 등에 관한 의사결정을 한다. 때로는 전시기획, 컬렉션 구입, 교육, 홍보, 재원조성(Fund-raising) 등에 관여하기도 한다. 박물관은 **경영관리 부문**과 학예부문으로 나누어진다. 경영관리 부문에는 총무, 인사, 경리, 회계, 예산, 지적재산권, 건물관리 등을 담당하는 직원들이 있고 경비실장과 경비원을 비롯한 안전관리 담당자들이 있다.

학예부문에는 **학예연구원**(Curator)이 있는데 박물관에서 가장 중요한 인력이다. 이들은 소장품에 대한 해박한 전문지식을 가지고 관리하고 연구하는 사람들이다. 학예연구원은 일반 경영관리를 담당하지는 않으며 자료의 수집과 정리, 교육과 홍보, 전시기획과 섭외 등 다양한 역할을 한다. 박물관은 소장품의 훼손을 방지하고 이를 보수할 수 있는 **복구 전문가**를 두고 있다. 소장품의 보존을 위한 다양한 연구들을 진행하고 안전하고 영구적 작품 보관을 위한 방법을 고안한다. 대규모 박물관의 경우 출판물에 대한 책임을 지는 **편집인**을 두기도 한다. 그 외에도 교육과 홍보를 담당하는 직원과 자원봉사를 관리하는 직원을 따로 두기도 한다.

경력개발

02. 01. 경력의 개념

경력(Career)에 대한 일반적 정의에는 플리포(E. B. Flippo)의 생애의 직무와 업무활동에서 획득하는 일련의 태도와 행동, 로드웰과 카자나스(Rothwell & Kazanas)의 조직에 참여하여 얻는 모든 경험, 홀(R. Hall, 1976)의 일생 동안의 활동 및 관계되는 행동, 드시몬과 해리스(DeSimone & Harris)의 일생 동안 한 일과 관련된 경험 등이 있다. 이처럼 경력이란 직장에서 쌓은 **직무의 전문성과 경험**이라고 할 수 있다.

샤인(E. H. Schein)은 조직 내 경력에 영향을 주는 5 가지 능력을 **경력의 닻**(Career Anchors)이라고 하였는데, 조직 내 인간관계와 업무 분석의 관리적 능력(Managerial Competence), 기술개발을 추구하는 기술적-기능적 능력(Technical-functional Competence), 현실에 안주하는 안전성(Security), 신제품 개발의 기업가 정신의 창조성(Creativity), 자율성을 중시하는 자유재량과 독립성(Autonomy & Independence) 등을 들었다.

02. 02. 경력개발의 개념

경력개발(Career Development)이란 장기적 관점에서 조직 내 구성원 개인의 능력을 신장시켜 조직발전에 기여하게 하는 것이다. 이는 인력관리의 하나로서 자기계발을 통해 인재로 거듭나고 조직의 장기적 발전에 공헌하게 하는 목적이 있다. 경력개발은 개인의 입사 후부터 장기적 관점에서 **경력경로**(Career Ladders)를 설계하고 관리해 나가는 종합적 인적자원 개발 시스템으로서, 개인의 자기계발과 발전을 도모하고 동시에 조직의 인적자원을 개발하는 개인욕구(Individual Needs)와 조직욕구(Organizational Needs)를 결합한 것이다.

02. 03. 경력관리와 경력계획

경력개발은 조직의 필요에 의해 설계된 방향으로 개인을 맞추어 경력경로(Career Ladders)를 따라가게 하는 방법과 개인적으로 스스로 자기계발을 하게 하여 궁극적으로 조직발전에 기여하게 하는 방법이 있다. 전자를 **경력관리**(Career Management)라고 하며 후자를 경력계획(Career Planning)이라고 구분하기도 한다. 경력관리란 조직 구성원 개개인의 직무경험, 교육훈련, 잠재력, 적성 등의 자료를 데이터베이스로 관리하여 인사이동과 능력개발에 이용하는 것이고, **경력계획**은 조직구성원 스스로 경력목표를 설정하게 하는 것이며, 경력개발은 이 두 가지를 조화시켜 개인과 조직 그리고 사회에 공헌하는 것이다.[01] 경력개발을 위한 프로그램으로 CDP(Career Development Program)가 있는데, 조직은 인사관리를 통하여 개인의 경력

01) 이건희 전 삼성그룹 회장이 1993 년 '지역전문가 제도'를 만들라고 지시하자 비서실은 10 년간 매년 50 명씩 해외파견을 보내는 골자의 보고서 초안을 마련했다. 그러자 이 회장은 매년 500 명은 보내야 한다고 주장하였다. 혹시 그들이 회사를 그만 두면 너무 큰 손실이 아니냐는 주위의 반대를 듣고 이 회장은 이렇게 말했다고 한다. "어차피 한국에 있을테니 국가에 기여하면 되는 거 아닌가요?"

개발을 유도하고 개인은 자기계발을 통해 능력을 발휘하고 경력을 쌓아 조직의 목표 달성에 이바지하게 하는 것이다.

02. 04. 경력개발의 목적

개인의 입장에서 경력개발의 목적은 개인적 업무능력을 신장시켜 승진이나 새로운 경력경로를 개척하기 위한 것이다. 개인은 승진과 같은 목표가 정해지면 목표달성을 위한 자격면허 취득과 어학 실력 향상을 위한 노력을 할 것이다. 조직은 조직의 인재상을 설정하고 경력개발을 유도하며 충원과 선발, 전환배치, 승진, 교육훈련 등을 결정할 것이다. 경력개발의 목적은 경력관리와 경력계획 즉 **조직의 인재상과 개인의 경력경로를 일치**시켜 양자를 결합함으로서, 조직의 효율성을 높이고 직무만족과 조직 몰입도를 높이고 이직을 줄이고 인력관리 비용을 감소시키는 것이다. 경력개발은 개인의 적성, 직무, 능력, 경험 등을 조직의 목표 달성에 필요한 것으로 조화시키고 경력경로를 따라 승진할 수 있도록 하여 **유능한 인재**를 키우기 위한 것이다.

02. 05. 경력개발의 방법

경력개발은 개인(Individual)을 출발점으로 한다. 조직구성원으로서의 개인은 자신에 대한 이해를 객관적 자료를 가지고 정확하게 판단한다. 이를 **자기진단**(Self-assessment)이라 하고 스스로 경력경로를 설정한다. 그리고 경력경로를 따라갈 수 있도록 스스로 자기계발과 발전을 위해 부단히 노력하는 것이다. 이를 위해 조직은 경력관리시스템(Career Management System)과 경력관리지원시스템(Career Management Support System)을 제공하다.

경력관리시스템은 i) 개인의 경력경로(Career Ladders)의 설정과 경력계획(Career Planning)의 수립, ii) 조직이 요구하는 인재상에 기초한 충원과 선발제도, iii) 개인 능력의 정기적으로 평가와 피드백, iv) 승진과 직무순환 관리의 인사이동, v) 경력단계별 교육훈련 등을 포함한다.

경력관리지원시스템은 경력상담과 경력 관련 정보의 제공을 통해 경력관리가 효율적으로 운영될 수 있도록 한다. 개인의 경력개발을 위한 경력상담과 경력 관련 정보를 제공하기 위해서는 경력 상담자를 따로 두는 것이 바람직하지만 직속 상사 또는 인사부장이 이를 담당할 수도 있다. **경력상담**을 통해 현재 직무에 대한 적성을 파악하고 관심영역을 찾으며 경력목표를 정하고 이를 달성할 수 있는 가능성과 잠재력을 발견하고 경력과정을 조언할 수 있을 것이다. **경력 관련 정보**는 입사 후 교육에서부터 경력경로와 함께 상세히 제공하도록 한다.[02)]

이러한 **경력개발의 모형**에는 승진을 위주로 하는 직선형(Linear), 전문가 양성을 위주로 하는 전문가형(Expert), 개인적 창의력을 위주로 하는 나선형(Spiral), 다양한 직무 경험을 위주로 하는 전이형(Transitory) 등이 있다.

02. 06. 예술조직의 경력개발

02. 06. 01. 문화정책과 예술경영의 교육

문화예술의 중요성과 함께 예술조직의 노동시장도 확대되고 있다. 문화예술에 대한 관심의 증대로 관련 산업이 확대되고 따라서 이 분야의 인력이 필요한 것이다. 물론 대중예술의 성장과 함께 기획사가 범람하여 청소년들까지 연예계 진출을 꿈꾸는 것은 지나친 감이 있지만 예전과 비교하면 예술시장 노동력의 큰 변화라고 할 수 있다. 그러나 정작 문화예술 관련 종사자들을 위한 문화정책과 예술경영의 **정규교육**은 아직 미흡한 실정이다. 예술경영에 대한 관심이 대두하고 몇몇 대학원에서 전공을 개설하고 학부에서

02) 삼성전자의 경우 평사원(4년)－대리(4년)－과장(5년－차장(5년)－부장(3-4년)의 경력경로를 가지고 있다.

학과를 개설하였지만 아직도 다른 분야에 비하면 많이 부족한 형편이다. 따라서 예술조직의 인력을 공급할 수 있는 교육기관이 증설되어야 할 것이다.

02. 06. 02. 이론과 실무의 결합

예술조직의 경우 교육도 중요하지만 실무경험도 중요하다. 예술조직의 구인광고의 경우 대체로 5 년 정도의 실무경험을 요구하는 경우가 많다. 어느 대학의 어느 과를 졸업했는가 그리고 석사학위가 있는가보다는 마지막 직장에서 어떤 일을 했는가가, 더 중요할 수 있다는 것이다. 따라서 **실무경험**을 쌓도록 해야 하고 현 직장의 업무와 비슷한 역할을 기대하는 예술조직에 지원하는 것이 성공 확률이 높은 것이다. 현 직장의 업무와 전혀 다른 예술조직에는 지원하지 않는 것이 좋다. 예술조직의 경우 업무의 전문성이 중요하기 때문에 다른 직종의 종사자를 채용하는 경우가 거의 없기 때문이다. 따라서 경력관리의 차원에서도 자신의 능력과 개인적 선호에 맞는 업무를 연속적으로 해 나가는 것이 바람직하다. 문화예술 분야의 전문성이란 오랜 기간의 교육과 학습과 경험을 통해 축적되기 때문이다.

교육과 실무경험 사이에 자신의 능력과 선호를 시험해 볼 수 있는 좋은 기회가 **인턴십**(Internship)이다. 인턴십을 통해 막연히 생각해 온 동경을 현실화할 수 있고 자신의 능력을 진단할 수 있으며 이론과 현실의 차이를 깨달을 수 있는 것이다. 인턴십은 자신의 진로에 대해 자신의 경력관리를 어떻게 어느 방향으로 해 나갈 것인가를 결정하는 좋은 기회로 활용될 수 있다.

02. 06. 03. 경력관리

예술조직의 인력은 이론과 실무를 겸비해야 한다. 정규교육과 함께 예술조직에서의 경험이 중요한 것이다. 일반 기업과 다른 예술조직만의 특성을 고려할 때 예술조직 자체의 경력개발이 중요한 것이다. **입사 초기부터 경력관리**가 이루어져야 하고, 스스로 배우고 커 간다는 사실을 인식하게 해야 한다. 매표소에서 티켓만 파는 것으로 끝날 것이 아니라 연주회 파티 등에도 관여하면서 다른 분야의 일을 배우도록 기회를 주어야 한다. 예술조직에서 경력관리를 잘 해서 성공하기 위해서는 실력을 갖추어야 하고 인맥을 확보해야 하고 변화에 대응할 수 있어야 한다. 물론 문화예술에 대한 사랑과 희생정신은 기본적으로 갖추어야 할 덕목이다.

02. 06. 04. 경력계획

개인의 입장에서 예술조직에 들어가게 되면 경력계획을 세워야 한다. 경력목표를 설정하고 현재상황을 인식한다. 가능한 경력경로를 설계하고 다른 대안과 비교하여 최선의 대안을 선택한다. 예술조직이 인력을 필요한 경우 공채보다는 **인맥**에 의존하는 경우가 많다. 그러므로 자신의 실력과 능력만 믿지 말고 인맥을 잘 활용하고 **추천서**를 잘 받는 것도 중요하다. 예술조직의 경우 평생직장이 아닌 기간 계약직인 경우가 많으므로 계속적으로 경력관리를 위해서는 자신의 이력서에 좋은 직장으로 계속 진출해 나가는 방식으로 자신을 끌고 가야 한다. 특히 이번 직장의 직함이 다음 직장의 더 좋은 자리의 밑받침이 되어야지 걸림돌이 되어서는 아니 된다.

예술조직의 입장에서는 사람을 잘 쓰고 못 쓰고에 따라 조직의 흥망이 좌우되는 만큼 신중을 기해야 한다. 실력과 능력도 중요하지만 다각도로 그 사람에 대한 **평판을 수집**하여 조금이라도 문제가 있으면 확인하고 대처해야 한다. 이력서는 항상 부풀려 있고 추천서 역시 과장된 경우가 많으므로 액면대로 믿는 것보다는 현장을 방문한다든가 아니면 인터뷰에서 직접 꼭 확인할 필요가 있다.

02. 06. 05. 보수

보수는 껄끄럽지만 고용주나 신청자나 모두 **확인**해야 할 사항이다. 이를 얼버무리고 나서 일을 시작한 후 봉급이 생각한 것보다 작거나 보험이 적용되지 않거나 하는 문제로 고용관계가 어긋나게 되면 경력개발에 전혀 도움이 되지 못하다. 첫 단추부터 잘 꿰어야 하는 것이다. 보수는 다른 예술조직의 같은 직종과 비교하여 큰 차이가 나지 않도록 하는 것이 서로에게 안전한 방법이다.

경력개발의 기회로 이용하는 사람들에게는 조건부로 낮은 봉급을 수용할 수도 있다. 그들은 자기계발을 위한 경험의 기회로 일을 배울 기회로 이용하려 하기 때문이다. 예술조직은 필요한 인재상이 절실한 경우 최고의 봉급으로 전문가를 영입할 수도 있다. 이는 예술조직의 전문성을 향상시키는 내부적 목적과 함께 외부적으로는 명성을 널리 알릴 수 있기 때문이다. 예술조직의 경우 일인다역을 원하는 경우가 많으므로 여러 부서에서 동시에 일할 수 있는 인재를 선호하는 경향도 있다.

02. 06. 06. 채용정보

예술조직의 채용정보는 어디서 얻을 수 있는가? 지금까지는 예술조직 단체장이 지인에게 **개인적인 부탁**으로 소개를 받아 채용하는 경우가 많았다. 그러나 예술조직의 규모가 커지고 공식적 조직으로 변모하면서 공채를 하는 예술조직이 늘어 날 것이다. 예술조직의 인재상은 전문적이고 구체적인 경우가 많고 채용인원은 소수이므로 언론 매체에 광고를 내는 것은 상당한 비용부담이 될 수 있다. 따라서 예술조직의 홈페이지 또는 인터넷 채용 사이트 등을 이용하는 것이 효과적이다.

명망있는 전문가가 필요한 경우 리쿠르트(Recruit) 회사를 이용할 수도 있다. **채용공고**는 조직이 필요로 하는 인재상을 상세히 설명하고 지원자는 채용공고를 보고 자신의 경로목표를 정하고 목표달성을 위한 작업과 그 시간표를 계획할 수 있어야 한다. 입사하려는 예술조직의 목표와 자신의 목표가 일치하는지, 직종과 자신의 선호가 맞는지, 자신의 경력관리에 도움이 되는지 등을 가늠할 수 있어야 할 것이다.

02. 06. 07. 자기진단

경력개발은 먼저 자기의 이해가 필요하다. 입사원서에는 **이력서**가 필히 첨부되는데, 이력서 작성이야말로 자기를 되돌아보고 자신의 적성과 능력 그리고 장단점을 파악할 수 있는 절호의 기회이다. 이력서를 작성하면서 자신이 예술조직에 적합한 어떤 능력이 있는지 냉철히 판단하고, 예술조직에 들어가서 자신이 배우고자 하는 기술과 경력경로의 직종이 무엇인지 파악할 수 있을 것이다. 남들과 다른 나만의 능력과 기술이 무엇인지 차별화를 생각하면 어느 분야에서 자기계발이 요구되는지 알 것이다.

02. 06. 08. 장기적 경력목표

입사한 후 제대로 조직에 적응하기 위해서는 약 1 년 정도가 소요될 것이다. 이 기간 동안 스스로 **성공적인 채용**이었다는 것을 입증해야 한다. 그 기간 동안 동료들의 도움을 받을 수 있는 정도나 온더잡 훈련과 같은 내용은 조직마다 다를 수 있지만 이 모든 것을 스스로의 힘으로 외로이 헤쳐 나가야 하는 것이다. 조직에서 매일 일어나는 칭찬과 질시와 꾸중에 일희일비할 필요는 없다. 이미 스스로 장기적 경력목표를 갖고 있으면 그 목표를 달성하기 위한 시간표에 의해 한 발씩 나가고 있기 때문이다.

장기적인 경력관리를 생각하고 대범하게 행동해야 한다. 모든 일의 의사결정에 있어서 장기적 목표를 생각하고 현 상황을 파악하고 대안을 마련하고 가장 바람직한 대안을 선택하여 집행하고 평가하는 단계를 항상 적용하는 습관을 가지는 것이 좋다. 변화를 민감하게 받아들이고 바꾸어야 할 경우에는 과감히 변화해야 할 필요도 있다. 자신의 능력과 기술을 더 발휘할 수 있는 기회가 주어지면 놓치지 않아야 한다. 장기적인 경력관리는 수직적인 진급이 아닐 수도 있다. 때로는 같은 직함으로 때로는 낮은 직급으로의 변화도 수용할 수 있어야 하는 것이다.

02. 06. 09. 예술조직 인재양성을 위한 제언

예술조직의 확대는 예견되고 있지만 지역에 따라 차이가 있을 것이다. 인구가 많은 대도시인 경우와 인구가 적은 농어촌의 경우는 다르기 때문이다. 문화예술에 대한 수요가 있어야 공급이 뒤따른다. 현 우리나라의 **중앙과 지방의 문화격차**는 수도권의 많은 수요로 예술조직이 공급되고 이는 다시 수요를 증가시키는 악순환을 거듭하고 있다. 그렇다고 해서 수도권과 지방의 문화격차를 해소하기 위해 지방의 문화예술의 공급을 늘리는 것은 올바른 해결책이 아니다. 수요가 없는 공급은 곧 사라지기 때문이다.

문화예술의 향수자는 단기간 형성되지 않는다. 이는 오랜 기간의 경험과 학습에 의해 형성되기 때문이다. 따라서 진정한 중앙과 지방의 문화격차 해소는 장기간의 **수요를 형성**하기 위한 정책이 마련되어야 한다. 특히 지역문화의 차원에서 수요 형성을 위한 장기적 정책의 예를 들면 학교의 문화예술 교육, 향토사학자, 내 고장 특산물, 향토유적과 무형문화재 발굴 등의 정책이 마련되어야 한다.

문화예술이 지역경제를 활성화시킨다고 하지만 제대로 검증되고 고증되지 않은 것들은 일과성의 소모품에 지나지 않는다. **지역의 특색**을 갖춘 예술조직 예를 들면 안동 하회탈춤 공연단과 같이 독창적 색깔을 가져야 할 것이다. 따라서 지역을 이해하고 지역을 잘 알고 지역을 사랑하는 사람들이 지역의 예술조직 인력으로 성장할 필요가 있다. 예술조직의 선택에 있어 **개인적 선호**를 고려하여 대도시보다 중소도시가 더 아늑하게 느껴진다든가 고향에 가서 봉사를 하고 싶다든가 하는 사람이 분명히 있을 것이다.

제 11 장

재무관리와 재원조달

문화정책과 예술경영 01

경제적 환경의 중요성

예술조직은 외부환경의 변화에 민감한데 특히 **경제적 환경**에 많은 영향을 받는다. 불경기가 되면 소득이 줄기 때문에 문화예술의 소비가 줄게 되고 세수의 감소는 정부지원의 감소로 이어지게 된다. 기업의 후원도 줄어들게 되어 결과적으로 예술조직의 재정압박으로 어려움을 겪게 된다. 물론 불황이라도 가처분 소득의 증가인가 감소인가, 그리고 인플레이션인가 디플레이션인가 등 고려해야 될 요소는 많지만 전반적으로 불황은 예술조직에 어려운 시기임에 틀림없다. 또한 세계적 고유가와 외환시장의 움직임 등도 예술조직에 영향을 준다. 이자율의 변화는 예술조직의 예산과 투자에 큰 영향을 미치는 것이다.

보몰과 보웬(William J. Baumol and William G. Bowen)의 논문은 예술조직의 경제적 환경에 대한 최초의 저작이라고 볼 수 있다. 이후 많은 경제학자들이 **문화예술 경제학**에 도전하였고 2001년 헤일브런과 그레이(James Heilbrun and Charles M. Gray)는 《문화예술의 경제학(The Economics of

Art and Culture)》에서 문화예술의 미시경제학과 문화정책의 결합까지로 학문의 지평을 넓혔다. 보몰과 보웬에 의하면 1960 년대 경제적 풍요에도 불구하고 예술에 대한 증대는 가계의 다른 분야에 비해 성장하지 않았고 1920 년대와 비교하여 거의 같은 수준이라고 한다.

헤일브런과 그레이는 1970 년대부터는 **예술에 대한 소비**가 조금씩 증가하였는데, 가처분 소득 중 문화예술 지출이 차지하는 비율은 1970년대에 100 불 당 7 센트에서 1980 년대는 9.1 센트 그리고 1990 년대는 13.4 센트로 증가하였다고 한다. 1970 년대부터의 미국의 재정적 어려움이 레이거노믹스로 인해 정부 예산삭감으로 이어졌고, 따라서 1980 년대는 예술조직의 쇠퇴가 시작하였음에도 불구하고 가처분 소득의 문화예술 지출이 증가한 이유는 티켓 값이 비싸졌기 때문이라고 결론지었다. 공연예술의 관객들은 거의 고학력의 고소득층 백인들이었고 전체의 93 %가 TV 시청, 63 %가 영화 관람, 24.5 %가 뮤지컬 관람, 15.6 %가 고전음악 감상, 15.8 %가 연극 관람, 5.8 %가 무용 또는 발레 관람, 4.7 %가 오페라 관람 등을 즐긴다고 하였다. 이러한 결과는 1960 년대와 비교하여 크게 다르지 않으며 오히려 공연예술이 스포츠보다 훨씬 적은 관람객을 갖고 있는 것으로 밝혀졌다.

보몰과 보웬은 공연예술이 시간이 갈수록 적자를 보게 되어 있는 구조적 문제가 있다고 하였다. 즉 일반적인 산업은 신기술 개발로 **생산성**이 향상되므로 인플레이션에 따른 가격의 증가를 생산성 향상으로 상쇄할 수 있다. 생산성이 향상되지 않으면 투입비용의 증가에 의해 가격을 올릴 수밖에 없다. 그러나 예술조직의 경우 생산성 향상에는 한계가 있으며 예술공연의 공급에도 한계가 있는 것이다. 라이브 공연은 공연 시간이 정해져 있기 때문에 신기술 개발로 주어진 공연 시간에 2 번의 공연을 할 수는 없는 것이다. 결국 공연예술은 시간을 단축하여 생산성 향상을 이끌 수는 없다. 결국 공연예술은 다른 산업에 비해 생산성이 떨어질 수밖에 없는 것이다. 따라서 인플레이션이 있는 경우 티켓 값은 비싸게 되고 이를 살 수 있는 사람은 고소득 계층뿐이고 이는 문화예술의 불평등을 심화시킨다. 신자유주의적 세계화는 소득격차를 심화시켜 양극화를 초래하고 문화예술의 격차는 갈수록 더 커질지도 모른다. 누군가가 이 소득의 차이를 보전해 주어야 한다. 사회는 예술 창조를 위해 투자해야 할 것이다.

공연예술의 경제학

02. 01. 공연예술 효용가치의 측정

경제학은 모든 상품을 효용이라는 가치로 판단한다. 공연예술의 효용은 어느 정도인가? 흔히 티켓 값이 공연예술의 효용을 대변하는 척도라고 하지만 이는 정확하지 않다. 똑같은 공연인데도 지역에 따라 티켓 값이 다르며, 시간이 지나면 반액으로 할인되기도 하기 때문이다. 어떤 공연의 티켓은 암시장에서 10 배가 넘게 팔리기도 한다. 이러한 공연예술의 효용은 정규 티켓 값인가 아니면 암표 값인가? 공연예술은 다른 장르의 엔터테인먼트와 경쟁하기 때문에 기회비용의 개념을 빌어 공연예술을 보기 위해 어떤 다른 상품의 구매를 포기했을 때 그 상품가격이 곧 공연예술의 효용이다. 또한 **지불의사표시법**(Willingness to Pay)으로 공연예술을 보기 위해 어느 정도 금액을 지불할 것인가를 물어보는 것이다.

효용을 정확히 측정할 수 없다는 것은 시장에서 가격을 매기기 쉽지 않다는 것이고 이는 시장실패를 야기한다. 따라서 공연예술의 경우 일반 사기업보다는 제 3 섹터의 예술조직이 공급을 담당하고 따라서 **시장실패**를 막기 위한 정부개입이 필요하고 **정부의 규제와 지원**으로 공연예술을 효율적으로 사회에 배분하는 것이다. 공연예술은 이러한 모든 것들의 경제적 영향력을 감안해야 하는 것이다. 예술조직은 티켓 판매만으로 재정을 감당할 수 없다. 그렇다고 티켓 값을 무한정 올릴 수도 없는 노릇이다. 더구나 예술조직은 지역공동체에 봉사한다는 차원에서 티켓 값을 비싸게 받을 수도 없다. 결국 정부가 지원해야만 한다. 예술조직에 대한 정부지원의 정당성은 예술조직의 사업이 지역경제에 공헌한다는 믿음이 있기 때문이다.

02. 02. 공연예술의 비용

공연예술의 비용에는 고정비용(Fixed Costs), 가변비용(Variable Costs), 한계비용(Marginal Costs)이 있다. **고정비용**이란 생산량의 증감과 관계 없이 일정하게 지출되는 비용이며 **가변비용**이란 생산량의 증감에 따라 변화하는 비용이다. 공장부지를 임대했다면 생산량과 관계 없이 무조건 한달에 얼마씩 지불해야 하기 때문에 고정비용이다. 도자기 원료인 고령토는 도자기를 많이 만들면 많이 필요하기 때문에 가변비용이다.

한계비용이란 한 단위를 더 생산하는 데 추가적으로 드는 비용이며 고정비용과는 관계가 없고 가변비용에 따라 변한다. 한계비용은 평균비용과 다르다. 평균비용은 전체비용을 상품 수로 나눈 단순평균이다. 예를 들어 도자기 4 개를 만드는데 40 만원이 들었다면 평균비용은 10 만원이다. <표 11-1>을 보면 도자기 3 개를 만들 때는 개당 12 만원에 만들었는데 4 개를 만들기 위해서 40 만원이 필요하면 1 개를 더 만들기 위해 4 만원의 비용이 더 필요하므로 한계비용은 4 만원이 된다. 한계비용은 생산량이 늘면 감소하지만 어느 시점을 지나면 그때부터는 증가하게 된다.

예술조직은 고정비용이 차지하는 비용이 크고 가변비용이 차지하는 비용이 적기 때문에 고정비용이 투입된 이후에 한계비용은 거의 0 에 가깝게

표 11-1 • 한계비용

도자기 수	1 개당 비용	전체 비용	한계 비용
1	20 만원	20 만원	
2	15 만원	30 만원	10 만원
3	12 만원	36 만원	6 만원
4	10 만원	40 만원	4 만원

수렴하여 문제가 되는 것이다. 이러한 경우 예술조직은 쉽게 가격할인의 유혹에 빠지게 된다. 공연극장의 경우 좌석 수 500 석은 정해져 있고 공연계약금도 지불했으므로 남는 것은 관객을 동원하는 것뿐이다. 하루 1 회 공연인데 보통 200 명이 관람한다면 201 번째 손님을 더 받는데 들어가는 비용 즉 한계비용은 거의 없다. 따라서 가격을 반으로 할인해서 500 석을 채우면 이익이므로 가격할인의 유혹을 받는 것이다. 그러나 가격경쟁으로 단기간에 시장 점유율을 끌어올릴 수는 있겠지만 다른 공연극장의 **가격경쟁**으로 함께 파산할 수도 있다는 점을 유의해야 한다.

02. 03. 수확체감의 법칙

생산의 가변요소들 때문에 수확체감의 법칙이 발생하는데 이는 한계비용이 감소하다가 증가하는 U자 형태를 가지기 때문이다. 기업이 단기간에 생산량을 증가시키면 한계비용이 증가하고 평균비용도 증가하므로 **수확체감의 법칙**의 적용을 받는 것이다. 그러나 예술조직의 경우 수확체감의 법칙이 적용되지 않는다. 그것은 공연은 항상 똑같은 비용이 필요하기 때문이다. 한번 극본 쓰고 캐스팅하고 연습하고 공연장 마련해 두면 그 다음부터는 몇 번을 하든 상관 없다. 즉 수확체감되지 않는다. 즉 공연횟수가 생산량이라면 생산을 늘이기 위한 투입은 고정비용 이외 가변비용은 공연 때마다 일정하기 때문이다.

02.04. 규모의 경제

규모의 경제(Economies of Scale)란 생산량이 커지면 그만큼 고정비용이 분산되기 때문에 평균생산 비용이 낮아지는 것을 말한다. 손으로 빚어내는 도자기보다 기계로 똑같이 찍어 내는 도자기의 원가가 훨씬 낮은 것이다. 따라서 대량생산을 하면 규모의 경제로 원가 경쟁력을 갖게 된다. 그러나 공연예술의 경우 규모의 경제가 적용되는 부문은 거의 없다. 배우나 연주가의 수가 많을수록 개런티가 싸지지 않으며 무대장치 등도 필요한 것을 모두 주문 제작해야 하는 것이 많은 만큼 규모의 경제가 적용되기 힘들다. 오히려 한 사람 더 채용하는 것이 비용을 큰 폭으로 증가시키기 때문에 **규모의 비경제**가 발생한다고 보아야 하다.

02.05. 수요의 법칙

수요의 법칙(Law of Demand)이란 티켓 값이 오르면 수요는 줄어들고 티겟 값이 내리면 수요는 늘어난다는 것이다. 그러나 티켓 값 외의 수요에 영향을 주는 요인들이 있다. **소득**의 경우 소득이 증가하면 재화의 수요가 증가한다. 따라서 티켓 구매도 증가한다. 그런데 소득이 줄게 되면 지금까지 샀던 공연예술 티켓을 제일 먼저 사지 않게 된다. 쌀을 사지 않을 수는 없고 아이 교육을 시키지 않을 수는 없지만 공연은 보지 않아도 된다는 것이다. 이러한 재화를 **열등재**(Inferior Goods and Services)라고 하고 소득이 감소하면 가장 먼저 감소하는 재화와 용역이다. 일년 공연예술 티켓과 문화예술 회원권은 불황시기에는 사지 않는다. 또한 주차비가 비싸면 그 극장에 공연을 보러 가지 않게 된다. 이는 대체제(Complementary Goods)로서 다른 재화의 가격이 공연예술의 수요에 영향을 미치는 것이다. **개인적 취향**(Taste) 역시 수요에 영향을 미친다. 팝송과 클래식 트로트에 대한 취향이 일시적으로 몰리게 되면 수요가 증가한다.

'경제는 심리다' 라는 말이 있듯이 공연예술의 경우에도 **심리적 측면**

이 수요에 영향을 준다. 예를 들면 개인의 경제사정에 대한 기대와 예측에 의해서도 수요가 좌우된다. 그 상품의 가격이 오를 것으로 예측되면 미리 사재기 하려는 심리가 있기 때문이다. 기대는 상품 수요를 증가시킨다. 만약 가격이 떨어질 것으로 예견되면 그때는 구매를 미루게 되어 수요가 감소할 것이다. 따라서 예술조직은 일년 티켓의 구매 마지막 날까지 사지 않으면 그 이후 티켓 가격이 올라간다는 사실을 홍보하여 티켓 수요를 증가시키는 방법을 사용하기도 한다. 예술조직은 중요한 공연의 상품 가치를 알릴 수 있는 방법을 찾아서 수요를 증가시키기 위한 노력을 해야 하는 것이다.

02. 06. 공급의 법칙

공급의 법칙(Law of Supply)은 일반적으로 가격이 오르면 공급이 증가한다는 것이다. 그러나 공연예술의 경우 그 횟수는 정해져 있으며 더 이상 공급을 늘리는 것은 불가능하다. 따라서 예술조직의 경우 공급의 법칙은 공연예술의 **공급에 영향을 주는 요소**들을 찾아보는 것으로 만족해야 한다.

첫째, 공연 준비에 필요한 **자원의 가격**이다. 공연준비에 요구되는 각종 자원의 가격이 변동하면 공급이 감소하거나 증가할 수 있다. 배우와 스탭진의 인건비가 비싸지거나 무대장치에 필요한 재료비의 인상 등은 공연 제작비의 상승을 초래하여 결국 공연 제작을 어렵게 하고 이는 공연예술의 공급이 줄게 되는 것이다. 그러나 예술조직은 공연예술의 공급에 있어 자원의 가격을 통제하기 어렵고 생산비용을 통제하는 것도 어렵기 때문에 공급을 조절할 수 없다. 연주가들은 시즌별로 미리 계약을 통해 임금을 책정하므로 변동하기 어렵고 그렇다고 경비 절감을 위해 오케스트라 멤버 중 바이올린 2명, 첼로 3 명만 제외한다는 것은 불가능하기 때문이다. 공연은 시간적 제약이 있기 때문에 공급을 무한정 증가시킬 수 없다. 따라서 예술조직의 공연 제작비용이 감소하는 경우는 거의 없으며 공연 준비에 필요한 자원의 비용이 증가하면 공급을 유지하기 위하여 티켓 값을 올릴 수밖에 없다. 만약 공공을 위한 공연이라면 빚을 얻거나 적자를 감수하며 공연을 해야 하는 경우도 많은 것이다.

둘째, **공급자의 수**이다. 다양한 공급이 있기도 하지만 일부 스타 엔터테이너(Entertainer)의 쇼는 공급이 제한적이다. 따라서 티켓 가격은 오른다. 스타 마케팅은 필연적으로 티켓 가격을 올리게 되는 것이다. 공연예술은 유동성이 강하고 소비자들은 쉽게 식상하기 때문에 반복되는 공연예술의 경우 효용이 급격히 떨어지는 경우가 많다. 이러한 공연예술의 특징 때문에 예술조직은 안정적인 소비자 층을 확보할 수 없게 되고, 따라서 예술조직은 소비자 층의 수요를 안정적으로 확보하기 위해 **스타 마케팅**을 이용하는 경우가 많다. 예를 들면 팬클럽을 만들어 사인(Signature)회와 정기적 파티를 개최하는 마케팅 전략을 사용하는 것이다. 팬클럽의 규모는 공연예술과 관련한 여러 다른 상품에 대한 수요를 미리 예측하게 하는 장점도 있다. 스타 마케팅은 부수적으로 경제학의 내생적 선호현상을 야기하기도 한다. 내생적 선호란 자신이 좋아하는 스타를 위해 관련 상품을 맹목적으로 구매하는 것을 말한다.[01] 스타 위주의 문화상품은 안정적인 수요를 확보하는데 도움이 되겠지만 신인의 등용을 막고 실험적 모험적 공연예술의 시도를 저해한다.

셋째, **공급자의 심리**이다. 공급자는 수요에 대한 기대를 한다. 특히 유명한 연주가의 은퇴 공연이라든가 거장의 연주회의 경우에는 수요가 증가할 것을 기대하여 공급을 늘리려 할 것이다. 대부분의 예술조직이 비영리조직이지만 생존을 위해서는 재정의 건전성을 유지해야 한다. 그러므로 공공조직이더라도 관리자의 입장은 항상 수입의 극대화를 위해 노력하는 것이다. 그러나 예술조직이 수익 극대화를 위해 공연예술의 공급을 늘리고 티켓 값을 올리는 것은 바람직하지 않다. 예술조직은 공동체의 지역사회가 어느 정도 지불능력 또는 지불의사가 있는지 알아야 하고 이를 고려하여 공급을 결정해야 할 것이다. 지역의 적정 티켓 가격을 결정하기 위해서는 먼저 다른

01) 스타 위주의 문화상품은 원형화(Prototype)와 구분되기도 하는데, 문화상품의 원형화란 한 문화상품이 히트 치면 그 상품을 모방한 많은 다른 종류의 문화상품이 나오는 것이다. 예를 들면 <겨울연가>라는 드라마가 성공한 후, 이와 관련한 소설, 음반, 악세사리, 촬영지 등이 문화상품으로 등장한 것을 들 수 있다.

예술조직의 티켓 값을 알아보고 사부문의 다른 공연 티켓 가격 등을 참고하여 결정해야 할 것이다. 그리고 수익은 티켓 값에 대한 예상 수요를 곱하여 시뮬레이션을 통해 예측할 수 있다. 물론 이보다 더 중요한 것은 공연의 목적을 중시하여 공동체의 많은 사람들이 공연을 관람할 수 있도록 하는 것이다. 결국 공연예술의 경제는 국제, 정부, 기업, 시민 등 거시 경제의 측면과 예술시장의 미시 경제의 측면을 결합하여 양자 간의 관계 속에서 생각해야 할 것이다.

예술조직의 재무관리

03.01. 재무관리의 개념

재무관리는 조직이 필요로 하는 자금을 어떻게 조달하고 효율적으로 배분하고 투자할 것인가에 관한 것이다. 재무관리는 필요한 자금은 어떻게 조달할 것인가를 다루는 자금조달(Financing)과 조달된 자금을 사용처에 배분하는 **예산**(Budgeting)으로 구분된다. 자금조달이란 어디서 자금을 가져오는가를 결정하는 것인데, 조직의 외부환경의 변화와 내부의 여건과 자본구조를 감안하여 조달방식을 결정하는 것이 바람직하다.

자금조달의 원천으로는 출처에 따라서 내부금융과 외부금융으로 나눈다. **내부금융**이란 기업 내부에 축적되어 있는 자금이며 **외부금융**이란 기업 외부로부터 조달하는 자금이다. 기간에 따라서 단기자금과 장기자금으로 나누는데 단기자금은 만기가 1 년 이하인 자금이고 장기자금은 만기가 1 년 이상인 자금이다. 자기자본은 내부금융의 이익보유금과 외부금융의 자본금(주식)을 말하고 타인자본은 단기부채로 은행차입과 어음 등이 있고 장기부채로는 사채와 리스 등이 있다.

예산이란 숫자로 표시된 조직의 살림살이다. 일정기간 동안 조직이 어떤 사업을 위해 얼마나 지출할 것인가를 숫자로 표현한 것이다. 예산은 조직의 목표 달성을 위한 자금의 효율적 배분으로서 자금의 운영과정에 대한 주기적 의사결정이라고 할 수 있다. 자금의 분배는 경제성 평가가 선행되어야 하는데, 이는 조직의 목표 달성을 위한 사업의 대안으로는 어떤 것들이 있으며 어떻게 최적 대안을 선정할 것인가를 결정하기 위한 평가방법인 것이다.

경제성 평가를 위해서는 경제적 가치 모형(Economic Value Model)과 상대적 순위 모형(Relative Rank Model)을 사용할 수 있다. **경제적 가치 모형**이란 각 대안의 절대적 가치를 측정하여 비교 평가하는 것으로 경제적 가치를 절대적으로 비교하여 대안 간 차이를 명확히 알 수 있는 장점이 있지만 미래 가치를 추정하기 힘든 단점이 있다. 대표적 기법으로는 자본예산 모형, 위험분석 모형, 의사결정 나무 모형 등이 있다. **상대적 순위 모형**은 각 대안들의 상대적 가치를 순위로 점수화하여 비교 평가하는 방법으로 시각적이고 점수로 쉽게 표현하는 장점이 있지만 대안들의 명확한 차이를 비교하기 어려운 단점이 있다. 대표적 기법으로는 프로파일 모형, 점수 모형 등이 있다.

03.02. 비영리조직 재무관리

예술조직은 비영리조직으로서 사기업과 같이 이윤추구가 목표가 아니다. 그러나 예술조직의 경쟁이 치열해지면서 예술조직도 사업수익의 극대화를 외면할 수는 없게 되었다. 비용 절감과 수익 확대를 통해서만 예술조직이 생존할 수 있고 계속 공공을 위해 활동을 할 수 있기 때문이다. 예술조직의 경우 정부의 보조를 받는 경우가 많은데 이는 모두 국민의 세금이므로 이를 헛되이 사용하지 않도록 해야 한다는 점에서도 재무관리는 중요하다. **비영리조직의 재원**은 일부 자체수입을 제외하면 정부 보조금, 기업 후원금, 개인 기부금, 펀드, 협찬, 자원봉사 등으로 구성되기 때문에 증권시장과 같은 직접금융이나 금융시장과 같은 간접금융을 주로 이용하는 일반 기업과는 차이가 있다.

03. 03. 재무관리 정보체계

정보화 사회로 들어서면서 정보체계는 조직 경영관리의 효율적 수단이 되었다. 재무관리 정보체계(Financial Management Information System: FMIS)는 재무관련 자료를 수집하고 분석하여 시스템을 통해 비용을 통제하고 예산을 예측하는 역할을 한다. 재무관리 정보체계는 현재 지출이 예산보다 많이 사용되었는지 실시간으로 알게 해 준다. 만약 예산보다 더 많이 사용되었다면 그 이유가 무엇인지 알 수 있는 **정보를 제공**해 준다. 또한 예산보다 더 적은 수입을 기록했다면 그 이유는 무엇이며 어떻게 손실을 만회할 수 있는지 가능성을 타진해 볼 수도 있다. 예술조직의 부채가 증가했는가? 부채가 감소했는가? 예술조직의 운영을 위한 자원은 충분한가? 직원들 봉급은 지불할 수 있는가? 등의 재무관련 질문들에 대답할 수 있는 정보들을 제공해 주는 것이 재무관리 정보체계이다.

재무관리 정보체계는 내부적으로는 **재정 건전성**에 관한 정보를 제공할 수 있어야 하고 외부적으로는 **재무상태**에 관한 정보를 공개할 수 있어야 한다. 시스템은 필요한 재무보고서를 작성할 수 있어야 하며 법적으로 규정된 재무서류를 작성할 수 있어야 한다. 재무관리 정보체계의 구축은 운영층의 거래(Transaction)가 모두 기록되어 시스템으로 보내지고 회계기록 역시 시스템으로 보내져 관리되어야 한다.

03. 04. 회계

재무관리는 조직 전체의 관점에서 자본관리와 같은 종합적 재무활동의 관리와 함께 현금 출납과 같은 실체적 재무활동에 대한 관리도 필요하다. 회계는 조직의 돈의 흐름을 수입과 지출로 기록하는 업무이다. 즉 돈의 흐름을 업무활동별로 인지, 수집, 분석, 기록, 합산한 것이 회계인 것이다. 업무활동은 거래행위로 구성되며 거래는 자산과 서비스의 변화로 정의된다. 따라서 회계기록(Bookkeeping)은 업무활동의 기록인 것이다.

회계는 조직 내부의 합리적 의사결정을 위해 필요하지만 예술조직의 경우 재무정보를 외부에 보여주기 위한 목적이 더 중요한 경우도 많다. 정부지원을 신청할 경우나 기업의 후원을 받기 위해 예술조직의 **재정상태**를 투명하게 보여줄 수 있어야 하기 때문이다. 따라서 회계의 목적은 외부 이해관계자에게 조직의 재정상태를 투명하게 보여주기 위한 것이며, 내부적으로 미래 경영방침을 수립의 근거가 되는 것이다.

회계와 부기란 용어가 혼동되는데, 부기란 거래의 요약, 정리, 기록의 절차의 단순한 실무적 용어이며, 회계란 부기에 이론적 체계를 더해 유용한 정보로 만들어 제공하여 합리적 의사결정에 도움을 주는 것이다. 따라서 회계가 부기보다 더 넓은 범위의 개념이다. 회계기록의 방법은 일률적으로 정해져 있는데 영리의 일반 기업과 비영리의 예술조직은 각기 다른 회계원칙을 적용한다.

비영리의 예술조직은 **단식부기**(Cash-based Accounting)를 사용하고 영리의 기업조직은 **복식부기**(Accrual-based Accounting)를 사용한다. 단식부기는 현금의 출납 상황만을 기록하는 방법이다. 돈이 나가면 지출이 되고 들어오면 수입이 되어 현금잔액이 남아 있는 것이다. 복식부기란 비용이 발생했을 때 즉 현금이 지급되지 않았어도 기록하고 수입이 발생했을 때 즉 현금을 받지 않았어도 회계장부에 기록하는 방법이다. 공연 부지를 산 경우 복식부기에는 한 번 기록으로 토지의 구입과 현금의 지출이 동시에 기록된다. 그러나 단식부기의 경우에는 계약금, 중도금, 잔금 등으로 나누어 기록될 것이다.

회계는 재무회계, 원가회계, 세무회계 등으로 구분된다. **재무회계**란 주로 외부 관련자에게 제공하는 일반 회계정보이다. **원가회계**란 내부적 의사결정을 위한 정보제공을 목적으로 하며 관리회계라고도 한다. 세무회계는 세법 규정에 따른 과세소득 산정을 위한 것이다.

일반 기업의 **회계원칙**에는 신뢰성, 명료성, 충분성, 계속성, 중요성, 안정성, 실질 우선의 원칙 등이 있다. i) 신뢰성의 원칙이란 회계는 객관적 자료에 의하여 공정하게 처리되어 신뢰할 수 있어야 한다. ii) 명료성의 원칙이란 회계의 양식과 용어는 이해하기 쉽도록 간단명료하게 표시해야 한다. iii) 충분성의 원칙이란 중요한 회계 방침과 기준 그리고 과목에 관해서는 재무제표에 그 내용을 충분히 표시해야 한다. iv) 계속성의 원칙이란 회계 처리에 관한 기준은 항상 똑같이 사용해야 한다. v) 중요성의 원칙이란 회계에 있어서 과목과 금액의 중요도에 따라 그 방법을 결정해야 한다. vi) 안정성의 원칙이란 회계에서 2 가지 이상의 방법이 가능하면 재무적 기초를 튼튼히 하는 관점으로 처리해야 한다. vii) 실질 우선의 원칙이란 회계처리는 거래의 실질적 내용과 경제적 사실을 반영해야 한다.

예술조직의 재무회계는 이해가능성과 목적적합성 그리고 신뢰성의 원칙을 지켜야 한다. 이해가능성이란 회계정보를 쉽게 이해할 수 있도록 작성해야 한다는 것이다. 목적적합성이란 조직의 의사결정과 관련 있는 정보의 기록이어야 하고 특히 미래를 예측할 수 있는 내용이어야 한다는 것이고, 신뢰성이란 믿을 수 있는 정확한 정보이어야 한다는 것이다.

예술조직은 보조금이나 펀드를 가지는 경우가 많으므로 특별한 기록방법으로 **펀드회계**를 사용할 수도 있다. 대체로 빌딩과 같은 주요 자산 등을 펀드회계로 처리한다. 특정 목적을 위한 펀드의 경우 이사회의 동의를 얻어야만 집행할 수 있는 경우도 있다.

예술조직의 예산

04. 01. 예산의 개념

수입을 정확히 계획하고 지출을 감시하고 통제하는 능력은 예술조직에 있어서 가장 중요하다. 예술조직은 현금수입이 적고 불안정하므로 수입과 지출을 유지하는 것이 예술조직의 생존과 밀접한 관련이 있다. 그래서 예술조직의 정보체계도 거의 예산과 관련하여 사용하는 경우가 가장 많은 것이다. 예산이란 조직의 미래 **일정 기간의 경영활동을 숫자로 표시**한 것이다.

예산은 앞으로 전개할 활동계획의 **재무적 수량적 표현**이라고 할 수 있는데 예술조직에서는 주로 지출의 통제방식으로 사용된다. 예산은 수입과 지출로 표시되지만 수입보다는 지출에 더 많은 관심을 할애하는데 이는 자원의 배분이라는 측면에서 예산이 **지출통제**의 역할을 담당하기 때문이다. 즉 예산에 지출 금액을 한 번 정해두면 배분된 한도 내에서만 사용해야 하기 때문이다. 따라서 회계보고서와는 달리 예산은 일반에게 잘 공개하지 않는다.

이는 예산이 예술조직의 미래 활동에 대한 내용을 비용까지 모두 담고 있기 때문이다.

04. 02. 예산의 종류

예술조직의 예산 종류에는 고정된 수입에 근거하여 추정된 지출을 배분하는 **고정예산**(Fixed Budget), 활동수준에 따라 자원배분이 달라지는 **변동예산**(Flexible Budget)이 있다. 예술조직은 매년 인플레이션을 감안하여 3 % 정도 인상한 고정예산을 전반적으로 정하고 사업별로 활동수준에 따라 변동예산을 작성하는 형태를 취한다. 장기적 시설에 관련한 예산과 부동산과 기자재 그리고 장기 임대비 등은 **자본예산**(Capital Budget)으로 하고 조직 운영에 필요한 통상적 1 년 경비는 **운영예산**(Operating Budget)으로 한다. 특별 사업에 관련한 예산은 따로 **사업예산**(Project Budget)으로 마련하기도 한다. 최근에는 매년 모든 사업의 수입과 지출을 원점에서 새로 조사하는 **영본위예산**(Zero-base Budget)도 등장하였다. 예산작성의 방식으로는 상위층에서 일방적으로 예산을 작성하여 하위층에게 하달하는 하향식과 하위층에서 작성하여 상위층의 승인을 받는 상향식이 있다.

04. 03. 예산과정

예산과정은 조직의 다양한 수입원으로부터 수입을 예상하면서 시작한다. 작년의 수입원과 수입을 토대로 올해의 수입을 작성하는데 지나치게 낙관적으로 작성하거나 지나치게 비관적으로 예측하지 않는다. 다만 외부환경의 변화를 고려하여 수입에 미치는 영향을 예측하고 수입을 예상한다. 다음은 지출의 계상인데 역시 작년의 지출을 토대로 비교하여 작성한다. 예산의 수입과 지출을 일치해야 하므로 이제 **수입과 지출의 비교**를 통해 예산을 수정한다. 예술조직은 지출을 먼저 책정하고 수입을 맞추어 예산을 작성하려는 경향이 있다. 이는 굉장히 위험한 것으로 무리하여 정치적 타격을 입거나 법적 문제에 휘말리면서 생존이 어려워질 수도 있다.

예술조직의 예산은 **지출통제**에 중요성을 둔다. 비록 정보체계의 도입으로 정확한 수입과 지출의 정도가 예측되지만 지출통제는 아직도 필요하다. 관리자는 매월 정기적으로 정보체계가 분석한 자료를 바탕으로 수입과 지출 정도를 파악하여 예산과 비교해 보고 차이가 있는 경우 통제를 해야 한다. 지출의 증액을 요구하는 경우 이를 승인하는 절차가 있어야 하고 철저한 검토와 분석이 선행되어야 한다. 단식부기를 사용하는 예술조직은 예산의 통제를 통해 현금흐름을 예측하면서 사업의 재정적 위기를 미리 방지할 수 있을 것이다. 예술조직은 수입과 지출의 시기가 일치하지 않는 경우가 많으므로 현금흐름이 중요하다. 필요하다면 단기 자금도 빌려와야 하는 것이다. 따라서 평소에 자금조달과 투자에 대한 계획을 세우고 재원조성을 하여 재정을 건전하게 유지할 필요가 있다.

문화정책과 예술경영 05

재원조성

05.01. 재원조성의 개념

예술조직의 재원은 사업운영 수입과 재원조성 수입으로 구분된다. **사업운영 수입**이란 티켓 판매, 출판물, 부대시설 운영 등으로 거둬들인 수입을 말하고, **재원조성 수입**이란 예술조직의 사명에 공감하는 개인과 기관의 지원과 후원에 의한 수입을 말한다. 사업운영 수입이 예술조직의 직접적 상품 판매에 의한 수입이라면 재원조성 수입은 아무런 대가 없이 재원 자체로 획득한 수입이다. 사업운영 수입은 대부분 관객에 의한 것이라면 재원조성 수입은 외부기관이나 단체 또는 개인에 의한 것이다. 따라서 예술조직이 재원조성 수입을 획득할 수 있는 것은 결국 예술조직의 **비영리성과 공익성** 때문이라고 할 것이다.

예술조직에 있어 재원조성이 중요한 것은 예술조직은 정부의 보조금과 운영수입만으로는 조직을 지탱하기 힘들기 때문이다. 미국의 경우 예술조직 운영비의 약 40 %는 재원조성(Fund Raising)에 의해 조달된다. **기부자**가 전년보다 줄었다는 것은 예술조직의 생존을 위협하는 중대 사건인 것이다. 따라서 재원조성에 있어 중요한 것은 기부자의 수를 유지하는 것이고 더 중요한 것은 기부자의 수를 늘리는 것이다. 재원조성은 경제적 환경에 의해 특히 영향을 받는다. 불황이면 아무래도 기부자의 수가 줄어들 것이다. 이처럼 불황을 대비해서 예술조직은 정기적인 기부자를 확보하려고 필사적으로 노력한다.

05. 02. 재원조성의 역사

재원조성의 역사는 **로마시대** 재상 마에케나스의 예술 후원에서 시작한다. 오늘날 기업의 문화예술 후원을 '메세나' 라고 하는 것은 여기서 비롯된 것이다. 그러나 근대 시민사회 이전의 예술후원은 왕과 귀족을 위한 그들만의 예술이었으며 따라서 오늘날의 재원조성과는 다소 의미가 다르다고 하겠다. 그러나 이러한 역사는 지금도 많은 사람들이 문화예술을 위해 기꺼이 기부금을 투척할 수 있는 공감대를 형성한 공로는 있을 것이다.

시민사회의 출현 이후 왕과 귀족들의 후원이 끊기고 대중예술의 상업화가 진행되면서 문화예술에 대한 후원은 다소 주춤거렸다. 재원조성에 대한 관심이 대두한 것은 1960 년대 이후이며 재원조성의 대부분은 공연예술에 대한 **정부지원**으로 이루어졌다. 그러나 공연예술에 대한 정부지원은 직접적 지원이 아니라 세금감면과 같은 간접적 지원방식으로 이루어졌다. **기업과 시민**이 재원조성에 적극적으로 참여한 것은 최근의 일로서 그 역사는 오래되지 않는다.

05. 03. 재원조성의 준비

재원조성을 위해서는 먼저 예술조직의 **재정현황**을 제대로 파악해야 한다. 대차대조표와 손익계산서 등의 재무자료를 이용해 현재 예술조직의 재정 상태를 정확히 알고 재원조성의 목표를 정할 수 있을 것이다. 명확한 재무제표들은 재원조성의 대상자들에게 예술조직의 재정 현황을 솔직하게 보여주고 도움을 청할 수도 있고 예술조직의 미래 발전방향을 논의할 수 있는 자료가 될 수 있을 것이다.

예술조직의 예산에서 자체수입보다 재원조성에 의한 자금조달이 더 많기 때문에 재정 건전성을 유지하기 위해서 예술경영 관리자는 재원조성 노력을 다해야 한다. 그래서 대부분의 예술조직은 마케팅과 재원조성을 위한 **전문가**를 따로 배치하기도 한다. 이들은 기부자와 조직과의 관계를 항상 연구하고 잠재적 기부자들을 찾아내고 재원조성을 위한 다양한 방법들을 연구한다.

사람들은 조직을 보고 돈을 기부하는 것이 아니라 사람을 보고 기부한다. 따라서 이사회의 역할이 중요하다. **이사회**가 어떤 인사들로 구성되어 있는가가 중요하다. 물론 이사들이 솔선수범하여 재원조성에 적극 참여하면 이보다 더 좋은 일이 없다. 재원조성은 쉬운 일이 아니다. 따라서 철저한 준비가 요구된다. 이를 위한 위원회가 구성되고 전문가 또는 상임이사가 위원장이 되어 준비하고 실행해야 한다. 활동을 위한 조직을 만들고 필요한 인력을 확보해야 할 것이다. 기부는 다양한 심리적 요인에 의해 이루어지므로 이를 잘 활용할 수 있도록 잠재적 기부자들에 대한 최대한 많은 정보를 얻어야 한다. 물론 정보를 계량화하기는 무척 어렵다. 그러나 **정보체계**를 이용하여 데이터베이스로 관리한다면 정보를 축적시킬 수 있고 기부자들의 인맥 형성을 추정할 수 있어 효율적인 재원조성 방법을 고안할 수도 있다.

재원조성을 위해서는 많은 사전준비가 필요하다. 우선 조직의 전반적 전략 수립과 연계되어야 한다. 조직의 미래 방향과 **전략적 기획**에서 수립된 목표들과 연계되어 재원조성이 진행되어야 한다. 그리고 조성된 재원이 어디에 어떻게 쓰질 것인지 명확하게 계획이 수립되어 있어야 한다. 기부자들은 자기 돈이 자기 의사와 다르게 사용되는 것을 싫어하기 때문이다. 무엇보다 중요한 것은 어디에 기부를 하던 기부자들은 그들의 기부 행위가 사회에 큰 도움을 준다는 믿음이 있기 때문에 기부한다는 것이다. 따라서 예술조직의 사명이 공공성과 비영리성과 함께 공동체 사회에 크게 공헌한다는 사실을 **홍보**하는데 주력하여 그들의 마음을 움직여야 한다.

05. 04. 재원조성 활동

05. 04. 01. 재원조성의 단계

재원조성의 단계는 다음과 같이 진행된다. 첫째, 사업별 재원상황을 확인하고 사업의 목적과 현재 진행된 재원조성 현황을 분석한다. 둘째, 사업별 수요 조사(Needs Assessment)를 실시하여 사업별 수요를 확정짓는다. 그리고 현 기부자들의 기부 정도를 예측하고 새로운 기부자를 어느 정도까지 모집할 수 있는지 그 가능성을 타진하고 실행 가능성을 가늠해 본다. 셋째, 구체적 목표를 정하고 사업별 수요에 따른 홍보 전략을 작성한다. 수요를 토대로 필요한 인력을 확보하고 예산과 일정표를 작성한다. 넷째, 정부, 기업, 개인 등의 기부 프로그램에 따라 정보체계 데이터베이스 자료를 이용하여 재원조성 활동을 수행한다. 다섯째, 재원조성 활동 결과에 대한 평가를 하고 목표와 전략을 수정하고 재원조성 활동을 통제한다. 재원조성 활동 결과의 측정은 새로 데이터베이스의 자료를 수정하고 갱신하는 데 사용될 수 있다.

05. 04. 02. SWOT 분석

본격적인 재원조성 활동을 위해서는 SWOT 분석도 필요하다. 재원조성 취지서(Case Statement)를 작성하고 잠재적 기부자의 신원을 파악한다. 현재 기부자, 과거의 기부자, 특별 관계자, 관심층 등으로 대상을 구분하고 각 계층에 어떻게 관계를 형성할 것인가를 연구한다.

05. 04. 03. 재원조성 방법

기부를 요청하는 방법은 주로 **우편**을 이용하게 된다. 여기에는 안내편지,

지원요청서 본문, 예산자료, 첨부자료 등이 포함된다. 재원조성이 무엇 때문인지 그 목적을 정확이 설명해야 한다. 모호하게 사회를 위해 좋은 일 하시라는 뜻으로 기부 받을 수 없다. 가난한 지역주민들에게 무료로 클래식 연주를 들을 수 있는 기회를 제공하기 위한 것이라고 분명하게 얘기해야 한다.

이성적 측면보다는 **감성적 측면**에 호소해야 한다. 소요되는 예산과 당신의 기부금이 어떻게 어디에 쓰이는지를 알려 주는 것도 좋은 방법이다. 현재 어떤 사람들이 기부했는지 밝히는 것도 기부를 독려하는 방법이다. 동네 유지가 참여 했으며 내가 유지와 동급이 된다는 생각에서, 이웃 주민들도 많이 참여했다는 것을 알면 많은 다른 사람들과 함께 한다는 생각에서 기부를 하게 될 것이다. 때로는 만찬, 야유회, 파티 등의 다양한 프로그램을 제공할 수도 있다.

재원조성의 방법으로 **펀드 피라미드**(Fund Pyramid)를 이용한다. 필요한 펀드의 10 %, 20 %, 40 %의 순으로 피라미드를 만들어 시작한다. 초기에는 몇 사람의 기부로 시작하지만 펀드의 50 % 이상 확보하면 공중에게 알리고 대대적인 캠페인을 시작한다. 기간은 어느 정도 걸릴 것인지 예측해야 한다.

05. 04. 04. 재원조성의 관리

재원조성 역시 하나의 **사업관리**이므로 리더십, 예산, 일정표, 작업목록, 통제, 평가 등이 필요하다. 재원조성의 유형에는 사업별 재원조성, 연례 재원조성, 기금조성, 재원조성 이벤트 등이 있다. 기금은 운영예산으로 충당할 수 없는 특별 자금을 확보하기 위한 것이다.

05. 04. 05. 재원조성의 지원주체

재원조성의 지원주체로는 정부, 기업, 개인 등이 있다. 첫째, **정부와 공공기관**에는 문화관광부의 예술국, 한국문화예술진흥원, 지방문화예술진흥기금 등이 있다. 문화관광부의 경우 금전적으로 행사경비를 지원하거나 행사에 대한 장관 명의의 상장과 부상을 수여함으로서 후원하고, 행사후원 기관으로서 문화관광부 명칭을 사용함으로서 행사의 권위와 위상을 높이는 방식으로 후원하는 것이다. 한국문화예술진흥원(현 한국문화예술위원회)에 의한 지원금 배분이 있다. 독임제에서 위원회제로 바뀌었지만 여전히 관주도의 나눠먹기식 지원이라는 비판을 받는다. 광역자치단체는 자체적으로 문예진흥기금을 조성하여 후원하고 있다. 미국은 **NEA**(The National Endowment for the Arts)가 대부분의 문화예술 지원을 담당한다. NEA에서 지원을 받는다는 사실만으로도 예술조직의 중요성과 정당성을 인정받기 때문에 누구나 믿고 기부할 수 있다는 것이다. 그러나 NEA의 보조금 결정은 전문가 심사에 의한 것이기 때문에 정치적 영향력을 배제할 수는 없다.

둘째, 정부지원과 개인의 기부가 활발하지 못한 우리나라 예술조직의 경우 **기업**의 지원이 큰 비중을 차지한다. 물론 기업의 후원도 순수한 후원이 아니라 자사 제품의 홍보나 광고와 같은 협찬 형식으로 진행되는 경향이 있다. 기업의 지원은 후원과 협찬으로 구분되는데, 후원은 반대급부 없는 지원을 말하고, 협찬은 광고를 게재해 주는 식으로 지원하는 것이다. 또한 현금지원과 비현금 지원으로 나눌 수도 있고 경상비 지원과 사업비 지원으로 나눌 수도 있다. 경상비는 일반적 운영경비를 지원하는 것이고 사업비는 특정 프로그램을 지원하는 것이다. 때로는 기업이 예술행사를 직접 개최하는 경우도 있다. 예술조직은 후원과 협찬의 기업에 대한 혜택을 마련해야 하는데 지원기업의 홍보, 초대권 제공, 특별행사 개최 등이 있다.

셋째, 예술조직은 연관이 있는 **개인**들에게 기부를 받도록 노력해야 한다. 일반인들을 관심층으로 유도하고 이들을 정기회원이나 고정고객으로 만든 다음 후원회 회원으로 가입시키고 나중에 이사로 발탁할 수 있는 것이다. 미국의 경우 재단이 예술조직의 중요한 후원자 역할을 하는데 비해서 우리나라는 아직 예술조직을 후원하는 재단이 그리 많지 않은 편이다. 미국의 재단은 공익적 목적을 위해 펀드를 가진 비영리적 비정부적 조직으로서 보조금재단(Grant-making Foundation)과 지역재단(Community Foundation)이 있다.

05. 05. 재원조성의 고려사항

05. 05. 01. 지역공동체

예술조직이 성공적 재원조성을 하기 위해서는 지역 공동체의 **수요에 대응**한다는 공공성 측면을 강조할 필요가 있다. 그리고 예술조직의 이사회와 경영진의 기부가 우선적으로 이루어지는 것이 좋다. 비영리성의 성격을 가지 예술조직이므로 솔선수범하고 동참을 호소하는 것이 보다 효과적이기 때문이다.

05. 05. 02. 재원조성의 비용

예술조직이 재원조성을 할 때는 **재원조성의 비용**을 고려해야 하는데 재원조성의 비용은 최소로 해야 한다. 만약 재원조성의 비용이 전체 금액의 20 %가 육박하면 이를 재고해야 한다. 만찬의 경우 잘못하면 재원조성도 하지 못하고 비용만 날리는 꼴이 될 수도 있는 것이다. 재원조성의 비용이 대체로 10 % 미만인 경우에는 기부자들에게 납득시킬 수 있을 것이다.

05. 05. 03. 비용의 투명성

재원조성의 비용이 **간접적**으로 발생하는 경우도 있다. 인력운영을 위한 봉급 또는 전문가 상담비과 같은 직접비용은 정확하게 계산되지만 종이, 문구류와 같은 소모품과 여행경비 등의 간접비용은 계산이 어려운 경우가 많다. 간접비용에 대해서는 기부자들의 반감이 많은 만큼 그 사용처와 액수를 확실히 밝히고 통제해야 할 것이다.

05. 05. 04. 재원조성의 시기

예술조직의 재원조성에 있어서 대통령 선거와 국회의원 **선거 시기**를 염두에 둘 필요가 있다. 선거가 있게 되면 정치가들은 표를 얻기 위해 예술조직에 유리한 정책을 입안하게 되고 정부 또한 선거를 앞두고는 규제를 완화하고 지원을 확대하는 등 예술조직에 호의적인 것이다. **정치적 경기순환론**(Political Business Cycle)에 의하면 선거에 승리하기 위해서는 선거 전에 경기부양을 해야 하고 선거 후에는 긴축재정으로 바뀌기 때문에 경기순환은 선거주기에 따라 정치적으로 이루어진다고 한다. 이 이론이 맞는다면 예술조직 역시 선거 전 재원조성이 보다 쉬울 것이며 선거 후에는 재원조성이 어려울 것이다.

05. 05. 05. 정보체계와 마케팅의 활용

예술조직의 재원조성은 **마케팅**과 함께 실행되는 것이 효과적이다. 마케팅이 고객과의 관계를 유지하는 것이라면 재원조성 역시 기부자와의 관계를 잘 유지해야 하기 때문이다. 재원조성의 목적이 가난한 지역주민에게 클래식 음악의 감상 기회를 주는 것이라면 이에 대한 확실한 결과를 보여주는 것이 기부자들에게 흐뭇한 감동으로 남는 것이다.

정보체계를 이용하여 잠재 기부자들의 자료를 수집하고 분석하여 기부자들에게 예술조직의 공연정보 할인티켓 등을 보내 줌으로서 마케팅 시스템과 연계할 필요도 있다. 그러나 기부자의 개인정보를 마케팅 분석에 활용할 때 사생활 침해를 하지 않도록 주의해야 한다.

05. 05. 06. 재원조성 방법

기업들의 기부는 해마다 늘고 있지만 이는 기업의 이미지를 광고하기 위한 속마음이 내재되어 있다. 공식적으로는 후원을 자처하지만 결국 기업들은 광고 효과가 클 때 기부를 결정하는 것이다. 지역 공동체의 관심이 되고 언론이 눈길을 보내면 기업도 쉽게 후원을 결정하는 것이다. 이런 점에서 예술조직은 학교보다는 **기업 후원**을 더 잘 받을 수 있다. 예술조직은 기업들의 기부를 고객과의 관계를 유지하려는 마케팅 차원에서 고려해야 할 것이다. 기업의 미래 전망이 어두우면 기부가 줄어들 것을 예측해야 한다. 그리고 비윤리적인 기업인 경우 기부를 받지 않도록 한다. 마찬가지로 환경파괴 산업 분야의 기업인 경우에도 기부를 받지 않는 것이 좋다. 기업후원은 책임자와

직접 대면하여 얘기하는 것이 바람직하다

재원조성의 방법으로는 **정기적, 비정기적 기부**가 있다. 사람에 따라 성향이 다르므로 정기적 기부를 부탁할 것인가 비정기적 기부를 부탁할 것인가 신중하게 판단해야 한다. 불행히도 아직까지 어느 성향이 어떤 기부방식을 선호하는지 합의된 바는 없다. 이를 파악하기 위한 연구가 필요한데, 정기 회원, 정기권 예매자, 티켓 구입자를 대상으로 조사 연구하고 잠재 고객에 대해서도 연구한다. 전년도 회원이었지만 탈퇴한 사람, 다른 예술조직의 후원자, 비즈니스 단체 회원, 골프클럽 회원 등을 대상으로 연구할 필요가 있다.

기부를 부탁할 때는 우리사회의 미래에 대한 투자이며 우리 공동체의 기회라는 점을 상기시킨다. 너무 적거나 너무 많은 기부액을 요구하지 않는 것이 좋다. 기부액의 크고 작음은 사실 기부자가 판단하는 것이다. 기부를 부탁할 때는 사실 **직접대면**이 가장 효과적인 방법이다. 면전에서 거절하기는 쉽지 않기 때문이다. 회의, 환영회, 점심, 만찬 등의 기회를 적절히 이용하여 직접대면을 시도한다. 첫 만남은 정보를 제공하는 정도로 하고 두 번째 만남에서 기부액을 결정하는 식으로 진행하는 것이 성공 확률이 높다. 기부자를 대면하기 전에 미리 어떻게 정보를 전달하고 무엇을 강조할 것인가 준비해야 한다.

소액의 기부금도 중요하다. 소액 기부를 요구할 때는 주로 전화를 사용한 **텔레마케팅 방법**을 사용하지만 일반적으로 전화광고에 대한 부정적 인식이 있으므로 굳이 이 방법을 사용한다면 매우 조심스럽게 응대해야 하고 전문적 텔레마케터의 훈련을 미리 받을 필요도 있다. 직접 우편의 경우 역시 광고우편의 홍수에 불만인 사람이 많으므로 겉봉투에 강력한 메시지를 넣어 시각적으로 눈에 띄게 관심을 갖도록 고안해야 할 것이다. 우편에 의한 기부편지에 대한 응답은 1 % 또는 2 % 정도라고 한다. 이는 우편비용에도 미치지 못하기 때문에 비효율적인 방법이다. 그러나 이들이 정기적 고객이 된다면 장기적으로는 고객을 확보하여 수입을 증대하는 효과가 있고 구전효과에 의한 마케팅 효과도 노릴 수 있다.

제 12 장

마케팅과 통합관리

문화정책과 예술경영 01

마케팅

01.01. 예술조직 마케팅의 등장 배경

미국 연방정부가 1950 년대 소련과의 냉전 속에서 러시아 문화에 대항하여 미국 문화의 우수성을 발휘하기 위해 예술가들을 지원하였으며, 포드, 록펠러, 카네기 멜론 등의 재단들도 예술지원을 시작하였다. 이 시기를 미국 **문화예술의 붐** 또는 폭발이라고 할 정도로 예술에 대한 시민들의 요구가 증대되었다. 1960 년대 경제학과 경영학의 예술분야에 대한 관심으로 예술경영 분야의 연구가 시도되고 1970 년대에는 예술경영학의 전공이 대학에 설치되었다. 문화예술 수요의 증대는 예술조직의 증대로 이어졌고 부자들의 기부금에 의존하던 이전의 예술조직과는 달리 이제 적극적으로 조직생존을 위해 시장에서 **경쟁**해야만 하게 되었다. 따라서 예술조직의 효율적인 경영관리와 자금조달 방법들이 경제학과 경영학을 바탕으로 연구되었고 특히 경쟁에 이기기 위한 마케팅에 관한 관심이 대두하였던 것이다. 즉 마케팅은 지역

공동체와 예술조직을 연결하고 조직의 생존을 위한 수단으로서 기능하게 된 것이다.

현재 우리는 너무 많은 광고에 시달리고 있다. 이메일과 전화를 통한 마케팅은 무차별적인 광고로 지탄을 받고 있는 실정이다. 따라서 예술조직의 마케팅은 이러한 사정을 충분히 감안해야 한다. 예술조직의 마케팅은 광고라기보다는 **문화정보**를 제공하는 공익적 기능을 수행한다는 정당성을 갖추는 것이 필요하다. 예술조직 마케팅은 관객과 공동체에 대한 수요에 대응하기 위한 방법으로서 관객과 공동체의 정확한 정보를 수집하고 분석할 수 있다.

예술조직은 수요가 없다면 생존 가치를 잃어버린다. 예전의 예술조직은 **수요를 창출**한다는 생각 없이 일상적인 활동만 하는 것으로 간주되었다. 1년에 정기공연 몇 번하는데 이는 언제나 지역 신문에 기사로 제공되고 비슷한 수의 주민들이 공연을 보러 오는 것이다. 만약 예술조직이 공연을 더 많은 지역주민들에게 알릴 수 있다면 신문에서 더 큰 특집기사로 다루어질 수 있을 것이다. 만약 예술조직이 관심 있는 회원들에게 이메일을 모두 보낼 수 있다면 더 많은 수요를 창출할 수 있을 것이다.

더구나 똑같은 공연에 작년과는 달리 더 많은 비용이 소요되고 해를 거듭할수록 비용이 증가한다는 것은 수요의 창출 없이는 곧 적자를 보게 되고 조직 운영이 어렵게 될 것이라는 사실을 입증한다. 그렇다고 광고가 꼭 수요를 증가할 것이라는 믿음도 없다. 마케팅은 **소비자와의 관계**를 알게 하여 더욱 나은 상품과 서비스를 제공하는 것으로 마케팅 역시 목적 실현을 위한 수단에 불과하기 때문이다. 예술조직의 마케팅은 관객과 공동체 주민들의 수요를 양적 · 질적으로 파악하여 제공하는 것이 목적이며 따라서 그들의 생각을 아는 것이 급선무이다.

01.02. 마케팅의 개념

이론적으로 수요(Needs)와 욕구(Wants)가 잘 결합하면 더 만족할 수 있다. **수요**란 인간의 물리적, 심리적, 사회적 안녕에 필수적인 것으로 현재 부족한 것을 말한다. **욕구**란 유용하고 바람직한 것이 결핍된 무엇으로 원하는 것을 말한다. 인간은 정신의 고양과 마음을 정화할 예술이 필요하다. 즉 현재 부족한 것을 채워야 할 필요가 있다. 인간에 따라서는 음악이나 미술을 원한다. 즉 바람직한 것을 원할 때 주어져야 한다.

이처럼 수요와 욕구가 결합될 때 만족을 느끼게 되는데, 형체가 있는 만족을 얻을 때를 **기능적 만족**(Functional Satisfaction)이라 하고, 형체가 없는 만족을 얻을 때를 **심리적 만족**(Psychological Satisfaction)이라고 한다. 예를 들어 운보 김기창 화백의 미술 작품들을 보고 있으면 만족을 느끼는 것은 기능적 만족이다. 그러나 운보의 〈바보산수〉를 보고 아무런 느낌이 없다면 심리적 만족은 채워지지 않는다. 따라서 마케팅의 목적은 소비자의 만족을 채워주는 것이다.

수요와 욕구는 교환을 통해 만족을 느끼게 된다. 둘 또는 그 이상의 사람과 집단과 조직이 서로 가치 있는 무엇을 받기 위해 가치 있는 무엇을 줄 때 교환이 이루어진다. **교환과정**은 형태(Form), 시간과 장소(Time and Place), 소유(Possession)의 3 가지 효용가치에 달려있다. **형태 효용**(Form Utility)이란 상품의 물리적 특색에 의해 받는 만족이다. 예를 들면 드라마 작가의 아이디어와 생각이 정리되어 드라마 각본이 되고 이것이 방송되어야만 형태 효용을 갖고 가치가 있는 것이다. **시간과 장소 효용**(Time and Place Utility)이란 시간과 장소에 의해서 받는 만족이다. 예를 들면 라이브 연주는 특정 시간 특정 장소에서만 만족을 얻을 수 있는 것이다. **소유효용**(Possession Utility)이란 상품의 소유에 의해 얻는 만족이다. 예를 들면 뮤지컬을 좌석에 앉아서 볼 때 온전히 내 것이 될 수 있고 만족을 느끼는 것이다. 만약 DVD로 제작된 뮤지컬을 집에서 본다면 라이브의 만족은 느낄 수 없지만 DVD라는 형태효용을 가지고 이를 구매하여 소유효용의 만족을 느낄 수 있는 것이다.

01. 03. 마케팅의 발전

경영학에서 마케팅의 역사는 그리 오래되지 않았다. 제조 산업의 초기단계에는 기업은 상품을 제조하고 소비자는 사는 것이었다. 즉 기업이 생산하면 소비자는 그냥 산다. 따라서 기업은 대량생산으로 효과적으로 생산하는 것이 목적이었다. 제조 산업의 중간단계에는 대량생산한 기업의 상품을 파는 것이 목적이었다. 세일즈맨 전성시대라고 하고 방문판매 등 다양한 방법을 동원해 소비자가 원하던 원하지 않던 무조건 팔아야 하는 것이다. 그러나 제조 산업의 마케팅 단계는 소비자의 수요와 욕구가 다양화 된다. **소비자의 기호**를 파악하여 소비자 마음에 드는 상품을 생산하고 아울러 **소비자와의 관계**를 오래 유지하기 위한 방안을 마련해야 하는 것이다.

예술조직의 마케팅은 거의 1990 년대부터라고 하겠다. 마케팅이 비영리부문의 공공조직에도 적용되기 시작하였던 것이다. 당시는 컴퓨터의 등장으로 대용량의 정보를 처리하게 됨으로서 마케팅이 더욱 발전하였고 소비자와의 관계도 쌍방향의 **상호작용적**으로 변화하였던 것이다. 이는 시점판매 시스템(Point-of-sales System)으로 발전하였고 **인터넷**의 발전으로 이메일과 홈페이지를 통해 마케팅이 가능하게 될 정도로 발전하였다. 이제 예술조직의 티켓을 온라인으로 구매가능하게 되었다. 영화를 보기 위해 극장에서 표를 사면 그 즉시 관람객 수가 집계되고 극장에서 바로 관람객의 평을 입수할 수 있는 것이다. 인터랙티브(Interactive) 연극의 경우 즉석에서 관람객들의 투표로 연극의 결말이 매번 달라지기도 한다. 인기 드라마의 경우 인터넷 홈페이지에 밀려드는 시청자의 요구로 드라마 줄거리가 바뀌기도 하는 것이다.

01.04. 마케팅 방법

예술조직이 마케팅을 하는 목적은 공공의 수요와 욕구를 만족시키는 것이다. 예술조직의 마케팅 방법은 크게 상품지향적, 판매지향적, 고객지향적의 세 가지로 구분된다. 첫째, **상품지향적**(Product Orientation) 마케팅은 소비자는 양질의 상품을 좋아할 것이라는 전제를 갖는다. 예술조직은 그들이 생산하는 제품에 특별한 자부심을 가지고 양식 있는 소비자라면 틀림없이 이 상품을 선택할 수밖에 없다고 생각한다. 예를 들면 예술조직이 바흐(Bach)의 고전음악만을 고집한다든가 예술영화의 상영만을 고집하는 경우이다.

판매지향적(Sales Orientation) 마케팅은 사람들에게 더 많은 상품을 팔기 위해 노력하는 것이다. 상품이 무엇인지는 중요하지 않고 무조건 많이 팔아야 하는 것이다. 그러나 예술조직의 경우 이러한 마케팅은 단기적으로 수요를 증가시킬지는 모르나, 장기적으로는 수요의 감소를 가져오기 때문에 위험한 방법이다. 더구나 상품을 가리지 않고 판다는 것은 예술조직의 사명에 저촉될 수도 있고, 공공성과 비영리성을 심하게 훼손할 우려도 있는 것이다.

고객지향적(Customer Orientation) 마케팅은 소비자 위주의 소비자를 위한 것으로서 예술조직 마케팅의 진정한 방법이라고 할 수 있다. 고객지향적 마케팅을 위해서는 소비자의 수요와 욕구, 인지와 태도, 선호와 만족을 조사 연구해야 한다. 예술조직 마케팅의 경우 이사회와 경영진 또는 예술가의 선호와 만족이 아니라 실제 청중과 관람객 또는 주민의 선호와 만족이 무엇인지 파악해야 한다. 예를 들면 예술조직은 주민들의 음악과 오페라에 대한 인식과 태도가 무엇인지 알아야 한다. 문화예술에 대한 감상력은 오랜 시간에 걸쳐 형성되는 것이므로 예술조직의 고객지향적 마케팅은 장기적 관점에서 할 수밖에 없는 것이다.

01.05. 마케팅 전략

01.05.01. 표적 예술시장의 소비자

마케팅의 본질은 예술조직의 **소비자**가 어떤 사람들인지 파악하고 소비자의 필요(Needs)와 욕구(Wants)를 충족시키는 것이다. 이를 위해서는 소비자의 특징과 욕구, 소비 패턴을 정확히 정의하고 충분히 이해해야 하며, 예술조직 소비자가 의사결정 과정에서 어떠한 요인에 영향을 받는지, 소비자가 문화예술 상품을 구매하거나 구매하지 않는 이유는 무엇인지를 파악해야 한다.

문화예술 부문에 최초로 마케팅을 도입한 학자는 P. Kotler(1967)로서 그는 마케팅의 주체를 기업뿐 아니라 비영리단체와 정부조직까지도 포함하는 것으로 보았다. 즉 마케팅에서 중요한 것은 마케팅의 주체가 누구냐 하는 것보다 마케팅의 객체로서의 고객과 그들이 시장을 통해 보여주는 **욕구와 수요에 효율적으로 대응**해 가는 방법이라는 것이다. 따라서 예술조직 마케팅의 개념과 분석기법은 문화예술에 대한 욕구와 수요를 판단하기 위한 효율적인 도구로 활용될 수 있을 것이다.

문화예술 마케팅은 **다양한 분석기법**을 사용하여 마케팅 환경, 문화예술 소비자 행동, 경쟁구조 등을 분석하고 문화예술 시장의 동향과 기회를 분석하는 것이다. 또한 예술시장의 수요를 측정하여 예술시장을 세분화하고 표적 예술시장을 선정하며,[01] 선정된 표적 예술시장에서 문화예술 조직이 경쟁우위를 점하기 위한 작품전략, 가격전략, 유통전략, 촉진전략 등 예술조직 마케팅 믹스를 개발하고 이를 구사할 수 있다.

01.05.02. 시장 세분화

마케팅에서 시장 세분화란 시장에서 유사한 필요(Needs)를 가진 집단을 다른 성향을 가진 사람들의 집단과 분리하여 하나의 집단으로 묶는 과정을 말한다.[02] 이러한 시장 세분화는 문화예술 조직에서도 똑같이 유용하다. 이는 시장 세분화로 구분된 관객의 다양한 특성에 따라 마케팅 방식을 다르게 적용할 수 있기 때문이다. 예술조직에 대한 연구들은 다양한 층위로 관객을 구분하려는 노력을 하였는데, 대부분 예술 참여의 정도와 관람 빈도에 따라

01) 세분화된 예술시장에서 해당 문화예술 조직은 다양한 관객층 가운데 어떠한 관객을 대상으로 할 것인지 표적예술시장을 선정하게 된다.

02) 각각의 세분시장은 내적인 동질성을 가지며, 각각의 세분시장은 특정 마케팅 변수에 반응하는 정도가 비슷하고 세분시장 간에는 최대한 이질성을 가지고 하나 이상의 마케팅 자극에 대한 반응이 달라야 한다. 이러한 시장 세분화는 상이한 필요들을 체계적으로 분석하도록 해주어 전략적 마케팅 기획의 기초가 된다.

관객을 세분화하였고(Morison & Flier, 1987; Merriman, 1985), 매체관여도와 관람 편익에 따라 관람객을 분류하는 방법(Abercrombie & Longhurst, 1998; Strang & Gutmann, 1980; Stainberg et al., 1982), 또는 문화예술 소비자의 라이프 스타일에 의한 세분화 방법(Andreasen & Belk, 1980; 지경민, 2001; 이상원, 2003) 등을 사용하였다.

그 중 특히 Andreasen(1992)의 연구는 단순히 시장을 세분화한 것에 더하여 각각의 세분집단이 진화적이고 계층적인 의미를 갖는다는 점에서 기존 연구와 차별된다. 그는 미국의 SPPA[03] 결과를 바탕으로 한 '예술공연의 관람증가' (Expanding the Audience for the Performing Arts)에서 공연예술 관객이 대체로 무관심(Disinterest), 관심(Interest), 시도(Trial), 긍정적 평가(Positive Evaluation), 수용(Adoption), 확신(Confirmation)의 6단계의 과정을 거쳐 발전해 간다고 하였다.[04] 그는 충실한 공연예술 관객으로 발전하기 위해서는 **'공연예술 수용과정**(Performing Arts Adoption Process)' 의 각 단계를 차례로 거쳐야 하며, 각 단계가 발전해 감에 따라 요구하는 내용도 달라진다고 했다. 수용단계별 발전 내용이 다르기 때문에 당연히 각 단계에 속하는 소비자의 유형도 달라지고 각각의 단계에서 사용해야 할 마케팅 전략도 달라지는 것이다. 결국 그의 시장세분화 방법은 참여

03) 미국에서 5 년마다 이루어지는 공공예술참여도 조사(SPPA: Survey of Public Participation in the Arts)

04) 그는 수용이론(Adoption Theory)으로부터 차용해온 개념들로 실제 통계분석 결과를 분석함으로써 훌륭한 관객 분석 자료를 만들어냈다. 각 단계마다 발전해 가는 것은 다음과 같이 설명된다. 첫째, 1 단계 무관심에서 2 단계 관심으로 발전해 가는 것은 공연예술행사에 무관심하고 참여하지 않은 상태에서 처음으로 참여에 대한 관심을 갖는 단계로 변화하는 것이다. 둘째, 2 단계 관심에서 3 단계 시도로 발전해 가는 것은 공연예술행사에 대해 단지 관심만 갖고 있는 단계에서 처음으로 참석하는 단계로 변화하는 것이다. 셋째 3단계 시도에서 4 단계 긍정적 평가로 발전해 가는 것은 공연예술행사에 처음 참석하는 단계에서 더 많이 참석하는 것에 관심을 갖는 단계로 변화하는 것이다. 넷째, 4 단계 긍정적 평가에서 5 단계 수용으로 발전해 가는 것은 단지 더 많은 공연예술행사에 참석하는데 관심을 갖는 단계에서 실제로 여러 행사에 참석하는 단계로 변화하는 것이다. 마지막으로 5 단계 수용에서 6 단계 확신으로 발전해 가는 것은 여러 공연예술행사에 참석하는 것에서 더 많은 행사에 참석할 관심을 갖게 되는 것으로 변화하는 것이다(김주호 · 용호성, 2002).

빈도와 참여욕구로 나타나는 수용자 진화과정과 계층적인 집단적 유형화로 요약할 수 있을 것이다.[05)]

01. 05. 03. 마케팅 믹스

예술조직 마케팅 전략의 기본은 예술 마케팅 믹스(Art Marketing Mix)이다. 예술 마케팅 믹스란 시장 세분화 이후 표적 예술시장에서 작품(Product), 가격(Price), 유통(Place), 촉진(Promotion), 사람(People), 물리적 증거(Physical Evidence), 과정(Process)을 종합적으로 결정하는 전략이다.[06)] 첫 번째, 관객은 **작품**을 통해 문화예술 소비과정에 참여하게 되며, 예술가의 생산과정과 결합하게 된다. 두 번째, **가격**은 문화예술 소비에 있어 막대한 영향을 미친다. 특히 문화예술 제품은 막대한 비용이 투자되고 이를 소비자를 통해 보전해야 하므로 상당히 높은 가격적 조건을 취할 수밖에 없다. 따라서 소비 가능한 수용자층은 가격 조건 내에서 결정되기 마련이다.[07)] 세 번째, 공연장은 관객에게 공연예술 제품에 대하여 접근이 용이하도록 해주는 수단인 동시에 공급자에게는 창조물의 제공 공간이 되는 **유통 장소**이다. 또한 공연장은 공연이 열리는 조건이자 공연의 질과 수익의 규모를 결정짓는 요인이다. 네 번째, **촉진**은 작품에 대한 직접적인 홍보나 광고와 같은 활동으로 소비자의 작품에 대한 '인지' 를 가능케 하고 호의적인 반응을 얻기 위해 행해지는 커뮤니케이션 활동이다. 촉진전략으로는 DB관리, DM발송, E-mail, 매체광고, 웹사이트, 홍보, 제휴업체와의 공동 프로모션 등이 있다(김민주, 2005).

---

05) 세분화 변수로 참여빈도만을 채택하는 것은 정책적 함의가 떨어진다고 할 수 있다. 예를 들어 동일한 비관람 계층도 관람욕구가 높음에도 불구하고 관람하지 못하는 사람과 관람욕구가 없어서 관람하지 않는 사람이 관람 계층으로 발전하도록 하는 데는 다른 수준의 정책적 지원이 필요할 것이기 때문이다.

06) 물론 이러한 예술 마케팅 믹스전략은 표적 예술시장 관객들의 욕구와 특성에 맞도록 개발되어야 한다.

07) 공연예술의 티켓가격은 공연의 종류, 주변 서비스의 품질에 따라 차별화된 가격을 가지게 된다. 좌석의 위치와 편안함, 공연 시작 시간 등이 일반적인 지표로 사용되며 투자와 기금, 후원과 협찬, 제휴 등도 또한 가격에 많은 영향을 미친다.

다섯 번째, 모든 공연단체는 **사람** 즉 현재관객, 잠재관객, 내부 인적자원(이사, 경영진, 직원), 자원봉사자, 관객과 직접 대면하는 직원 등에게 관심을 기울여야 한다. 공연상품은 생산과 소비가 동시에 이루어지기 때문에 관객의 만족은 소비과정에서 만나는 공연장 직원들과의 상호작용에 크게 영향을 받기 때문이다. 여섯 번째, **물리적 증거**란 서비스 제공자와 고객과의 상호작용 혹은 서비스 커뮤니케이션 작용으로서 물리적 환경(Physical Environment)과 기타 유형적 요소(Other Tangibles)로 구성된다. 물리적 환경에는 시설의 외형, 간판 등의 안내표지판, 주차장, 주변 환경 등의 외부환경과 내부 장식과 표지판, 벽의 색상, 가구, 시설물, 공기의 질과 온도 등의 내부 환경이 포함되고, 기타 유형적 요소에는 종업원의 유니폼, 광고 팜플렛, 메모지, 입장티켓, 영수증 등이 있다. 일곱 번째, **과정**이란 서비스 생산 및 제공 시스템을 말하는 것으로, 공연예술 제작 전반에 걸쳐 일어나는 서비스 행위를 말한다.[08] 관객이 하나의 공연을 보기 위해서는 정보탐색 및 티켓 예매, 공연관람 전 식사, 셔틀버스 이용, 공연장 방문, 팸플릿 구입, 공연관람, 화장실 이용, 공연 후 귀가 등 일련의 과정을 거치게 된다. 관객은 작품의 질 뿐 아니라 일련의 과정을 포함한 종합적 체험으로 공연에 대한 최종 평가를 내린다(김민주, 2005).

01. 06. 문화예술 소비에 영향을 미치는 요인

마케팅에서 가장 중요한 것은 고객 정보를 수집하는 일이다. 현 고객뿐 아니라 잠재고객에 대한 인구학적 특색, 심리적 특색 등을 파악해야 한다. 문화예술 소비에 영향을 미치는 요인으로는 정치, 경제, 사회, 기술 등 거시적 환경적 요인이 있으며 역사, 민족, 계층, 하위문화 등과 같은 문화적 요인도

08) 예컨대 공연장 · 공연일정 · 인적자원 · 재정의확보와 관련된 '공연프로그램 기획과정'과 홍보 · 관객관리 · 인적자원관리 · 시설관리 · 재무관리 등의 '마케팅 기획과 관리', 그리고 '객석관리'와 '정보 서비스' 등 서비스 제공과정에 있어서 활동의 흐름을 일컫는다(이재영, 2002).

있다. 또한 개개인에 따라서 성격, 태도, 동기 등의 심리적 요인이 있으며 나이, 직업, 경제적 여건, 준거집단, 여론, 가족상황, 생애주기에서의 위치 등 개인적 요인도 있는 것이다. 또한 문화예술 소비에 영향을 미치는 요인은 개인적 변수와 환경적 변수로 구분할 수 있다. **개인적 변수**에는 인구통계학적 변수, 문화예술 경험 변수, 관람편익 변수가 있고, **환경적 변수**에는 가족 및 준거집단 변수와 물리적 환경 변수가 있다.

01.06.01. 개인적 변수

문화예술 소비에 영향을 미치는 개인적 변수에 관한 연구는 대부분 **인구학적 특성**에 관한 것이다. 특히 소득, 학력, 직업이 미치는 영향에 관한 연구가 가장 많은데, 다양한 공연예술 소비에 관한 연구에 의하면 일반적으로 공연예술 장르에 관계없이 소득 수준이 높은 사람일수록, 전문직에 종사하는 사람일수록, 교육수준이 높은 사람일수록 공연예술에 대한 접촉 빈도가 높은 것으로 나타나고 있다. 우리나라 '문화향수 실태조사' (2003)에서도 이와 같은 결과가 나타났으며,[09] 이는 선진국의 조사에서도 공통적으로 나타나고 있는 결과이다.

DiMaggio & Useem(1978)의 연구는 고급예술의 소비에 **문화자본(학력)**이 가장 큰 영향을 미친다는 결과를 보여주었고, Peterson & Simkus(1992)의 연구는 미국 내 직업적 지위가 상위계층일수록 예술 활동에 참여하는 정도가 높고 클래식 음악을 선호하는 반면 하위계층일수록 예술 활동 참여도가 낮고 컨츄리(Country)나 웨스턴(Western) 음악을 선호하는 것을 보여주었다.

이종호(1999)는 직업, 학력, 소득 등 **사회경제적 변수**가 모두 고급문화 취향에 긍정적인 영향을 미치나 특히 학력이 더 큰 영향을 미침을 밝혀내었

09) 《2003문화향수실태조사 결과》에 따르면 월 평균소득 301 만원 이상은 74.4%가 201~300 만원은 63.8 %, 151~200 만원은 54.7 %, 101~150 만원은 46.2 %, 100 만원 이하는 25.3 % 정도가 순수예술을 관람했다. 학력별로는 대학재학 이상(82.8 %), 고졸(55.2 %), 중졸 이하(42.7 %) 순으로 직업별로는 학생(94.9 %), 전문/관리직(80.2 %), 사무직(75.5 %), 서비스/판매직(56.8 %), 주부(52.2 %), 자영업(42.2 %), 생산직(34.7 %)의 순서로 나타났다.

고, 최영철과 김민규(2000)는 여가지출비가 많고 전문직에 종사하는 사람들일수록 공연관람 횟수가 많은데, 소득보다는 교육수준이 더 큰 영향요인이라고 하였다. 시정개발연구원(2004)은 서울 시민을 대상으로 한 조사에서 문화예술 소비수준은 경제적 · 문화적 우위집단, 문화적 우위집단, 경제적 우위집단, 경제적 · 문화적 비우위집단 순으로 높게 나타난다고 하였다.[10)]

문화예술 소비에 영향을 미치는 개인적 변수 중 두 번째는 **문화예술에 대한 경험**이다. 문화예술의 수요는 다른 재화와는 달리 문화적 환경, 생활, 경험, 교육에 의해 형성된 기호 · 선호 · 취향에 결정적인 영향을 받는다. 이러한 문화예술에 대한 기호는 후천적으로 획득된 기호(Acquired Taste)이며 접근 기회의 확대에 따라 달라지고 특히 교육을 통해 형성되어 진다는 특징이 있다. 어릴 때 문화예술을 경험한 사람은 성인이 되어서도 문화를 경험하고 싶은 욕구를 느낄 것이며 한 번도 경험해 보지 못한 문화예술 활동에 소비자가 자발적으로 참여하는 것은 기대하기 어려운 것이다.

2003 년의 문화향수 실태조사에서도 **문화예술교육 경험자**의 순수예술 관람비율은 53.7 %로 비경험자 21.7 %보다 훨씬 높게 나타나고 있다. 시정개발연구원(2005)의 연구는 '문화교육을 받지 못한 사람' 일수록 '방문빈도' 가 급격히 감소하는 것을 보여주었고, 또 다른 시정개발연구원(2004)의 연구 역시 18 세 이전의 예술교육 경험자가 비경험자보다 문화예술 행사를 더 많이 관람한다는 것을 보여주었다. Owen & Shibli(1998) 연구에서는 학창시절에 무용에 직접 참여한 경험이 있는 사람일수록 무용공연의 관람객이 될 가능성이 더 높은 것으로 나타났다. Throsby(1994)의 경우는 가계생산모형(Household Production Model)을 사용하여 기호의 형성과 변화가 소비패턴에 미치는 영향을 분석하였는데, 현재의 문화예술 소비는 현재 만족과 더불어 미래의 소비에 영향을 미치는 경험과 지식의 축적이며, 이러한 지식과 경험의 축적은 예술 소비의 증가를 설명해 준다고 하였다(김정애

---

10) 대학재학 이상 소득 300 만원 이상은 경제적 · 문화적 우위집단, 대학재학 이상 소득 300 만 원 이하는 문화적 우위집단, 고졸 이하 소득 300 만원 이상은 경제적 우위집단, 고졸 이하 소득 300 만원 이하는 경제적 · 문화적 비우위 집단으로 나누었다.

2003). 한국문화정책개발원(2002)의 연구결과도 이를 뒷받침해 주는데 공연예술 관람 경험이 있는 고객의 경우 가격탄력성이 낮은 반면 관람 경험이 없는 고객의 경우 가격탄력성이 매우 높은 것으로 나타났다.[11] 미국 NEA의 '예술참여에 미치는 예술교육의 효과(EAEPA: Effects of Arts Education on Participation in the Arts)'[12]에서는 예술교육이 공연관람 등과 같은 현장참여 경험에 미치는 영향이 다른 요소들 즉, 성 · 인종 · 사회경제적 조건 등에 비하여 최고 4 배나 높은 것으로 나타났다.[13]

문화예술 소비에 영향을 미치는 개인적 변수 중 마지막은 **관람편익**이다. 문화예술을 통해 추구하고자 하는 편익은 문화예술 소비자의 의사결정에 영향을 미친다. 소비자들은 교육적 동기, 지적 자극, 즐거움, 타인과의 교류 등 다양한 이유로 문화제품을 구매한다. Steinberg와 동료들(1982)은 문화적 수준 향상, 자극, 동료들의 인정, 재미 또는 즐거움, 오락, 교육, 사회적 위신, 아이들의 발달 등을 포함하여 공연예술에서 얻을 수 있는 주요한 편익들을 유형화하였다. Gainer(1995)의 연구는 소비자가 특정 극장을 찾는 것은 사랑하는 사람을 기쁘게 해주고자 하는 바람이나 비슷한 사회적 지위를 가진 사람들이 모이기 위해서라는 것을 보여주었다. 또한 Bouder-Pailler(1999)는 프랑스에서의 조사를 바탕으로 극장 관람의 동기를 공연을 통한 문화적 내용의 학습 등의 교육적 동기, 자기계발과 지적도전의 지적 자극 동기, 사회화, 상호작용, 커뮤니케이션의 즐거움 동기로 유형화하였다. Kolb(2000)는 여가선용과 엔터테인먼트, 사회적 · 의식적 동기, 자아향상 동기로 구분하였고, Kolter & Kolter(1998)는 여가선용, 타인과의 사회적 교류, 정보 수집을

---

11) 한편 Throsby & Withers(1979)는 대중적 공연예술의 경우 가격에 매우 탄력적인 반면, 소위 고급 공연예술의 경우 가격에 비탄력적이며 공연예술의 질적 특성에 더 큰 영향을 받는다고 하였다.

12) 1992 년 18 세 이상의 표본 수 12,736 명을 대상으로 한 공공예술참여도 조사(SPPA92: Survey of Public Participation in the Arts)의 데이터를 바탕으로 분석하였다.

13) 그러나 예술 교육이 더 강력한 영향력을 가질 때는 고등교육을 함께 받았을 때이며 고등교육이 제공하는 넓은 사회화 과정 없이 예술 교육만 받아서는 향후 관람에 미치는 영향력이 크지 않은 것으로 나타났다.

통한 교육적 체험, 감각적인 인지를 통한 심미적 체험, 과거와 관련된 기념비적 체험, 개인의 정신적 · 정서적 경험 향상의 동기로 분류했다.

01. 06. 02. 환경적 변수

문화예술 소비에 영향을 미치는 환경적 변수 중 첫 번째는 **가족 및 준거 집단**이다. 가족구성원은 가족의 한 사람이 어떤 활동을 하는데 큰 역할을 한다. 예를 들어 남자는 결혼하기 전의 활동과 결혼 후의 활동이 달라질 수밖에 없다. 결혼 이후에는 소비생활도 달라지고 여가활동에 있어서도 부인이나 아이 중심으로 결정되는 경향이 강해 결혼과 아이양육이 공연소비에 결정적 장애요인으로 작용할 수 있다. 또한 문화를 사랑하는 가족 속에서 성장했다고 해서 아이가 자동적으로 문화를 소비하는 성인이 되지 못하지만, 가족을 통해 문화예술을 경험해보지 못한 사람이 적극적으로 문화를 소비하는 성인으로 성장하는 현상은 거의 일어나지 않는 다는 것이 일반적인 견해이다.

서울시정개발연구원(2004)의 연구는 문화예술 소비에 있어 경제자본과 문화자본의 상대적 효과를 검증하였는데, 가족 중 성인을 통해 문화예술 경험을 더 많이 한 사람이 문화예술을 더 많이 관람하고, 부친의 학력이 대학재학 이상인 경우가 중졸 이하인 경우보다 더 많이 관람하는 것으로 나타났다. Andreasen(1992)의 연구도 비슷한 결과를 보여주는데, **유년기 사회화 지수**[14]는 현재 공연예술을 활발하게 소비하고 있는 그룹의 경우에서 뚜렷하게 높아짐을 알 수 있었다. 결국 개인적으로 참여하는 예술 강좌나 가족 및 준거집단의 권유로 참관하는 공연 등이 예술에 대한 관심을 야기하고 이러한 경험은 다른 공연을 관람하는데 영향을 미치는 것이다. 또한 공연예술에 대한 수용과정의 전 단계에서 6 세 미만의 아이가 존재하는 부부의 경우 공연관람 기회가 상당히 제약당하며, 젊은 미혼자와 양육할 자녀가 없는 중 · 장년층이 공연에 참석하는 경향이 높게 나타났다(Andreasen, 1992).

한편 개인의 문화향수는 개인이 관계를 맺기로 선택한 **준거 집단**의 영향

---

14) 유년기에 부모나 가족과 같이 극장이나 박물관 등에 방문 했는가 또는 평소에 부모나 가족이 예술 감상의 분위기를 가지고 있었는가를 나타내는 지수이다.

도 받는다. 개인은 그 집단에 이미 소속되어 있거나 또는 소속되고 싶기 때문에 이 집단 구성원들의 행동을 받아들이는 것이다. 특히 주변에 문화예술을 소비하는 친구가 있는가의 여부는 개인의 문화예술 소비에 큰 영향을 미친다고 한다(용호성, 1998). '문화향수 실태조사' (2003)에 의하면, 동호회 가입자의 순수예술 관람률은 37.7 %로 비가입자 24.5 %보다 훨씬 높은 것으로 나타났고, 관람 동행자는 친구가 48.2 %로 가장 많았고 가족이 45.9 %로 그 다음 순위를 차지하였다.

문화예술 소비에 영향을 미치는 환경적 변수 중 두 번째는 **물리적 환경**이다. 물리적 환경은 대체로 문화예술 행사에 참여할 수 있는 시설과의 물리적 거리로 나타낸다. '문화향수 실태조사' (2003)에서 보면 예술행사 관람율은 지역별로 편차가 있어 대도시인 경우 66.0 %, 중소도시는 62.7 %, 군 지역은 44.8 %로서 도시규모가 클수록 예술행사 관람률이 높음을 알 수 있다. 이는 지역에 따라 문화예술 인프라 수준에 차이가 있기 때문인데 일부지역에서는 지리적 접근성 문제로 문화예술 소비에 장애가 발생하기 때문이다. 시정개발연구원(2004)의 연구는 개인의 성장지가 서울일 경우 문화예술 관람률이 상대적으로 높은 것을 보여주는데 이 역시 물리적 환경으로서의 지역이 문화예술 소비에 미치는 영향의 결과로 볼 수 있다.

01.07. 예술조직 마케팅의 고려사항

지금까지 우리나라의 예술조직들은 마케팅에 관한 생각 없이 수요가 없어도 공연은 제작되는 공급자 위주의 예술시장에 안주해 있었다고 할 수 있다. 이는 대부분의 예술조직들이 법인화 되지 못하고 단체장 개인중심의 비공식적 임의단체로 활동하며 정부지원을 받기 위해서는 정권의 이념에 따라 움직일 수밖에 없었기 때문이다. 그러나 이제 우리도 더 이상 수요 없는 공연을 제작할 수는 없다. 예술조직은 **예술가와 지역 주민과의 매개자**로서 진정한 의미의 문화예술 발전에 이바지하여 사회에 공헌해야 하는 것이다. 따라서 예술조직은 우수한 예술가를 발굴하고 지원하는 역할과 함께 소비자가 원하는 예술을 생산하고 유통하여 소비를 진작시키는 역할을 해야 한다. 뿐만 아니라 장기적으로 수요를 증대시키기 위해서는 감상자로서의 관객을 육성하기 위한 교육 프로그램을 개발하고 정책을 수행하는 역할도 요구되는 것이다.

예술조직의 마케팅은 진정한 의미의 소비자를 이해하고 정보를 수집하고 분석함으로서 보다 나은 문화예술 상품과 서비스를 제공할 수 있을 것이다. 특히 컴퓨터와 인터넷의 발전으로 마케팅 역시 인터넷을 통해 이루어지면서 저비용 고효율의 마케팅, 고객과의 쌍방향 커뮤니케이션 마케팅, 즉시평가 마케팅, 시공간적 제약을 극복하는 마케팅으로 변모하고 있다. 공연 예술시장은 정보공유와 확산, 관객자세의 변화, 공연상품의 변화, 새 유통 시스템의 등장으로 변화하고 있고, **인터넷 마케팅**은 매체홍보, 광고, 판촉행사, 일대일 마케팅, 인터넷 공동체 활용 등을 가능하게 만들고 있는 것이다.

예술조직의 마케팅은 조직의 전반적 전략적 기획의 연장선상에서 계획되어야 한다. 따라서 마케팅에서도 조직의 목적이 중요하다. 예술조직의 목적은 **사명(Mission Statement)**에 기술되어 있다. 비영리성과 공공성이 강한 예술조직은 사명에서 조직운영의 기본 방향과 목적을 제시하고 있으며 모든 활동은 바로 사명을 위한 것이다. 사명은 내부적으로는 조직 구성원들에게 또 외부적으로는 관객이나 후원자 또는 정부와 공공기관에게 예술조직 목적의 방향과 이념, 수익자, 사업내용 및 방법 등을 구체적으로 제시하고 있는 것이다. 사명은 짧고 단순하고 명료하게 기술되어야 하고 다른 예술조직의 사명과 차별화 되는 것이 바람직하다.

조직의 전반적 전략적 계획이 확정되면 집행계획을 작성하는데 집행계획은 크게 운영계획, 마케팅 계획, 재원조성 계획의 3 가지로 구성된다. 그 중 **마케팅 계획**은 예술조직의 목적, 사업, 계획, 현 마케팅 상황 등을 참조하여 현재 상황을 제대로 파악하고, 인구학적, 경제적, 정치적, 문화적 환경분석을 실시하여 외부환경의 변화를 감지하고, SWOT 분석을 통해 조직의 제약과 장점이 무엇인지 그리고 위협적 요소와 도전과 기회의 요소가 무엇인지 분석하고, 구체적 마케팅 목표를 정한 다음 마케팅 믹스를 이용한 마케팅 전략을 짜고, 마케팅의 세부적 실행계획과 일정표 그리고 예산을 결정한다. 마케팅 실행 과정에서 계속적인 통제와 평가가 필요하고 데이터베이스와 데이터 마이닝 기법 등을 이용한 자료수집과 정보분석으로 전략을 수정하고 피드백을 받는 등의 활동이 지속적으로 이루어지게 된다. 때로는 마케팅 계획이 제대로 실행될 수 있는지 감리(Audit)를 보기도 하고, 외부의 마케팅 전문가에게 도움을 받을 수도 있다.

예술조직의 통합적 관리

02. 01. 조직구조의 결정

예술조직의 효율적 업무 처리를 위한 최상의 조직구조는 무엇일까? 조직구조를 결정짓는 몇 가지 요인들을 중심으로 살펴보자. 첫째, **분업**은 어느 정도가 적당할까? 포디즘(Fordism) 이후 자동화된 산업은 분업의 생산성 향상을 주장하였지만 포스트 포디즘(Post-Fordism) 이후 분업은 오히려 관료제의 역기능 중 하나로 지목되었다. 단순 반복의 지루함으로 생산성은 떨어진다는 것이다. 전문적인 분야의 지식은 필요하지만 넓게 파야 깊게 들어갈 수 있는 만큼 관련분야의 지식도 필요한 것이다. 특히 아직도 우리 예술조직의 인력이 넉넉지 않은 상황에서 다양한 전문지식을 갖춘 인력의 확보는 무척 중요한 것이다. 따라서 예술조직의 조직구조에서는 분업보다는 협업 그리고 가능하면 겸업까지도 고려할 수 있을 것이다.

둘째, **작업의 구조화**는 어떻게 해야 할까? 기능별, 사업별, 지역별로 구분할 수 있는데 예술조직의 경우 마케팅과 관련한 고객별 분과도 고려할 수 있을 것이다. 예술조직은 고객의 문화예술 요구를 충족시키기 위한 공공성을 가지고 있기 때문이다. 조직구조 역시 이전의 피라미드식 계층제가 아닌 매트릭스(Matrix) 조직이나 팀(Team)제 조직으로 바꿀 필요가 있으며 공연예술의 경우 사업별로 프로젝트 팀을 꾸려 나가는 것도 한 방법이라 하겠다.

셋째, **관리자**는 누구인가? 예술조직의 관리자는 단체장인 최고관리자와 사무국장 그리고 예술감독 등을 들 수 있다. 이사장과 이사는 관리자에서 제외시켜야 할 것이다. 관리자를 위한 조직구조는 명령계통이나 범위가 정해져야 한다. 즉 누가 누구에게 보고하고 관리자는 몇 사람을 통제하느냐를 결정해야 하는 것이다. 예술조직의 겨우 대부분 영세하고 인원이 많지 않아 이는 큰 문제가 되지 않는다. 다만 대규모 예술조직이라면 관리자의 책임을 묻기 위해서는 명확한 명령계통과 범위가 정해져야 한다. 그러나 대규모인 경우라도 정보체계의 도입으로 조직이 수평화되고 분권화되어서 이전의 수직적 계층제보다는 유연한 조직구조로 고객요구와 환경변화에 능동적으로 대응해 나가야 할 것이다.

02.02. 예술조직의 관리자

02.02.01. 조직유형과 관리자의 리더십

인간은 모두 개성이 있는 것처럼 예술조직의 관리 스타일도 모두 각기 다르다. 관리자의 리더십도 각기 다르다. 또한 그 조직이 어떤 특성을 갖고 있는가에 따라 맞는 리더십 스타일이 있기도 한다. 크게 나누면 기계적(Mechanistic) 조직과 유기적(Organic) 조직에 따라서 관리와 리더십 스타일이 달라야 할 것이다. **기계적 조직**의 경우 관료제의 계층적 군대식 조직구조와 명령형의 리더십이 바람직하고 **유기적 조직**인 경우 수평적 협력적 조직구조와 민주적 리더십이 바람직할 것이다. 우리나라의 예술조직은 아직도 기계적 조직의 특성을 많이 가지고 있으나 최근에는 전문가들의 협동적 예술조직들이 등장하고 있는 추세이다.

예술조직의 관리자는 입사 초기에는 열심히 하려는 마음이 앞서서 업무를 초과하여 과중하게 일하게 된다. 그러나 시간이 지나면서 **업무의 양**이 많으며 피곤에 지치게 된다. 예술조직의 관리자는 자기가 좋아서 하는 일이니 이러한 경향을 무시하기 쉬우며 봉급이 적어도 자신은 더 많은 업무를 해야 한다고 생각한다. 재정이 영세한 대부분의 예술조직은 오히려 이를 강요한다고 하겠다. 그러나 장기적으로 볼 때 이러한 경향은 조직의 발전을 저해한다.

02. 02. 02. 관리자의 유형

관리자는 아무나 할 수 있는 것은 아니다. 훈련을 하더라도 관리자가 될 수 없는 사람들이 있다. 따라서 관리자를 선정할 때는 신중을 기하여야 한다. 일단 선정된 관리자가 자격 없는 사람이라는 것을 알게 되었을 때는 이미 조직은 많은 상처를 입고 난 이후이기 때문이다. 관리자를 크게 체계적(System), 분석적(Analytic), 유기적(Organic) 관리자로 구분할 수 있다. **체계적 관리자**(Systems Manager)는 조직구조와 조직통제의 관점에서 역기능을 분석하고 조직전략과 조직발전 계획을 수립한다. 정해진 목표달성을 위해 효과적인 보다 나은 통제방법을 실행하며 직무기술을 수정하고 작업 관계를 새로 정의한다.

분석적 관리자(Analytical Manager)란 합리적 분석적 사고방식을 갖고 조직문화를 변화시킨다. 조직의 역기능을 분석하고 대응적 접근법을 고안한다. 강제로 처리하지 않고 항상 협력과 지원을 구하며, 이사회의 지원은 필수이고 언제나 경영진의 지원을 얻는 관리자이다.

유기적 관리자(Organic Manager)는 조정과 적응의 관점에서 조직의 역기능을 분석한다. 조직을 진화하는 유기체로 간주하며 문제의 예방과 증후 원인들에 집중한다. 유연한 작업경계와 팀워크를 고양하고 통제는 최소한으로 인정된 것만 하고 어느 정도의 혼란은 조직에 유익하다는 입장이다.

02. 02. 03. 관리자의 사고방식

예술조직의 관리자는 일반 기업의 관리자보다 더 복잡한 환경에 처해 있으므로 서로 다른 사고방식에 대한 통찰력을 가지고 전체적 입장을 조율해야 할 것이다. 관리자는 단순히 목표달성 만을 생각할 것이 아니라 여러 분야의 생각을 이해하고 하나로 모으는 역할을 담당해야 한다. 리더십은 최고관리자의 전유물이 아니다. 관리자는 어떤 계층에 있더라도 몇 사람의 부하가 있더라도 리더십이 요구되는 것이다. 리더십은 관리자에게 독창성을 요구하고 겸손함을 요구하며 성실성을 요구한다. Mintzberg는 **관리자에게 필요한 5 가지 사고방식**(The Five Managerial Mind-Sets)을 제시하였다.

첫째, 자기관리(Managing Self)를 위한 **숙고적** 사고방식(Reflective Mind-set)이다. 통찰력(Insight)을 위한 숙고(Reflection)는 자기인식(Self-knowledge)에서부터 출발한다. 둘째, 조직관리(Managing Organizations)를 위한 **분석적** 사고방식(Analytic Mind-set)이다. 문제를 조직의 차원에서 분해하여 분석(Analysis)한다. 셋째, 환경관리(Managing Context)를 위한 **현실적** 사고방식(Worldly Mind-set)이다. 조직 외부환경과의 상호작용을 고려해야 한다. 넷째, 관계관리(Managing Relationships)를 위한 **협력적** 사고방식(Collaborative Mind-set)이다. 관리자는 자신의 인적 네트워크를 통해 협력(Collaboration)을 구해야 한다. 다섯째, 변화관리(Managing Change)를 위한 **실행적** 사고방식(Action Mind-set)이다. 자신과 조직 그리고 외부환경의 변화(Change) 과정을 통해 혁신적으로 행동해야 한다.

관리자들은 **행동**하는 것이 중요하다고 생각하지만 실제로는 충분한 **시간**을 가지고 심사숙고할 필요가 있다. 많은 시간을 들여 생각하고 관심을 기울이면 좋은 해결방안이 나올 수 있다. 물론 생각만 오래 하다 행동해야 할 시점이 지나는 것은 경계해야 할 것이다. 모든 일에는 데드라인이 있기 때문이다. 결국 관리자는 얼마나 사려 깊은 사고를 하며 얼마나 적시에 행동하는가가 중요한 것이다. 관리자는 모든 것을 혼자 짊어지고 가는 외로운 순례자인 것 같다.

02. 03. 예술조직의 의사결정

02. 03. 01. 의사결정의 이론과 실제

의사결정이란 이상적으로는 문제를 정확히 파악하고 문제해결을 위한 가능한 모든 대안을 비교평가한 후 최적의 대안을 선택하는 것이다. 그러나 실제에 있어서는 이렇게 간단하지가 않다. 사이몬(H. A. Simon)이 주장한 것처럼 인간의 이성은 제한적이고 조직 자원의 제약으로 모든 대안을 비교할 수 없으므로 **제한된 합리성**(Bounded Rationality)으로 결정할 수밖에 없다는 것이다. 우리나라 예술조직의 경우 인적 물적 자원이 항상 부족하므로 제한된 합리성만으로도 합리성을 고려한 결정이 내려지면 다행이다. 대부분의 예술조직은 이사장이 단체장을 겸하는 경우가 많고 따라서 논리적 합리성보다는 개인의 직관에 의해 모든 의사결정이 이루어지는 것이다. 물론 직관에 의한 영감적 의사결정이 나쁜 것은 아니지만 구체적 사실과 정보에 의해 정확한 판단 하에서 의사결정해야 할 필요가 있음을 말하는 것이다.

02. 03. 02. 개인적 스타일의 영향

의사결정에는 개인적 스타일도 영향을 미치는데 명령적, 행동적, 분석적, 개념적 인간형에 따라 달리 의사결정한다는 것이다. **명령적 인간**은 합리적으로 사고하고 분명하고 확실한 사실을 바탕으로 의사결정한다. **행동적 인간**은 분명한 사실을 두고 직관적으로 의사결정한다. **분석적 인간**은 다소 모호한 일이지만 이를 합리적으로 분석하여 의사결정한다. **개념적 인간**은 모호한 일을 직관적으로 의사결정하는 것이다. 예술조직 관리자의 경우 어떤 인간형이 맞는가는 예술조직의 성격과 특성에 달려있다. 최고관리자의 경우 예측할 수 없는 외부환경을 고려해야 하므로 분석적이거나 개념적 인간형이 더 적합할 것이고 중간관리자의 경우 명령적이나 행동적 인간형이 더 적합할 것 같다.

02.03.03. 의사결정 영향요인

의사결정에 영향을 주는 여러 요소들이 있다. 의사결정은 **마감시간**(Deadline)이 존재한다. 쓰레기통 모형에서 본 것과 같이 결정을 해야 할 시간이 정해져 있는 것이다. 예전 조직의 관례도 의사결정에 영향을 미친다. **조직의 경험도** 의사결정에 영향을 미칠 수 있다. 위원회에서 의사결정하면 대체로 위험도가 높은 대안이 채택되기 쉽다. 이는 누구도 책임지지 않기 때문에 다소 도전적이고 공격적인 대안이 과감하게 선정되는 것이다. 때로는 집단사고가 의사결정의 저해요인이 되기도 한다. 따라서 집단역학을 방지하기 위해 회의에서 브레인스토밍(Brainstorming)이나 명목집단기법 등을 이용하기도 한다.

02.04. 예술조직의 관리이론

02.04.01. 조직구조

조직구조에는 단순구조 조직, 관료제 조직, 매트릭스 조직, 팀제 조직, 가상조직, 임시조직 등이 있다. **단순구조 조직**은 관리자가 모든 것을 관리하는 조직이다. 소규모 조직의 경우 한 사람이 인사, 재무, 마케팅 관리 모두를 담당한다. **관료제**는 이상적 표준화되어 있는 조직이다. 대개 수직적 계층조직으로 표현된다. **매트릭스 조직**은 기능별과 상품별을 결합한 조직으로 두 사람의 관리자기 있다. **팀제 조직**은 전문적 업무와 일반적 업무를 결합한 분사형 조직이다. **가상조직**이란 실제 인력이 조직 내부에 존재하지 않고 다른 곳에서 아웃소싱하는 것이다. 가상조직은 소수의 핵심만으로 개별적 아웃소싱 인력 팀들을 연결 결합시켜 조직 목표를 달성한다. **임시조직**은 조직의 정해진 형태가 없으며 모든 인력이 하나의 풀(Pool)에 들어가 있고 필요에 따라서 인력을 차출하여 임시 조직을 만들어 업무를 보고 목표가 달성되면 임시조직은 바로 해체되고 인력은 다시 풀(Pool)로 들어가게 되는 조직이다. 예술조직은 아직도 단순구조 조직을 취한 것도 있고 최근에 팀제 조직으로 변모한 것도 있다. 예술조직은 매트릭스 조직이 바람직한 것으로 보이나 조직구조의 문제는 여전히 해결하기 어려운 문제이며 컴퓨터와 인터넷의 발전은 예술조직을 가상조직이나 임시조직으로 만들 수도 있을 것 같다.

02. 04. 02. 예술조직의 인력관리

예술조직의 인력은 일반 기업과 달리 **독특한 성격**을 가지고 있다. 첫째, 이사회와 경영진 그리고 사무국장과 예술감독 등으로 대표되는 작업집단으로 구분되고 각각의 인력은 독특한 차이가 있다. 둘째, 자원봉사자는 일반 직원과는 다르게 관리되어야 한다. 그들은 감시받고 통제받는다는 생각이 들면 바로 그만 둘 수도 있다. 예술조직은 자원봉사자의 중요성을 인식하고 그들을 관리하기 위한 관리자를 따로 두기도 한다.

예술조직의 독특한 인력의 특색은 조직의 **의사소통**을 어렵게 한다. 따라서 효율적 의사소통 수단과 정보체계를 이용한 의사소통이 고려되어야 한다. 어떤 작업집단이 의사소통에서 소외된다면 소문에 의해 정보를 오판하는 실수를 저지르게 된다. 정보의 소유가 권력을 갖게 한다면 정보에서 소외되는 사람은 권력에서 축출되었다고 느끼고 업무를 등한시 할 수도 있는 것이다.

예술조직의 인력은 **개방체계**에서 활동해야 한다. 예술조직은 외부환경의 변화에 민감하게 반응한다. 정치 경제 사회 문화의 변화에 신속하게 대응하기 위해서는 예술조직 인력의 외부환경에 대한 개방적 의식과 노력이 필요하다. 개방체계라는 것은 조직 내 모든 것이 바뀔 수 있다는 의미가 아니라 모든 투입이 가능하고 기회와 지원을 확대하면서 조직에 위협이 될 수 있는 요인들을 최소화하는 것이다.

예술조직의 인력을 관리하기 위한 리더십은 거래적 리더십(Transactional Leadership)과 변혁적 리더십(Transformational Leadership)을 적절히 결합하여 사용하는 것이 바람직하다. **거래적 리더십**이란 적절한 보상과 예외관리로 목표를 분명히 하고 각자 맡은 바 책임을 다하게 하는 것이다. 적절한 보상이란 성과에 따른 보상을 지급하는 것이고, 예외관리란 절차에 위반되는 경우에만 시정조치하고 기준이 달성되지 못하는 경우에만 통제하는 것이다. 변혁적 리더십이란 카리스마를 가지고 비전을 제시하며 영감을 불러 일으켜 지적 자극을 주로 사명감을 심어주는 것이다. **변혁적 리더십**은 개인에게 관심을 기울여 기존 문제에 대한 새로운 시각을 제시하고 조직의 변화와 발전을 꾀하는 것이다.

02. 04. 03. 예술조직의 재무관리

예술조직의 재무관리는 자금조달과 자금관리의 두 가지이다. 자금관리가 경영관리와 통제 시스템으로 충분히 가능한 문제라면 자금조달은 예술조직이 신경을 많이 써야 할 부분이다. 예술조직의 재무관리는 가능한 예상 수입을 토대로 지출 **예산**을 작성하여야 하고 모든 지출은 예산에 의해서 결정되어야 한다. 또한 비영리성의 특성을 고려하여 예술조직의 운영이 항상 예산을 초과하지 않는다는 점을 조직가치로서 강조할 필요도 있다. 이는 조직 내부의 통제 시스템으로서 **지출을 통제**하는 것만큼 중요하다 하겠다. 예술조직은 항상 조직의 현금흐름을 파악하고 있어야 하고 현금 수요에 대처해야 한다. 이를 위해서는 발생주의 회계를 도입하고 조직이 재정상태를 항상 파악하고 있어야 할 것이다.

예술조직의 재원조성을 위해서는 정부지원과, 기업의 후원 그리고 개인의 기부가 필요하지만 예술조직 자체로서 다양한 방법의 **투자를 모색**해야 한다. 예술조직의 적극적 자산관리 프로그램이 요구되는 것이다. **자본예산**(Capital Budget)을 편성하는 것도 한 방법이다. 이는 자본적 지출(Capital Expenditure)과 관련된 예산이며 미래 현금 흐름을 창출해 주는 자원이기 때문이다. 자본예산은 대규모의 설비투자, 건물, 토지, R&D 등에 대한 지출로서 투자결정과 관련된 예산인 것이다. 투자결정은 예술조직의 경쟁을 위해 필수적이며 i) 투자안 검토, ii) 시장상황 등의 기초 조사, iii) 현금흐름의 평가, iii) 투자안의 평가, v) 자금조달 계획의 수립과 실행 등의 순서로 이루어진다.

투자안의 평가방법에는 회계적 이익율법, 회수기간법, 현금할인법 등이 있다. **회계적 이익률법**이란 1 년 동안 평균 투자액 대비 회계적 이익이 얼마인가로 평가하는 것이다. 대체로 자기자본 수익율(ROE: Return On Equity)

이나 투자수익율(ROI: Return On Investment)로 판단한다. **회수기간법**(Payback Period Method)은 투자 후 얼마 만에 투자액을 회수할 수 있는가이다. 투자 금액을 되찾는 데 걸리는 기간으로 투자안의 가치를 평가하여 이해하기 쉽고 간편해서 많이 사용되는 방법이다. **현금흐름 할인법**(Discounted Cash Flow Method; DCF Method)은 화폐의 시간가치를 고려한 방법으로서 예상되는 현금 수입에서 예상되는 현금 지출을 빼고 이를 순현재가치(Net Present Value)로 할인하면 된다.

02. 04. 04. 예술조직의 마케팅

예술조직의 마케팅 역시 전략적 기획단계에서부터 고려해야 한다. 조직의 미래상을 정하고 목표가 구체적으로 수립되면 마케팅 계획을 작성해야 한다. 마케팅을 위한 목표 **인구집단**을 설정해야 하지만 잠재 고객은 그 이상이 될 수 있기 때문에 장래의 **잠재고객**까지 고려한 마케팅을 마련할 필요가 있다. 혀 고객과의 유대관계를 지속해야 하고 잠재고객을 끌어 들일 수 있는 마케팅 계획도 생각해야 한다. 마케팅은 **장기계획**이고 그 결과는 거의 3 년에서 5 년 이후에 나타난다는 사실도 염두에 두어야 한다.

예술조직에서 마케팅을 위한 시장세분화를 하는 경우는 많지 않다. 그러나 시장세분화를 하하는 경우에는 시장세분화 비용을 고려해야 한다. 시장세분화에도 많은 비용이 소요되기 때문이다. 따라서 세분화를 많이 하는 것이 좋은 것만은 아니다. 시장세분화의 방법은 지리적, 인구학적, 심리적, 행동적 방법이 있다. **지리적 세분화**(Geographic Segmentation)는 지역의 차이를 인지하는 것이다. 지역에 따라 소비자의 선호도와 취향이 다르기 때문이다. **인구학적 세분화**(Demographic Segmentation)는 성별, 연령, 직업, 교육수준, 소득 등을 기준으로 세분화하는 것이다. 여자와 남자는 선호도가 분명히 다르다. 어린이 대상 연극과 40 대 장년층을 위한 뮤지컬은 다른 것이다. 특히 예술조직이 관심을 가져야 할 부분은 노인인구가 급격히 증가하고 있다는 점이다. 이는 성장하는 세분화로서 마케팅 대상으로 가치가 있다. **심리적 세분화**(Psychographic Segmentation)는 라이프 스타일, 성격, 태도 등으로 구분하는 것이다. 예를 들면 나이가 다르더라도 라이프 스타일이 같은 집단을 세분화하는 것이다. **행동적 세분화** (Behavioral Segmentation)는 어떤 제품을 어디에 자주 사용하는가에 따라서 구분한다. 같은 공연 티켓을 구입하더라도 선물을 위한 것과 자신이 즐기려는 것은 구분되는 것이다.

예술조직 마케팅에서 특히 중요한 것은 단골(Frequent Purchaser) 고객이다. 예술조직의 티켓을 언제나 반복해서 구매하는 층이다. 마케팅에서는 이들을 주이용자(Heavy Users)라고 하고 전혀 티켓 구매 경험이 없는 층의 비이용자(Nonusers)와 중간의 경이용자(Light Users)와 구분하여 세분화한다. 예술조직의 마케팅에서는 이들을 구분해서 마케팅 전략을 수립해야 한다. 비용자에게는 예술조직의 존재를 알리고 활동을 홍보하는 것이 중요하다. 경이용자에게는 장점을 부각하거나 회원으로 가입하면 할인 받을 수 있는 제안 등을 하는 것이 효과적이다. 주이용자에게는 마일리지 카드와 같은 특별 서비스를 제공하여 계속적으로 고정고객이 되도록 관리하여야 한다.

마케팅에서 **포지셔닝**(Positioning)이란 브랜드를 소비자가 확실히 인식하게 하는 것이다. 소비자의 인식은 대단히 민감한 것으로 한번 잘못된 인식이 들면 그것을 바꾸기는 무척 힘든 일이다. 포지셔닝은 소비자의 인식 즉 뮤지컬 하면 〈캣츠(Cats)〉와 같이 인식이 우선이라는 것이다. 그렇다면 인식이 되기 위해서는 어떻게 해야 할까? 뮤지컬에는 〈왕과 나〉그리고 〈명성황후〉도 있는 것이다. 포지셔닝은 상대적인 것으로 선도자의 브랜드와 비교될 수 있으면 존재가치를 인정받고 인식되는 것이다. 유명해지려면 유명한 사람을 먼저 비판하라는 얘기도 같은 것이다. 우리나라에서 두 번째 재미있는 연극이라는 광고도 포지셔닝의 한 방법이다. 즉 포지셔닝은 차별화이며 인식의 차이를 만드는 것이다. 그러나 선도자가 있는 곳은 상대적으로 선도자와 경쟁이 될 정도이어야만 포지셔닝 될 수 있기 때문에 실패할 가능성도 높다. 따라서 되도록이면 최초가 되는 분야를 개척하는 것이 더 낫다. 최초가 되면 소비자에게 확실하게 인식되고 그 분야를 대표하게 되는 것이다. 비언어 공연 〈난타〉는 뉴욕까지 진출하면서 소비자에게 확실히 각인되었다. 특정한 상황도 차별화 요소가 될 수 있는데 '심야' 영화관이 그 예이다. 공연예술의 경우 가장 많이 사용하는 것이 가격 차별화이다. 고가정책을 사용하여 매니아층을 겨냥하고 저가정책을 사용하여 공공성을 홍보하는 것이다.

참고문헌

- 강기두 · 이지희(2001)-"문화예술 공연관람객의 라이프스타일에 관한 탐색적 연구: 뮤지컬공연관람객을 중심으로". 경영학연구, 30(2): 1143-1167.
- 강내희(2005. 문화연대 작가회의 민예총 세미나자료집. 사회적 권리로서의 문화적 권리: 문화권 개념 정립과 기본권으로서 문화권 보장의 필요성.
- 권기대 · 정락채 · 신용희(2005)-"콘서트 관람티켓 구매결정요인과 관람객의 라이프스타일 분석: 부산지역을 대상으로". 마케팅관리연구, 10(20): 141-157.
- 김민정 · 송주미(2004)-"청소년문화복지 지역격차연구: 충청지역을 중심으로". 대한가정학회지, 42(11): 61-84.
- 김민주(2005)-(컬덕 시대의)문화마케팅. 서울: 미래의 창.
- 김소영(2002)-문화예술기관을 위한 마케팅 전략기획. 서울: 한국문화정책개발원.
- 김종식(2002)-예술경영기법. 서울: 들녘미디어.
- 김주호 · 용호성(2002)-예술경영. 서울: 김영사.
- 데이비드 트로스비, 성제환 역(2004)-문화 경제학. 파주: 한울아카데미.
- 라도삼(2005)-문화향수 촉진을 위한 문화마케팅 프로그램 개발. 서울: 서울시정개발연구원.
- 라윤주(2000)-서비스마케팅믹스를 이용한 국내 공연예술경영 현황에 관한 연구. 석사학위논문, 상명대학교 정치경영대학원.
- 문화관광부 · 한국문화정책개발원(2005)-2004 문화정책백서. 서울: 문화관광부.
- (2006)-2005 문화정책백서. 서울: 문화관광부.
- 문화사회연구소(2004)-2004년도 국가인권위원회 연구용역 보고서. 문화권 NAP 수립을 위한 기초현황 실태조사와 정책연계방안.
- 박광국 · 도운섭 · 주효진(2003)-"공공문화시설 건립사업의 투자효과분석: 문화예술회관을 대상으로". 한국행정논집, 15(4): 937-952.
- 박정배 · 서영일(2008)-예술경영학개론. 서울: 커뮤니케이션북스.
- 보나타 M. 콜브, 이보아 · 안성아 공역(2004)-문화예술기관의 마케팅. 파주: 김영사.
- 서울시정개발연구원(2004)-"서울시민의 문화에 대한 인식과 문화예술 향수 수준". 서울연구포커스, 23: 11-21.
- 서울시정개발연구원(2005)-문화향수 촉진을 위한 문화마케팅 프로그램 개발. 서울: 서울시정개발연구원.
- 송희영(2006)-공연예술경영, 무엇을 어떻게 할까? 서울: 민속원.
- 용호성(1998)-공연예술관객의 확대방안. 서울: 한국문화정책개발원.
- 유재구(2005)-사회적 약자에 대한 문화복지 서비스 확대방안 연구. 석사학위논문, 가

톨릭대학교 행정대학원.
- 이대희(2002)-"소규모 문화 시설을 통해 본 지역 문화 정책의 발전 방안". 한국사회와 행정연구, 13(4): 275-305.
- 이보아(2002)-"박물관 관람에 대한 문화소비연구". 문화경제연구, 5(2).
- 이상철(2002)-"기초자치단체 기초문화시설의 가치와 효율적 관리방안". 한국사회와 행정연구, 13(4): 307-326.
- 이양수(1992)-"조직행태론의 학문적 성격과 교과내용의 분석". 연세대 사회과학논집, 23: 143-189.
- 이유재 · 이준엽 · 라선아(1999)-"공연예술시장의 소비자행동 연구에 관한 고찰". 서울대경영논집, 8: 310.
- 이인권(2006)-21세기 아트센터의 예술경영 리더십. 서울: 어드북스.
- 이재영(2003)-뮤지컬 수용자의 공연선택행위와 수용형태에 관한 연구. 석사학위논문, 중앙대학교 신문방송대학원.
- 이케가미 준 · 우에키 히로시 · 후쿠하라 요시하루, 황현탁 역. 1999)-문화경제학. 서울: 나남출판.
- 정숙희(2002)-"문화정책에 따른 문화복지시설의 활용방안 연구". 무용예술학연구, 9: 223-238.
- 정창덕 외(2003)-기업경영정보시스템. 서울: 그린.
- 정철현(2006)-신행정정보체계론. 서울: 서울경제경영.
- 정철현(2005)-문화연구와 문화정책. 서울: 서울경제경영.
- 정철현(2004)-문화정책론. 서울: 서울경제경영.
- 제임스 헤일브런 · 찰스 그레이, 이홍재 역(2000)-문화예술경제학. 서울: 살림출판사.
- 조국남(2005)-"청소년 여가활동의 실태 및 시설수요에 관한 조사연구". 시민교육연구, 37(1): 169-192.
- 조권중(2004)-서울시민의 문화 격차: 실태와 정책과제. 서울: 시정개발연구원.
- 조명계(2006)-문화예술경영. 서울: 띠앗.
- 조현성(2004)-"문화예술향수와 다양한 프로그램". 문화예술, 299 : 12-17.
- 최영섭 · 김민규(2000)-"한국인의 문화 소비 결정요인에 대한 일 고찰: 부르디외의 문화자본론에 대한 실증분석". 문화정책논집, 12: 229-260.
- 크레이그 드리즌 외, 이은옥 · 용호성 공역. 2000)-예술경영 어떻게 할 것인가? 서울: 민음사.
- 프랜코이즈 콜버트 · 잭큐스낸텔 · 수잔빌로듀 · J.데이스리치, 박옥진 · 김소영 공역(2005)-문화예술마케팅. 파주: 태학사.
- 한국문화관광정책연구원(2003)-2003 문화향수실태조사. 서울: 문화관광부.
- 한국문화정책개발원(2002)-공연예술진흥기본계획. 서울: 한국문화정책개발원.

- Abercrombie, N. & Lonhurst, B. 1998. Audiences: A Sociological Theory of Performance and Imagination. CA: Sage.
- Alter, S. L. 1980. Decision Support Systems: Current Practice and Continuing Challenge. MA: Addison-Wesley.
- Andreasen, A. R. & Belk, R. W. 1980. "Predictors of Attendance at the Performing Arts". Journal of Consumer Research, 7(2): 112.
- Andreasen, Alan R. 1992. Expanding the Audience for the Performing Arts, NEA Research Division Report #24. Washington: Seven Locks Press.
- Andreason, A. R. & Russell W. Belk. 1980. "Predictors of Attendances at the Performing Arts". Journal of Consumer Research, 7: 2.
- Andreason, A. R. 1992. Expanding Audiences for the Performing Arts: NEA Research Division Report #24. Washington: Seven Locks Press.
- Association of Arts Administration Educators. 1997. The Role of Formal Education in Arts Administration Training. Washington: Association of Arts Administration Educators.
- Baumol, W. J. & Bowen, W. G. 1965. "On the Performing Arts: The Anatomy of Their Economics Problems". American Economic Review, 55: 495-502.
- Baumol, W. J. & Bowen, W. G. 1966. Performing Arts: The Economic Dilemma. Cambridge: M.I.T. Press.
- Bouder-Pailler, D. 1999. "A Model for Measuring: the Goals of Theatre Attendance". Journal of Arts Management, 1(2): 4?15.
- Bourdieu, P. 1996. Distinction: A Social Critique of the Judgement of Taste. London: Routledge.
- Bozeman, Barry. 1987. All Organizations Are Public: Bridging Public and Private Organization Theories. CA: Jossey-Bass.
- Denhardt, R. B. 1981. "Toward a Critical Theory of Public Organization". Public Administration Review, 41(6): 628-635.
- DiMaggio, Paul J. & Useem, M & Brown, P. 1978. Audience Studies of the Performing Arts and Museums: A Critical Review. Washington: National Endowment for the Arts.
- DiMaggio, Paul J. 1991. Decentralization of government support for the arts form the federal government to the states. New York: W. W. Norton & Company.
- DiMaggio, Paul J. & Kristen Stenberg. 1985. "Why Do Some Theaters Innovate More than Others?: An Empirical Analysis". Poetics, 14: 107-122.
- DiMaggio, Paul J. & Walter Powell. 1983. "The iron cage revisited: Institutionalism and collective rationality in organizational fields". American Sociological Review, 48(2): 147-160.
- DiMaggio, Paul J. 1984. The Nonprofit Instrument and the Influence of the Marketplace on Policies in the Arts. In McNeil Lowry, W.(Ed.), The Arts and Public Policy in the United States(pp.57-99). Englewood Cliffs, N. J.: Prentice Hall.
- DiMaggio, Paul J. 1987. Nonprofit organizations in the production and distribution

of culture. In Powell, W. W.(Ed.), The Nonprofit Sector: A Research Handbook(pp.195-220). New Haven: Yale University Press.

- DiMaggio, Paul J. 1987. Managers of the Arts: NEA Research Division Report #20. Washington: Seven Locks Press.
- Eisenberg, N. & Miller, P. A. 1987. "The Relation of Empathy to Prosocial and Related Behaviors". Psychological Bulletin, 101: 91-119.
- Etzioni, A. 1964. Modern Organization. Englewood Cliffs: Prentice-Hall.
- Follet, M. P. 1957. Dynamic Administration: The Collected Papers of Mary Parker Follett. New York: Harper.
- Frey, Bruno S. & Werner W. Pommerehne. 1989. Muses and Markets: Explorations in the Economics of the Arts. Oxford: Basil Blackwell.
- Frey, Bruno S. 1999. "State Support and Creativity in the Arts: Some New Considerations". Journal of Cultural Economics, 23: 71-85.
- Gainer, B. 1995. "Ritual and Relationships: Interpersonal Influences on Shared Consumption". Journal of Business Research, 32(3): 253-260.
- Galaskiewicz, Joseph. 1985. Social organization in an urban grants economy. FL: Academic Press.
- Grampp, William D. 1989. Pricing the Priceless Art, Artists, and Economics. New York: Basil Book.
- Haag, Ernest van den. 1979. "Should the Government Subsidize the Arts". Policy Review, 10: 63-73.
- Hansmann, H. 1980. "The Role of Nonprofit Enterprise". Yale Law Journal, 89: 835-901.
- James Heilbrun & Charles M. Gray. 2001. The Economics of Art and Culture. New York: Cambridge University Press.
- Kolb, B. M. 1999. You Call This Fun?: Response of First Time Attender to a Classical Music Concert. Helsinki, Finland: International Arts and Cultural Management Association.
- Kolb, B. M. 2000. Marketing Cultural Organisations: New Strategies for Attracting Audiences to Classical Music, Dance, Museums, Theatre and Opera. Dublin: Oak Tree Press.
- Kotler, N. G. & Kotler, P. 1998. Museum Strategy and Marketing: Designing Missions, Building Audiences, Generating Revenue and Resources. CA: Jossey-Bass.
- Kotler, P. & Andreasen Alan R. 1996. Strategic Marketing for Nonprofit Organizations. New Jersey: Prentice Hall.
- Kotler, P. & J. Scheff. 1997. Standing Room Only: Strategies for Marketing the Performing Arts. Boston: Harvard Business School Press.
- Kotler, P. 1967. Marketing Management: Analysis, Planning and Control. New Jersey: Prentice Hall.
- Kotler, P. 1997. Marketing Management: Analysis, Planning, Implementation, and Control. New Jersey: Prentice-Hall.

- Lionel C. Robbins. 1963. Art and the State, in his Politics and Economics. London: Macmillan.
- Lionel Robbins. 1971. The great depression. London: Macmillan.
- Lynn, L. 1981. Managing the Public's Business. New York: Basic Books.
- Mason, R. O. & Mitroff. l. l. 1973. "A Program for Research on Management Information Systems". Management Science, 19(5): 475-487.
- Merriman, W. R. 1985. "Making Something of Ourselves: On Culture and Politics in the United States". American Political Science Review, 79(1): 218-219.
- Milofsky, Carl. 1987. Neighborhood-based organizations: A Market Analogy. In Powell Walter(Ed.), The Nonprofit Sector: A Research Handbook(pp.277-295). New Haven: Yale University Press.
- Morison, B. & Dalgleish, J. G. 1987. Waiting in the Wings: A Larger Audience for the Arts and How to Develop it. New York: American Council for the Arts.
- National Endowment for the Arts. 2003. 2002 Survey of Public Participation in the Arts: NEA Research Division Reports #45. Washington: Seven Locks Press.
- Nelson, R. R. & Krashinsky, M. 1973. Two major issues of public policy: Public subsidy and organization of supply. In Young, D. R. & Nelson, R. R.(Eds.), Public policy for day care of young children(pp.47-69). Lexington: DC Heath and Co.
- Netzer, D. 1978. "Dance in New York: Market and Subsidy Changes". American Economic Review, 76(2): 15-19.
- Netzer, D. 1978. The Subsidized Muse. Cambridge: Cambridge University Press.
- Owen, E. & Shibi Simon. 1998. "Audiences for contemporary dance: Key issues arising from major study in Scheffield". Journal of the Market Research Society, 40(3): 273-276.
- Peacock, J. L. 1969. "Artistic Expression-A Sociological Analysis". Social Force, 47(4): 513.
- Peterson, R. A. & Simkus, A. 1992. How Musical Tastes Mark Occupational Status Groups. Chicago: University of Chicago Press.
- Peterson, Richard A. 1986. From Impresario to Arts Administration: Formal Accountability in Nonprofit Cultural Organizations. In Paul DiMaggio(Ed.), Nonprofit Enterprise in the Arts: Studies in Mission and Constraint(pp.161-183). Oxford, England: Oxford University Press.
- Pick, John. 1980. Arts Administration. London: E. & FN Spon.
- Ramos, A. G. 1981. The New Science of Organizations. Toronto: University of Toronto Press.
- Roaser A. S. & Jonathan Gutman. 1980. Promotion Policy Making in the Arts: Marketing the Arts. New York: Praeger.
- Ruskin, J. 1871. Munera Pulveris: Six Essays on the Elements of Political Economy. London : G. Allen.
- Schermerhorn, Jr. & John R. 1986. Mangement for Productivity(2nd ed.). New York: John Wiley & Sons.

- Schuster, J. Mark Davidson. 1985. Supporting the Arts: An International Comparative Study. Washington: US Government Printing Office.
- Scott, W. R. 1987. Organization: Rational, Natural and Open Systems. New Jersey: Prentice-Hall.
- Simon, H. A. 1976. Administrative Behavior: A Study of Decision-Making Processes in Administrative Organization(3rd ed.). New York: The Free Press.
- Singh, Jitendra V. & David J. Tucker & Robert J. House. 1986. "Organizational Legitimacy and the Liability of Newness". Administrative Science Quarterly, 31: 171-93.
- Steinberg, M. & Miaoulis, G. & Davis, L. 1982. Benefit Segmentation Strategies for the Performing Arts: An Assessment of Marketing Thought and Practice. Chicago: American Marketing Association.
- Stinchcombe, Arthur L. 1968. Constructing Social Theories. New York: Harcourt Brace.
- Strang, R. A. & Gutman, J. 1980. Promotion Policy Making in the Arts: A Conceptual Framework. New York: Praeger.
- Throsby, C. D. & Withers, G. A. 1983. Measuring the Demand for the Arts as a Public Good: Theory and Empirical Results. In Jams L. Shanahan et al.,(Eds.), Economic Support for the Arts(pp.89-96). Akron, Ohio: Association for Cultural Economics.
- Throsby, C. D. & Withers, G. A. 1979. The Economics of the Performing Arts. London: Edward Arnold.
- Throsby, D. 1994. "The Production and Consumption of the Arts: A View of Cultural Economics". Journal of Economic Literature, 32(1): 1-29.
- Troth, M. A. 1999. The Psychology Contract of Volunteer Workers and Its Consequences. Ph.D. diss., University of Arizona.
- UNESCO. 2001. Universal Declaration on Cultural Diversity: Cultural rights as an enabling environment for cultural diversity. http://unesdoc.unesco.org/images/0012/001271/127160m.pdf
- Warwick, D. P. 1975. A Theory of Public Bureaucracy. Cambridge: Harvard University Press.
- Weisbrod, B. 1988. The Nonprofit Economy. Cambridge: Harvard University Press.
- Wyszomirski, M. J. & Mulcahy, K. V. 1995. America's Commitment to Culture: Government and the Arts. Boulder: Westview Press.

찾아보기

ㄱ

ㅈ

기타